中华人民共和国

个人信息保护法 条文解读与法律适用

ZHONGHUA RENMIN GONGHEGUO
GEREN XINXI BAOHUFA TIAOWEN JIEDU YU FALÜ SHIYONG

江必新　李占国 ◎主编

中国法制出版社
CHINA LEGAL PUBLISHING HOUSE

编辑委员会

撰 稿 人

（以姓氏笔画为序排列）

马　斌　马良骥　王　镭　王　珺　云晋升
方　园　冉高苒　冯若涵　朱秀华　邬　杨
刘　艳　刘秀丽　江宇奇　苏　今　李丹丹
李竺娉　李籽苏　李群涛　杨　治　肖　芄
邱遥堃　张　迪　张万江　陈　肖　范卓娅
侍孝祥　金　耀　金枫梁　郑　宇　项定宜
赵晓鲁　柯敏杰　俞朝凤　徐晓月　高争志
高富平　黄江平　韩圣超　曾宪未　蔡一博
管　征　戴敏敏

前 言

习近平总书记多次强调，国家网络安全工作要坚持网络安全为人民、网络安全靠人民，保障个人信息安全，维护公民在网络空间的合法权益。截至2021年6月，我国互联网用户已超10亿，形成全球最为庞大、生机勃勃的数字社会。伴随着个人信息的广泛收集、使用，利用个人信息侵扰人民群众生活安宁、侵犯人民群众人格权和财产安全的问题日益突出，个人信息保护成为广大人民群众最关心最直接最现实的问题之一。党中央高度重视网络空间法治建设，及时回应广大人民群众的呼声和期待，对个人信息保护立法工作作出部署。2018年，个人信息保护法立法工作启动。2021年8月20日，《中华人民共和国个人信息保护法》(以下简称《个人信息保护法》) 经第十三届全国人民代表大会常务委员会第三十次会议审议通过。该部法律系根据宪法制定，充分体现“以人民为中心”这一根本立场，把握个人信息权益保护的立法定位，聚焦个人信息保护领域的突出问题和人民群众的重大关切，规范个人信息处理活动，促进个人信息合理利用，是关于个人信息保护的基本法律。

《个人信息保护法》共8章74条，具有以下亮点：一是确立个人信息保护原则，强调处理个人信息应当遵循合法、正当、必要和诚信原则等；二是规范处理活动、保障个人信息权益，构建“告知—同意”等个人信息处理规则；三是规范自动化决策，禁止“大数据杀熟”，维护消费者公平交易权利；四是严格保护敏感个人信息，只有在具有特定的目的和充分的必要性并采取严格保护措施等条件下方可处理；五是规范国家机关处理活动，切实承担保护个人信息权益、保障个人信息安全的义务和责任；六是赋予个人充分权利，规定个人可以依法行使知情、决定、查询、复制、更正、删除等多项权利；七是强化个人信息处理者义务，明确个人信息处理者应当对其个人信息处理活动负责，并采取必要措施保障所处理的个人信息的安全；八是赋予大型网络平台特别义务，提高经营业务透明度，完善平台治理，强化外部监督，形成全社会共同参与的个人信息保护机制；九是规范个人信息跨境流动，既满足保障个人信息权益和安全的客观要求，又适应国际经贸往来的现实需要；十是健全个人信息保护工作机制，构建系统、完善的监管执法机制。

浙江是数字经济先发省份和互联网产业高地。近年来，浙江法院认真贯彻习近平总书记关于网络强国的重要指示精神，坚持问题导向、目标导向、效果导向，积极开展网络社会司法治理的实践探索和理论创新，在互联网司法、服务保障数字经济发展等方面积累了先发优势和丰富经验。2021 年 11 月 1 日，《个人信息保护法》将正式施行。为贯彻落实习近平法治思想，深化个人信息权益保障，阐释《个人信息保护法》的时代背景、实践意义、基本精神、运行规则，为相关领域理论发展和实践运用提供积极助力，第十三届全国人民代表大会宪法和法律委员会副主任委员江必新同志与浙江省高级人民法院院长李占国同志特别组织一批熟谙数字经济和互联网法治的专家、学者和法官，精心编写了《中华人民共和国个人信息保护法条文解读与法律适用》一书。

本书按照【本章概述】【条文条旨】【条文正文】【立法背景】【条文解读与法律适用】的体例对《个人信息保护法》进行逐条释义，具有如下特点：

一是系统性。本书编写组广泛搜集了立法过程中的第一手资料，确保资料来源翔实、准确、权威。行文注意紧扣条文主题，从立法、司法等角度对起草背景、条文内容、实践中需关注的问题入手，紧密结合与个人信息保护相关的其他法律、行政法规、国家标准等进行全方位的阐述，确保逻辑系统完整、内容全面充实、观点体例科学，充分释明《个人信息保护法》的立法要旨和创新亮点，精准展现条文要义。

二是实用性。全书由具备丰富理论知识和审判经验的专家学者、专业法官合作撰写，兼顾学术性、专业性和实务性，既有理论深度也有实践厚度；既注重对法条涉及的法学理论、法律原理、国际立法惯例、国内主流观点等进行深度理论阐释，也注重运用案例探究《个人信息保护法》的具体适用及审判思路，对司法实践中需要解决的重点问题予以提示说明，指明法律适用的具体路径，并对可能出现的涉诉风险隐患趋势进行预警、给出建议。

三是准确性。全书重点突出、详略得当，对《个人信息保护法》的一般性条文进行相对简要的阐述，对立法过程中关注度高、争议较大，或者涉及制度创新、理念更新的关键性条文进行深度阐释，重点聚焦个人信息保护法的核心要义与关键问题，积极回应社会关切。通过层次分明的体例、繁简适当的解读、规范易懂的语言，突出立法重点、解决理论难点、消除适用疑点。

“悬衡而知平，设规而知圆。”《个人信息保护法》的出台，对于进一步加强个人信息权益法治保障、维护网络空间良好生态、促进数字经济健康发展，具有里程碑意义。期冀本书的出版，能够帮助广大法律工作者及其他读者全面、系统地学习、理解与适用新法，指导个人信息处理者合法合规开展处理活动，指引个人依法维护自身信息权益。因时间和水平有限，如有疏漏之处，敬请读者批评指正。

本书编写组

2021年9月16日

凡　例

1. 本书中法律、行政法规名称中的“中华人民共和国”省略，其余一般不省略。例如，《中华人民共和国个人信息保护法》简称《个人信息保护法》，或称本法。

2. 《全国人民代表大会常务委员会关于加强网络信息保护的决定》，简称《加强网络信息保护的决定》。

3. 《最高人民法院、最高人民检察院关于办理侵犯公民个人信息刑事案件适用法律若干问题的解释》（法释〔2017〕10号），简称《侵犯公民个人信息刑事案件解释》。

4. 《最高人民法院、最高人民检察院关于检察公益诉讼案件适用法律若干问题的解释》（法释〔2020〕20号），简称《检察公益诉讼案件解释》。

5. 《最高人民法院关于审理使用人脸识别技术处理个人信息相关民事案件适用法律若干问题的规定》（法释〔2021〕15号），简称《人脸识别规定》。

6. 《最高人民法院关于适用〈中华人民共和国民事诉讼法〉的解释》（法释〔2020〕20号），简称《民诉解释》。

7. 工业和信息化部颁布的《电信和互联网用户个人信息保护规定》（工业和信息化部令第24号），简称《个人信息保护规定》。

8. 《信息安全技术 个人信息安全影响评估指南》（国家标准GB/T 39335—2020），简称《个人信息安全影响评估指南》。

9. 《信息安全技术 个人信息安全规范》（国家标准GB/T 35273—

2020)，简称《个人信息安全规范》。

10.《信息安全技术 个人信息去标识化指南》（国家标准 GB/T 37964—2019)，简称《个人信息去标识化指南》。

11.《关于〈中华人民共和国个人信息保护法（草案)〉的说明》，简称《草案说明》。

12.《中华人民共和国个人信息保护法（草案三次审议稿)》，简称《个人信息保护法（三审稿)》。

13.《中华人民共和国个人信息保护法（草案二次审议稿)》，简称《个人信息保护法（二审稿)》。

14.《中华人民共和国个人信息保护法（草案)》，简称《个人信息保护法（一审稿)》。

目　　录

Contents

附　录

第一章 总 则

本章概述

本章总计 12 条，分别对本法的立法目的和依据、保护客体、适用范围、个人信息的定义、个人信息处理的基本原则、目的限定原则、公开透明原则、保证信息质量原则以及禁止非法处理个人信息、个人信息协同治理、国际交流与合作等方面作了概括性的规定。

本章作为本法的总则，对本法的基本理念、原则和适用上的基本问题作出了提纲挈领式的规定。其中，第 1 条开宗明义，强调本法的立法目的是保护个人信息权益、规范个人信息处理活动以及促进个人信息合理利用，并且明确了本法的立法依据是《宪法》。第 2 条强调个人信息受法律保护，首次在法律层面明确“个人信息权益”这一提法。第 3 条是关于适用范围的规定，明确在我国境内处理自然人个人信息的活动适用本法的同时，赋予本法必要的域外适用效力。第 4 条则是对“个人信息”“个人信息的处理”这两大术语进行了界定。第 5 条至第 8 条是关于个人信息处理基本原则和其他具体原则的规定，确立了个人信息处理中的合法、正当、必要和诚信原则，以及目的限定、公开透明、保证信息质量等一些具体的原则。这些原则的确立，为个人信息处理具体规则的设置和个人权利的设置提供了指引和方向。第 9 条规定了个人信息处理者在个人信息处理活动中的基本义务。第 10 条是对于非法处理个人信息的禁止性规定。第 11 条是关于个人信息协同治理的规定，确立了国家建立健全个人信息保护制度并加强全社会共同参与、打造个人信息保护良好环境的政策。第 12 条同样作为政策性规定，强调国家将积极参与个人信息保护国际规则制定、促进国际交流与合作。

第一条 【立法目的】为了保护个人信息权益，规范个人信息处理活动，促进个人信息合理利用，根据宪法，制定本法。

【立法背景】

从20世纪70年代开始，经济合作与发展组织、亚太经济合作组织和欧盟等先后出台了个人信息保护相关准则、指导原则和法规。截至目前，已有140多个国家和地区制定了个人信息保护方面的法律。2012年12月28日，我国《加强网络信息保护的决定》通过并实施，首次明确“国家保护能够识别公民个人身份和涉及公民个人隐私的电子信息”。之后，《网络安全法》等多部法律，引入了个人信息保护规范。2017年10月实施的《民法总则》,[①] 通过“个人信息受法律保护”这一概括性规定，将个人信息权益纳入民法人格权保护体系。2018年9月，《个人信息保护法》被列入十三届全国人大常委会立法规划。

在域外立法普遍发展和我国实施大数据战略、推进数字经济发展的时代背景下，我国《个人信息保护法》从制定一开始，就秉承立足国情与借鉴国际经验相结合的思路，坚持问题导向和立法前瞻性相结合；在回应社会关切和突出问题的同时，建立切实可行的个人信息处理制度规范；在充分保障个人权利的前提下，实现个人信息的合理利用。然而，在《民法典》将个人信息保护纳入人格权保护前提下，如何实现个人保护和社会利用之间的平衡，就成为必须直面的重要问题。最终，本法第1条中增加了“根据宪法，制定本法”，使得本法成为实施宪法、保护个人信息权益的基本法，有利于在更高站位上，实现数字经济时代个人信息权益保护与个人信息合理利用之间的平衡。

---

① 2017年3月15日，十二届全国人大五次会议表决通过《民法总则》，自2017年10月1日起施行。2020年5月28日，十三届全国人大三次会议表决通过《民法典》，自2021年1月1日起施行，《民法总则》同时废止。

【条文解读与法律适用】

本条是立法目的条款，用非常简洁、精练的语言，表达了本法的规范逻辑：通过对个人信息处理活动的规范，实现保护个人信息权益和促进个人信息合理利用的双重目的。促进个人信息合理利用，是本法的宗旨；但是个人信息的利用，必须以保护个人信息权益为前提。当个人信息处理活动遵循了本法及其他法律规范时，个人信息上个人权益就被认为得到了保护，个人信息的处理活动就被认为是合理的。因此，规范个人信息处理活动在本法中占有重要地位。

一、关于“根据宪法”的理解

相较于《个人信息保护法（一审稿）》《个人信息保护法（二审稿）》，本条新增“根据宪法”，不仅确立了法源，更重要的是明确了本法的定位，意义深远。

首先，将个人信息权益定位为宪法范畴的权益。从法源上讲，个人信息保护制度源自宪法对公民人格尊严的保护。其背后的法理是，自然人有独立人格，有权自主塑造其在社会中的身份，自主决定其个人事务，因而个人有权防范他人不当处理涉及个人的信息，以维护主体尊严或人格自主。[①] 继《民法典》之后制定本法，最易使其被理解成实施《民法典》第 111 条“个人信息受法律保护”之规定的法律。增加“根据宪法，制定本法”的规定，意在说明在宪法层面上的个人信息权益不是个人信息受保护，而是在个人信息处理活动中，个人作为主体的权益受保护。

其次，可能开启权衡个人信息上存在的个人利益、社会利益和公共利益协同治理的通路，避免个人信息保护权益私法化、绝对化。任何个人均是社会的一员，个人信息是其参与社会必不可少的工具，也是社会各主体开展社会交往和社会活动必须掌握和运用的资料——识别个人的依据。因此，个人信息的使用就不应完全由信息主体个人说了算。个人信息权益不应当理解为绝对化的私权，由个人自由意志决定是否为他人使用，进而形成“非经同意

---

① 高富平：《个人信息保护：从个人控制到社会控制》，载《法学研究》2018 年第 3 期。

使用个人信息即侵权”的结论。在对个人信息的法律属性和保护有了更高的定位后，就可能开启个人信息治理保护新模式，而不再是“信息主体权利 + 信息处理者义务”范式。

最后，使本法成为实现我国公民人权保障的利器。在国际社会，各国均将个人信息（数据）保护追溯至《世界人权宣言》第 12 条[1]，以人权保护为理由来保护各自国家公民的个人信息，控制个人信息跨境自由流动。2018 年 5 月生效的欧盟《通用数据保护条例》（GDPR）的政治目的是，以保护欧盟公民的基本权利为由，构筑保障欧盟统一数字经济发展的屏障。这一新壁垒的正当理由是公民基本权利（尊严或自由）的保护。为解决纠纷，国家之间必须谈判和协商，通过国际条约或双边协议来实现互惠流动或者遵循相同规则的流动。“根据宪法，制定本法”的规定，将使我国实现平等地参与国际对话、谈判，为我国数字经济发展提供安全保障。

二、关于“规范个人信息处理活动”的理解

规范个人信息处理活动有以下两层含义。

其一，明确本法的调整对象。“规范个人信息处理活动”表明了本法的调整对象是个人信息处理行为，是通过建立公平合理的个人信息处理规范来保护个人权益，而非赋予个人权利。有观点错误地将《个人信息保护法》简单地理解为个人信息的保护法，而不是个人信息处理中的个人权益保护法，甚至将基本权利层面的主体自治或自决，简化为私法上个人信息决定权。以个人信息处理活动作为规范对象，恰恰是回归到个人信息保护法规范的正确方式上。也就是说，《个人信息保护法》是通过规范个人信息处理行为，建立个人信息合理利用规则，来保护个人权益。建立正当合理的个人信息利用规则，是本法的主要目的。

其二，明确界定本法调整的边界。本法对个人信息处理活动有明确的界定，核心是“处理”，当人们仅仅简单地使用个人信息，而不作处理（尤其是识别分析）时，原则上不受本法的调整。个人信息使用是一个远大于个人信息处理的概念，包括个人社交、公共事务执行、业务联络、具有保密义务关

---

① 《世界人权宣言》第 12 条：“任何人的私生活、家庭、住宅和通信不得任意干涉，他的荣誉和名誉不得加以攻击。人人有权享受法律保护，以免受这种干涉或攻击。”

系下的个人信息的使用。个人信息保护法，在本质上是要规范利用个人信息、对个人进行识别分析的行为。仅使用个人信息而不用于识别个人，或者仅简单地用于认知和联络个人的行为，即使是使用了计算机手段，也不受个人信息保护法的规范。[①] 例如，理发店存储的个人信息如果仅用于客户联系，那么不受《个人信息保护法》的规范。这样的理解，有利于将对个人权益有实质影响的个人信息处理行为纳入法律规范，避免法律对一切个人信息使用行为的过度干预。

三、实践中需要注意的问题

首先，本法是落实《宪法》人权保障的“子法”，以防范源自个人信息滥用（不当处理）导致的主体利益侵害风险，从而保护个人主体权利。因此，本法是个人信息保护领域的基本法，如果出现和其他个人信息保护相关法律规定冲突的情况，应该优先适用本法。

其次，本法既没有规定隐私，也没有规定私密信息，在判断个人信息是否受到侵犯时，不需要考虑隐私因素，即本法对个人信息保护与《民法典》对隐私权的保护系平行适用的关系。[②]

最后，立法目的条款，可作为解释法律的重要依据，为准确地适用和实施法律提供方向和限制。立法目的条款可充当平衡个人信息基本权益与信息处理者利益的工具。有学者对我国借助立法目的进行裁判的案例进行了一定梳理，可资参照。[③]

（高富平、马斌　撰写）

---

① 高富平：《个人信息处理——我国个人信息保护法的规范对象》，载《法商研究》2021 年第 2 期。

② 周汉华：《周汉华教授解读〈个人信息保护法〉》，载微信公众号“杭州互联网法院”，2021 年 8 月 24 日。

③ 刘颖：《民法典中立法目的条款的表达与设计——兼评〈民法总则〉（送审稿）第 1 条》，载《东方法学》2017 年第 1 期。

第二条 【个人信息权益不受侵害】自然人的个人信息受法律保护，任何组织、个人不得侵害自然人的个人信息权益。

【立法背景】

本条既是对自然人个人信息受法律保护的宣示性规定，同时也对本法的法律属性进行了规定，即本法通过对自然人个人信息的保护，最终保护自然人的个人信息权益。

本条总体上沿袭了我国之前颁布的个人信息保护制度规范。2012 年 12 月 28 日，《加强网络信息保护的决定》首次将个人信息纳入法律保护。随后，在《民法总则》、《消费者权益保护法》以及《民法典》的立法过程中，立法者也对自然人个人信息保护问题予以了高度关注，并在上述几部法律中逐步形成了“自然人的个人信息受法律保护”的规范表达。从本法在人大立法过程中的历次审议稿中可以看出，本条在文字表述上也没有过任何变动。

【条文解读与法律适用】

一、对自然人的个人信息受法律保护的理解

本条作为自然人个人信息保护的宣示性规定，在规范模式上与《民法典》第 111 条基本一致，两者均从积极和消极两个方面进行了表述，在前半句采用积极的表述强调自然人个人信息受到法律保护，后半句则采用禁止性规范，强调他人不得侵害自然人个人信息或个人信息权益。

全国人大常委会《加强网络信息保护的决定》的名称虽使用了“网络信息”一词，但却是专门规范个人信息利用、保护个人信息的基本法律规范。《加强网络信息保护的决定》第 1 条明确规定，国家保护能够识别公民个人身份和涉及公民个人隐私的电子信息。这是第一次以法律形式宣布保护个人信息，具有里程碑意义。[①] 2013 年修正的《消费者权益保护法》作为第一个贯彻落实《加强网络信息保护的决定》精神的法律，增加了对消费者个人信息

① 高富平：《个人信息保护立法研究》，光明日报出版社 2020 年版，第 28 页。

保护的内容。该法在第 14 条中明确规定了消费者“享有个人信息依法得到保护的权利”。2016 年出台的《网络安全法》也将个人信息保护的规定安放在“网络信息安全”框架下，该法第 41 条从积极和消极两个方面规定了网络运营者收集、使用个人信息的规则。①

此后，在 2017 年制定的《民法总则》和 2020 年制定的《民法典》中，个人信息受法律保护的规范表述被正式予以明确。本法虽然在法律位阶上与《民法典》平等，均是根据宪法制定，但在具体表述上却有意与《民法典》的规范及相关表述保持一致，以便于今后法律适用上的衔接。尤其是在保护对象上，在《民法总则》之前的规定中或为“公民”，或为“消费者”，而在《民法总则》和《民法典》中则统一确定为“自然人”，本法也延续了以“自然人”的个人信息为保护对象的做法。

二、对个人信息权益不受侵害的理解

本条后半句规定“任何组织、个人不得侵害自然人的个人信息权益”。采取的是禁止性规定，并且明确以个人信息权益作为保护客体，这也是本法的一大亮点和创新之处。在具体解释和适用中，应注意以下问题。

（一）个人信息权益的法律意义

个人信息权益，从文义上可定义为自然人对其个人信息所享有的权益。②个人信息权益就其法律属性而言，在我国《民法典》立法过程中便一直存在较大的争议，有具体人格权说、一般人格权说、财产权利说、公法权利说等。《民法总则》和《民法典》中虽然宣示了个人信息受法律保护，但对于个人信息保护相关权益的法律地位及性质并未澄清，没有将之表述为个人信息权，更未明确确立个人信息权作为一种具体的人格权。

然而，当今社会随着互联网、大数据技术的发展，个人信息保护的重要性日益凸显，各类网络和智能分析工具的使用也为个人信息的非法收集和非法利用活动提供了便利。近年来，我国发生了诸多严重的个人信息泄露或侵

---

① 《网络安全法》第 41 条：“网络运营者收集、使用个人信息，应当遵循合法、正当、必要的原则，公开收集、使用规则，明示收集、使用信息的目的、方式和范围，并经被收集者同意。网络运营者不得收集与其提供的服务无关的个人信息，不得违反法律、行政法规的规定和双方的约定收集、使用个人信息，并应当依照法律、行政法规的规定和与用户的约定，处理其保存的个人信息。”

② 高富平：《个人信息保护立法研究》，光明日报出版社 2020 年版，第 38 页。

害事件。在此背景下，明确自然人对其个人信息的权益既是打击个人信息侵害行为之所需，也是平衡个人信息保护与数据流通利用的必由之举。本法首次明确使用“个人信息权益”概念，无疑进一步提升了该权益在法律上的重要性。

首先，个人信息权益来源于宪法对公民人格尊严和人权的保护。本法第1条明确规定了本法是根据宪法所制定的，这表明了个人信息权益直接来源于宪法对公民人格尊严和人权的保护。这一定位与国际社会对个人信息保护的定位基本一致。例如，欧盟虽未直接确立“个人信息权益”，而是称之为“个人数据保护权”（right to protection of personal data），但其一直是在基本权利（或人权）层面来表述和规范个人数据受保护的权利。因此，将个人信息权益作为宪法对公民人格尊严和人权保护的延伸，有利于我国的个人信息保护水平与国际接轨。

其次，个人信息权益是一项包含人格法益、财产法益和程序性法益在内的综合性权益。个人信息作为可以识别特定自然人的信息，一方面能够体现出一定的人格利益，另一方面也能体现出一定的财产利益。[①] 特别是对于自然人基于其个人信息所享有的人格利益保护而言，本条对于个人信息权益的确立，使得对自然人个人信息的法律保护和侵害救济有了更为具体和明确的依据。

（二）本条与本法其他条款的衔接适用

本条后半句属于不完全法条，仅规定了他人不得侵害自然人个人权益这一一般性的行为模式，欠缺对行为模式的具体细化以及违反行为模式的法律后果条款。本法第四章“个人在个人信息处理活动中的权利”中所规定的各项个人权利是对本条“个人信息权益”的细化，具体有知情权、决定权、查阅复制权、移转权、更正权、删除权等。此外，本法第七章“法律责任”中的第69条则是对个人信息权益侵害后果的规定，明确了信息处理者侵害个人信息权益造成损害的，应承担损害赔偿责任。

（王镭 撰写）

---

① 参见陈甦、谢鸿飞主编：《民法典评注．人格权编》，中国法制出版社2020年版，第365页。

第三条 【适用范围】在中华人民共和国境内处理自然人个人信息的活动，适用本法。

在中华人民共和国境外处理中华人民共和国境内自然人个人信息的活动，有下列情形之一的，也适用本法：

（一）以向境内自然人提供产品或者服务为目的；

（二）分析、评估境内自然人的行为；

（三）法律、行政法规规定的其他情形。

【立法背景】

本条是关于本法适用范围的规定，明确在我国境内处理自然人个人信息的活动适用本法的同时，赋予本法必要的域外适用效力。美国、日本、欧盟等许多国家和地区在个人信息保护方面的相关立法中，均明确了其法律的域外适用效力。赋予本法必要的域外适用效力，既是应对信息化时代信息处理技术“跨地域”“跨国界”特点，充分保护我国境内自然人信息权益的需要，也是与国际上个人信息保护立法接轨的具体体现。

【条文解读与法律适用】

一、关于第 1 款“境内处理”的理解

中华人民共和国境内，是本法当然的空间适用范围。凡是在中华人民共和国境内处理自然人个人信息的活动，均适用本法。通常而言，一国法律的空间适用范围及于该国主权管辖的全部领域。例如，《电子商务法》第 2 条第 1 款规定，“中华人民共和国境内的电子商务活动，适用本法”；《数据安全法》第 2 条第 1 款规定，“在中华人民共和国境内开展数据处理活动及其安全监管，适用本法”。

本法在我国境内适用的对象范围是一般主体。相较于《个人信息保护法（一审稿）》《个人信息保护法（二审稿）》，本款省略了“组织、个人”的主语表述，行文更为简洁，但意思并未改变。即任何组织、个人在中华人民共

和国境内处理自然人个人信息的活动，均适用本法。[①] 本法没有对规制主体加以限缩，并不区别考虑“组织类型”“公司规模”“服务性质”“个人国籍”等因素（当然在具体条文中对一些特定主体设定了特定义务，如第58条规定了提供重要互联网平台服务、用户数量巨大、业务类型复杂的个人信息处理者的特别义务）。因此，本法属于个人信息保护领域的通用性、综合性立法，区别于《电子商务法》《消费者权益保护法》等特定领域针对特定规制主体的个人信息保护条款。

本法在我国境内适用的行为类型为处理自然人个人信息的活动。其中，对于“个人信息”和“个人信息处理”等用语的内涵和外延，本法第4条予以了明确。具体的理解与适用，见本书第4条条文解读。本款“处理自然人个人信息”中的“自然人”，既包括境内自然人也包括境外自然人，既包括我国公民也包括外国人和无国籍人。虽然本款没有明确规定死者信息的相关内容，但是根据本法第49条，死者信息也受本法调整。

需要注意的是，处理自然人个人信息之外的数据的活动，不属于本法适用范围。对自然人个人信息之外的数据处理活动，由《民法典》《数据安全法》《电子商务法》《网络安全法》等相关法律予以调整。

二、关于第2款“境外处理”的理解

本法的空间适用范围并不仅限于中华人民共和国境内。在特定情形下，在中华人民共和国境外的个人信息处理活动，也适用本法。现代社会，法律一般不能当然产生域外效力，但是随着国际交往的发展，为保护国家和公民、法人的利益，也可以在例外情况下规定域外效力。[②] 为充分保护我国境内个人的权益，借鉴有关国家和地区的做法，本法被赋予了必要的域外适用效力。[③]

本法在我国境外适用的对象范围同样是一般主体，包括任何组织和个人。境外的个人信息处理者处理个人信息的活动能否适用本法，要以所处理的信息是否为我国境内自然人的个人信息为前提。基于本法“保护我国境内个人

---

① 《个人信息保护法（一审稿）》《个人信息保护法（二审稿）》的表述为“组织、个人在中华人民共和国境内处理自然人个人信息的活动，适用本法”。

② 王利明等：《民法学》，法律出版社2017年版，第17页。

③ 全国人大常委会法制工作委员会副主任刘俊臣于2020年10月13日在第十三届全国人民代表大会常务委员会第二十二次会议上作的《草案说明》。

权益”的立法目的，此处的境内自然人包括境内的我国公民也包括我国境内的外国人和无国籍人。

境外个人信息处理者处理我国境内自然人个人信息适用本法的，还需要具有“以向境内自然人提供产品或者服务为目的”或“分析、评估境内自然人的行为”或“法律、行政法规规定的其他情形”等条件。不具有上述条件之一，在境外处理我国境内自然人个人信息的一般不适用本法。

在境外处理非我国境内自然人个人信息的不适用本法，但一定条件下可以依法适用我国其他法律。例如，《数据安全法》第 2 条第 2 款规定，“在中华人民共和国境外开展数据处理活动，损害中华人民共和国国家安全、公共利益或者公民、组织合法权益的，依法追究法律责任”。

除本条出现“法律、行政法规规定的其他情形”的表述外，本法多处出现“法律、行政法规另有规定的”等表述，立法过程中有观点提出类似兜底性条款容易引起执法的不确定性，建议删除。本法最终未采纳该建议，主要考虑在于相关指引性表述能够在保持本法相对稳定的前提下，通过与其他法律、行政法规的衔接，更好地回应信息技术发展和社会变迁，真正实现保护我国境内自然人个人信息权益的立法目的。

三、关于“排除适用”的范围

需要注意，本法第 72 条规定了本法排除适用的两类情形：一是自然人因个人或者家庭事务处理个人信息的，不适用本法；二是法律对各级人民政府及其有关部门组织实施的统计、档案管理活动中的个人信息处理有规定的，适用其规定。具体的理解与适用，见本书第 72 条条文解读。

（高争志　撰写）

第四条 【术语定义】 个人信息是以电子或者其他方式记录的与已识别或者可识别的自然人有关的各种信息，不包括匿名化处理后的信息。

个人信息的处理包括个人信息的收集、存储、使用、加工、传输、提供、公开、删除等。

【立法背景】

本条对本法部分关键术语进行了定义。本条共分为两款，其中第 1 款对“个人信息”进行抽象概括式定义；第 2 款对“个人信息的处理”进行具体列举式定义。在本法出台以前，我国个人信息保护领域立法分散、层级不一，导致对于个人信息的定义在不同规范中并不一致，本次立法对术语进行统一，有利于法律适用。需注意，本条只是对本法部分术语的定义，还有部分术语定义规定于本法第 28 条第 1 款（敏感个人信息）和第 73 条。

【条文解读与法律适用】

一、本条第 1 款“个人信息”的理解

对“个人信息”定义的理解，主要涉及以下几方面问题。

（一）关于“以电子或者其他方式记录”问题

此系对个人信息的形式载体要求。本法调整的个人信息必须是有载体的个人信息，无记录的口头表述等无载体的个人信息不受本法调整。本法对于个人信息载体的样态不做限制。个人信息脱离于个人本身而存在，只要满足可处理的要求即可。故电子方式记录以及除电子方式以外的其他方式（如书面）记录皆符合载体要求。“其他方式”在适用中宜从宽解释。

（二）关于个人信息主体问题

根据本款对个人信息的定义，个人信息主体仅限于自然人，与法人、非

法人组织有关的信息不属于本条定义的个人信息。[①] 实践中需要注意，如果信息既与自然人有关又与法人、非法人组织有关，仍然应当认定属于个人信息。例如，公司法定代表人的信息属于个人信息；但是，此类个人信息已经公开，应适用本法第 27 条相关规定。

死者信息也受本法调整。根据本法第 49 条，“自然人死亡的，其近亲属为了自身的合法、正当利益，可以对死者的相关个人信息行使本章规定的查阅、复制、更正、删除等权利；死者生前另有安排的除外”。从文义出发，死者信息问题适用条文的范围与个人信息适用条文范围应有所不同，法律适用中需审慎甄别。

（三）关于识别和关联问题

我国《网络安全法》第 76 条第 5 项和《民法典》第 1034 条第 2 款亦对个人信息进行界定。与前二者不同的是，本条规定“与已识别或者可识别的自然人有关的各种信息”为个人信息，而前二者规定“能够单独或者与其他信息结合识别特定自然人的各种信息”为个人信息。但是二者仅具有形式上的差别，实质上一致。本条第 1 款所述“已识别或可识别”与“单独或者与其他信息结合识别”的表述是一致的。具体而言，“已识别”是指特定对象已经能够与其他个体区别开来，[②]“可识别”则指虽然现在还没有识别，但是有识别的可能性，例如通过将不同信息进行关联从而达到识别的最终效果。这种“可能性”，一方面指方法上的现实性，另一方面也指识别成本的合理性。如果某些信息/数据中虽然本身不含有能够识别到具体个人的标识符，但是对该信息的分析结果将与特定个人相关，即“能够单独或者与其他信息结合识别特定自然人”，那么也是个人信息。

对于“与已识别或者可识别的自然人有关”这一要件，宜从宽认定。理由有二：一方面从宽认定更有利于保护个人信息主体合法权益；另一方面也是本款“各种信息”所提出的要求。对于“有关”这一要件，宜从内容、目的、结果三方面综合判断。内容相关指信息的内容涉及特定自然人；目的相

---

① 参见黄薇主编：《中华人民共和国民法典人格权编解读》，中国法制出版社 2020 年版，第 209 页；最高人民法院民法典贯彻实施工作领导小组主编：《中华人民共和国民法典人格权编理解与适用》，人民法院出版社 2020 年版，第 363 页。

② 陈甦、谢鸿飞主编：《民法典评注．人格权编》，中国法制出版社 2020 年版，第 363 页。

关是指所涉信息的处理目的为对特定自然人进行分析等；结果相关是指所涉信息的处理会对特定自然人产生影响。三个方面只要满足其中一个即可认为满足“有关”要件。

（四）关于“不包括匿名化处理后的信息”问题

根据本法第73条第4项，“匿名化，是指个人信息经过处理无法识别特定自然人且不能复原的过程”。具言之，个人信息经过处理无法识别特定自然人且不能复原的，非本法所指的个人信息。关于“不能复原”，从文义来看，表达客观上不可能的含义。但是技术层面很难做到绝对不可能复原。因此，对“不能复原”要件应当作限缩解释，司法实践中对于“不能复原”要件宜从严把握。有证明责任一方无法举证证明“不能复原”的，应当认定涉案信息为个人信息，仍然要适用本法。

还需要注意本款与《民法典》第1038条第1款但书的衔接问题。根据《民法典》第1038条第1款但书规定，个人信息经过加工无法识别特定个人且不能复原的，信息处理者可以不经自然人同意向他人提供。根据全国人大法工委和最高人民法院对于该但书的解释，因为但书规范的信息已非个人信息，所以当然不必经过个人信息主体同意而提供，所有关于个人信息保护的规定都豁免适用。[①] 据此理解，关于匿名化信息，本法与《民法典》的规定一致。

二、关于“个人信息的处理”的理解

本款以不完全列举的形式对“个人信息的处理”进行界定。相比《民法典》第1035条第2款和《个人信息保护法（一审稿）》《个人信息保护法（二审稿）》的规定，本款多列举了“删除”行为。适用本款需要注意以下问题。

（一）关于本款的适用前提

个人信息的处理以个人信息的认定为前提。如果涉案信息不满足本条第1款对个人信息的界定，不在个人信息外延范围内，那么没有必要根据本款进

① 参见最高人民法院民法典贯彻实施工作领导小组主编：《中华人民共和国民法典人格权编理解与适用》，人民法院出版社2020年版，第396—397页；黄薇主编：《中华人民共和国民法典人格权编解读》，中国法制出版社2020年版，第227页；陈甦、谢鸿飞主编：《民法典评注．人格权编》，中国法制出版社2020年版，第403页。

行行为认定，可确认不适用本法。

（二）关于本款“等”的理解

本款为不完全列举，本款的“等”属于等外等。案涉行为不在本款明确列举范围内并不必然不适用本法。本款的适用可分以下三个方面。

首先，本款明确列举的“收集、存储、使用、加工、传输、提供、公开、删除”八种行为当然属于“个人信息的处理”。

其次，本款虽未列举，但本法其他条文出现的行为，被本款“等”字所包含。例如买卖（第 10 条）、委托处理（第 21 条）、转委托（第 21 条）、转移（第 22 条）、接收（第 22 条）、自动化决策（第 24 条）、身份识别（第 26 条）、安全评估（第 36 条）、跨境提供（第三章）等。

最后，既未被本款所明确列举又不涉及本法其他条文出现的行为的，应当以是否有对个人信息主体权益产生影响的可能性作为标准进行判断。根据本法第 1 条，“保护个人信息权益”是本法的重要立法目的。该立法目的对包括本款在内的本法具体条文解释适用具有指导意义。因此，为了更好地保护个人信息主体合法权益，只要案涉行为有对个人信息主体合法权益产生影响的可能，就应当认定其在本款“个人信息的处理”外延范围内。因此，本款“个人信息的处理”在司法实践中宜从宽认定。

需要指出的是，本法重点关注的核心是识别分析行为。那些纯粹技术上的行为，对个人信息主体权益不会产生影响的，不宜认定为本条第 2 款规定的处理行为。

（李群涛　撰写）

第五条 【个人信息处理的基本原则】处理个人信息应当遵循合法、正当、必要和诚信原则，不得通过误导、欺诈、胁迫等方式处理个人信息。

【立法背景】

本条是关于个人信息处理基本原则的规定，指明了个人信息处理应当遵循的基本原则，还列举了个人信息处理者的禁止性行为。基本原则在本法中发挥着重要的作用：一方面，为其他相关条文的理解提供了指导；另一方面，原则规则化后可以作为审判依据。实践中，个人信息处理者的各种违法行为形式难以被立法完全囊括，因此需要基本原则条文以规制违法的个人信息处理行为。

本条一定程度上吸收了《民法典》第1035条的内容，沿用了《民法典》第1035条提到的合法、正当、必要原则。在此基础上，本条增加了诚信原则，并规定了个人信息处理者的禁止性行为。上述立法的完善将能够有效规范个人信息处理活动。

【条文解读与法律适用】

一、个人信息处理的具体原则

本条前半句规定了个人信息处理中应遵循的四项基本原则，分别是合法原则、正当原则、必要原则、诚信原则。这些原则有些已经规则化为《个人信息保护法》中的具体条文。

（一）合法原则

个人信息处理须遵守的第一项基本原则是合法原则，该原则包含三个层次，分别是目的合法、事由合法、行为合法。[①] 首先是目的合法。目的合法，是任何个人信息处理的前提，或者说个人信息处理必须在法律的允许范围内。个人信息处理还需要符合本法以外的其他法律。比如，如果处理是为了诈骗、

---

① 高富平：《个人信息使用的合法性基础——数据上利益分析视角》，载《比较法研究》2019年第2期。

违法交易等，则会依据《刑法》进行制裁。其次是事由合法。任何个人处理行为必须具有合法性事由。合法原则被具体化为本法第 13 条规定的 7 项合法性事由，任何个人信息处理行为必须符合 7 项合法性事由之一，否则即为违法。如果个人信息处理行为取得了有效同意，那么就不必再考察其他合法性事由，除非个人信息主体后来行使了撤回权。最后是处理行为合法。在处理过程中，个人信息处理者还应当根据本法的规定，履行通知、报告等义务。

（二）正当原则

正当原则，是指任何个人信息处理行为都应当具有正当性，该原则是合法性原则的补充。法律适用中，可以依据正当原则，通过自由裁量，将道德准则法律化，补充个人信息处理者的义务内容，实现个人信息基于伦理的治理。个人信息处理是否符合道德的判断建立在目的必要的基础上，目的必要强调的是个人信息处理的正当性。正当性原则在本法第 24 条中得到了体现。个人信息保护具有深层次的意义，它构成了他人认识个人信息主体的基础，根本上会影响个人信息主体的人格和财产利益。比如，大数据杀熟即企业基于个人信息作出歧视性定价，此类行为利用个人数据区别对待消费者，显然违反了正当原则。

（三）必要原则

必要原则，可以被理解为最小化原则。任何的个人数据处理行为必须限定在所追求处理目的的最小范围之内。必要原则在除个人同意外的合法性事由，即本法第 13 条第 1 款第 2 项至第 7 项所提及的合法性事由中具有重大的意义。虽然个人数据处理者在特定情形下不需要取得个人同意即可合法处理个人数据，但数据处理必须限定在处理目的范围之内。所以，本法第 13 条第 1 款第 2 项至第 7 项用“所必需”“在合理的范围内”等限定词。

（四）诚信原则

本条规定诚信原则，可以看作《民法典》第 7 条的反映，同时又具有相对独立的含义。《个人信息保护法》中的诚信原则，强调个人信息处理者应当审慎履行义务，不辜负个人信息主体的信任。个人信息处理者与个人信息主体具有天然的不平等性，个人信息主体在交出个人信息之后只能寄希望于个人信息处理的合规性。因此，个人信息处理者应当致力于消除不平等，通过告知等义务的履行取得个人信任。个人信息处理者应当尽可能地让个人信息主体知晓各项权利，如撤回权。个人信息处理者也应当为个人信息主体的权利行使创造有利条件，同时详细披露个人信息的处理过程。

二、个人信息处理的禁止行为

本条后半句规定了个人信息处理过程中的禁止行为。个人信息处理者不得通过误导、欺诈、胁迫等方式处理个人信息。这些行为属于典型的违反基本原则的行为，需要受到法律否定性的评价。

误导行为，是指个人信息处理者利用误导手段，在违背个人信息主体真实意思的情况下实施的个人信息处理行为。例如，个人信息处理者原本已经基于“为订立、履行个人作为一方当事人的合同所必需”而取得合法性事由，但是为了突破法定事由中必要性原则的限制，仍然试图以“取得个人同意”的方式扩大个人信息处理的范围。误导行为违反了诚信原则，个人信息处理者没有向个人信息主体披露该项个人信息处理行为已具有的合法性事由。

欺诈行为，是指个人信息主体利用欺诈手段，在违背个人信息主体真实意思的情况下实施的个人信息处理行为。在受到欺诈时，个人信息主体根本无法意识到事情的发生。最为典型的是，个人信息处理者作出的简单表述与复杂的协议不一致，导致个人信息主体错误地作出了决策。个人信息处理者具有说明义务，应当清晰地表达出合同文本的真实含义，以便个人信息主体明白地知晓同意后可能面临的风险。欺诈行为属于违反基本原则的行为。

胁迫行为，是指个人信息主体利用强制手段，在违背个人信息主体真实意思的情况下实施的个人信息处理行为。为了迫使个人信息主体同意，个人信息处理者往往采用“二选一”的方式，要么同意苛刻的处理条件，要么不得使用该项服务。有些服务是消费者在日常生活中所必需的，所以消费者不得不同意。个人在面对企业时处于弱势地位，非常容易遭受此类胁迫，最终被迫作出同意行为。个人信息主体的胁迫行为违反了基本原则，基于胁迫的同意行为不属于有效的同意。

不得误导、欺诈、胁迫是从反面定义同意的自愿性。正面的表述是，同意的做出应当以当事人的自愿为前提。由于非自愿产生的原因多种多样，为了防止个人信息处理者利用不合法的手段取得同意，本条使用了“等方式”作为兜底，以涵盖将来有可能出现的其他违法形式。

（云晋升　撰写）

第六条 【目的限定原则】处理个人信息应当具有明确、合理的目的，并应当与处理目的直接相关，采取对个人权益影响最小的方式。

收集个人信息，应当限于实现处理目的的最小范围，不得过度收集个人信息。

【立法背景】

本条规定个人信息处理之目的限定原则，同时体现最小必要原则。具体要求是：第一，个人信息处理应当与处理目的直接相关，且采取对个人权益影响最小的处理方式；第二，个人信息的收集不但限于处理目的，而且必须是最小范围内的收集，不得过度收集个人信息。

《个人信息保护法（二审稿）》第 6 条[①]要求任何个人信息处理行为均必须符合目的相关且范围最小，体现对个人信息处理行为过度的限制，不符合本法第 1 条"促进个人信息合理利用"的立法目标。立法审议过程中，有观点认为根据最小必要原则，应进一步强化不得过度收集个人信息。本条对二审稿相应条文进行修订，具体而言，本条明确只有"收集"个人信息需要限定在最小范围，不得过度收集个人信息；其他"处理"行为则只需要符合直接相关的处理目的，并采取对个人权益影响最小的处理方式，兼顾"保护个人信息权益"和"促进个人信息合理利用"的立法目标。

【条文解读与法律适用】

一、关于"明确、合理的目的"的理解

个人信息处理之目的限定原则，首先要求个人信息处理具有明确、合理的目的。处理目的明确，即个人信息处理者应当依据本法第 7 条和第 17 条明

① 《个人信息保护法（二审稿）》第 6 条规定："处理个人信息应当具有明确、合理的目的，并应当限于实现处理目的所必要的最小范围、采取对个人权益影响最小的方式，不得进行与处理目的无关的个人信息处理。"

示和告知个人信息的处理目的，个人信息处理行为受到处理目的的限制，才能尽可能降低对个人信息权益的影响。

处理目的必须合理，包括公共利益目的和商业利益目的。公益目的，包括公共卫生、科学研究、统计分析等。例如为了国民收入调查等公共利益目的收集和处理个人信息，如政府部门为了进行人口普查而调取个人户籍信息，刑事侦查机关可以为了刑事侦查调查相关人员的个人信息。此外，高校、医院等科研机构收集大量个人信息进行科研活动，有利于整个社会的创新与发展。[①]《民法典》第1036条第3项规定信息处理者未征得信息主体的同意可以基于公共利益处理个人信息，亦不承担法律责任。本法第13条第1款第4项、第5项规定基于公共利益目的处理个人信息，即使没有征得信息主体同意，也可以处理。

合理的商业利益目的，又进一步分为基本服务目的和扩展服务目的。基本服务是指满足个人信息主体的具体使用需求的服务，比如银行提供的转账服务、快递公司提供的邮寄服务。如果个人信息处理者不提供基本服务，一般的信息主体则不会选择其产品或服务。同时，如果信息主体不提供与基本服务直接相关的个人信息，基本服务目的无法实现。扩展服务是指为提升或改善基本服务相关的服务，包括精准营销、数据分析、基于数据画像的自动化决策、信息交易等。定向广告推荐、精准推送等精准营销行为有利于提升服务质量，提高营销效率，立法一般都允许个人信息处理者经过信息主体同意后进行精准营销。[②] 数据分析可以提高科研和生产效率，对个性化定制服务有很大帮助，实现创新经济。[③] 商业机构基于数据画像作出对信息主体有影响的决策，往往能提升企业决策的效率，如银行根据个人的征信记录来确定是否同意贷款，保险公司根据个人的健康信息决定是否签订人身保险合同。个人信息交易包括信息共享、转让、许可使用和公开披露等向第三方提供个人信息的形式，有利于提升用户的使用体验与便利。

---

① 高富平：《个人信息使用的合法性基础——数据上利益分析视角》，载《比较法研究》2019年第2期。

② 德国《联邦个人数据保护法》第28条第4项规定、我国《消费者权益保护法》第29条规定。

③ 李国杰、程学旗：《大数据研究：未来科技及经济社会发展的重大战略领域——大数据的研究现状与科学思考》，载《中国科学院院刊》2012年第6期。

二、关于“与处理目的直接相关”的理解

个人信息处理必须与处理目的直接相关，超越处理目的的个人信息处理行为是违法行为。本法第47条规定违法处理个人信息时，个人信息处理者应当主动删除个人信息或依个人请求删除个人信息；处理目的已实现、无法实现或者为实现处理目的不再必要时，个人信息处理者亦应当主动删除个人信息。根据《App违法违规收集使用个人信息行为认定方法》[①] 第4条的规定，收集的个人信息类型与业务功能无关、用户不同意收集非必要个人信息或打开非必要权限而拒绝提供原业务功能、收集个人信息频度超出业务实际需要、用户不同意收集权限就无法使用等行为可以被认定为收集与其提供的服务无关的个人信息。该规定列举了6类31种移动互联网应用程序（以下简称App）违法违规收集使用个人信息的行为，为认定违反目的限定原则提供了指引，法律适用中可以参照适用。

目的限定原则贯穿整部法律，应当注意衔接适用。依据本法第14条的规定，个人信息处理目的发生变更的，应当重新取得个人同意；第21条规定，受托人应当按照约定的处理目的处理个人信息；第22条规定，个人信息处理者因合并、分立、解散、被宣告破产等原因需要转移个人信息的，接收方变更处理目的的，应当重新取得个人同意；第23条规定，个人信息处理者向其他个人信息处理者提供其处理的个人信息的，接收方变更原先的处理目的的，应当依照本法规定重新取得个人同意；第26条规定，在公共场所安装图像采集、个人身份识别设备，应当为维护公共安全所必需，所收集的个人图像、身份识别信息只能用于维护公共安全的目的，不得用于其他目的，取得个人单独同意的除外。

三、关于“对个人权益影响最小方式”的理解

本条规定了个人信息处理的最小化要求，即个人信息处理者应当保证个人信息处理方式尽量与实现处理目的相匹配，处理个人信息的频率最低，个人信息识别程度最低，采取对个人权益影响最小的处理方式。

从最小化规则的立法目的来分析，最小化规则旨在在保障信息主体人格

---

① 2019年11月，国家互联网信息办公室、工业和信息化部、公安部、市场监管总局联合制定了《App违法违规收集使用个人信息行为认定方法》。

权益的基础上促进个人信息处理与利用。《民法典》第 1035 条规定不得过度处理个人信息，但并未明确规定何为过度处理。过度处理，可以理解为与处理目的不成比例。

具体而言，处理个人信息的频率最低，即个人信息处理者应当尽量降低收集、加工、共享、转让个人信息的频率，包括降低征求信息主体同意的频率。最小化规则还可以适用于个人信息的识别强度标准，识别度越强的个人信息，越应当限制或禁止处理，这样才符合最小化规则。例如，《常见类型移动互联网应用程序必要个人信息范围规定》[①] 中，39 类 App 出现最多的必要个人信息是用户移动电话号码，只有网络支付类、邮件快件寄递类等 13 种 App 需要姓名这种识别度特别强的个人信息。[②]

此外，个人信息的匿名化处理和去标识化处理，有利于降低个人信息的识别性，也可视为落实最小化原则的方式。此类个人信息利用行为，对信息主体的侵害风险降至最小，体现个人信息最小化处理规则的要求。本法第 73 条对去标识化和匿名化进行了定义，见本书相关条文解读。

四、关于“收集个人信息限于处理目的最小范围”的理解

个人信息收集不仅要保证与处理目的相关，而且要限于处理目的的最小范围，从数量上保证最小化。值得注意的是，数量最小化仅限于个人信息收集这种处理方式。如 2020 年 2 月，中央网信办发布了《关于做好个人信息保护利用大数据支撑联防联控工作的通知》，明确规定“收集联防联控所必需的个人信息应参照国家标准《个人信息安全规范》，坚持最小范围原则，收集对象原则上限于确诊者、疑似者、密切接触者等重点人群，一般不针对特定地区的所有人群，防止形成对特定地域人群的事实上歧视”。

个人信息处理者与个人就个人信息收集范围和数量发生争议时，个人信息处理者应当就其在最小范围内收集个人信息承担举证责任。移动互联网应用程序处理个人信息时，法律适用中可参照《常见类型移动互联网应用程序

---

① 2021 年 3 月，国家互联网信息办公室、工业和信息化部、公安部、国家市场监督管理总局联合制定了《常见类型移动互联网应用程序必要个人信息范围规定》。

② 网络支付类、网上购物类、餐饮外卖类、邮件快件寄递类、交通票务类、求职招聘类、网络借贷类、二手车交易类、问诊挂号类、旅游服务类、酒店服务类、投资理财类、手机银行类等 13 种 App 需要姓名这种识别度特别强的个人信息。

必要个人信息范围规定》，其中第 3 条规定的必要个人信息指保障 App 基本功能服务正常运行所必需的个人信息，缺少该信息即无法实现基本功能服务；第 5 条针对不同类型 App 规定了不同的必要个人信息范围。针对其他个人信息处理者，在法律、行政法规未对此作出具体规定时，法律适用中可以参照上述规范认定不同行业的个人信息处理者处理个人信息的必要范围。

（项定宜　撰写）

第七条 【公开、透明原则】 处理个人信息应当遵循公开、透明原则，公开个人信息处理规则，明示处理的目的、方式和范围。

【立法背景】

本条规定了个人信息处理遵循公开、透明原则，明确规定个人信息处理者应当公开个人信息处理规则和明示个人信息处理的目的、方式和范围。本法首次使用“公开、透明原则”的表述，将公开透明原则规定在第一章总则，凸显其作为基本原则的重要地位，对第 17 条、第 18 条、第 22 条、第 23 条、第 30 条、第 39 条和第 48 条等相关条文的法律适用，具有一般原则的指导意义，共同保障信息主体的知情权和决定权。

《个人信息保护法（一审稿）》第 7 条规定：“处理个人信息应当遵循公开、透明的原则，明示个人信息处理规则。”本法修订了一审稿的内容，强调明示个人信息处理的目的、方式和范围，吸纳《网络安全法》《消费者权益保护法》《民法典》中关于明示个人信息处理目的、方式和范围的内容。《网络安全法》第 41 条规定网络运营者收集、使用个人信息时，应当公开收集、使用规则，明示收集、使用信息的目的、方式和范围。[①]《消费者权益保护法》第 29 条强调经营者利用消费者个人信息时，应当遵循公开原则。《民法典》第 1035 条第 1 款第 2 项、第 3 项规定个人信息处理应当公开处理信息的规则，明示处理信息的目的、方式和范围。

【条文解读与法律适用】

一、关于“公开、透明原则”的理解

随着信息技术发展，个人信息被自动、快速地收集、利用，信息主体往往对自己的个人信息何时、被何人收集和使用无从知晓。个人信息泄露后，

---

① 《网络安全法》第 41 条规定：“网络运营者收集、使用个人信息，应当遵循合法、正当、必要的原则，公开收集、使用规则，明示收集、使用信息的目的、方式和范围，并经被收集者同意。网络运营者不得收集与其提供的服务无关的个人信息，不得违反法律、行政法规的规定和双方的约定收集、使用个人信息，并应当依照法律、行政法规的规定和与用户的约定，处理其保存的个人信息。”

无法查找信息泄露源，更无法追究对方的法律责任。公开、透明原则能有效保障社会公众的知情权。《个人信息安全规范》第4条明确对公开透明原则作出界定，公开透明原则即以明确、易懂和合理的方式公开处理个人信息的范围、目的、规则等，并接受外部监督。

实践中，很多企业通过发布隐私政策来公开个人信息处理规则，这种方式成本低、效率高，如京东隐私政策、微信隐私政策、百度地图隐私政策等。这些隐私政策通常包含个人信息处理的方式、范围等内容，既是个人信息处理者行业自律的体现，也是落实公开、透明原则的体现。

二、关于“公开个人信息处理规则”的理解

为了保障个人信息处理行为的透明性以及个人的知情权，本条规定个人信息处理规则应当公开。所谓公开，是指个人信息处理者应当提供便捷的查询和保存途径，包括但不限于政府公告、网络公告、报纸公告等，便于社会公众查阅。[①] 只要社会公众通过便捷的方式能够查询到个人信息处理规则，即可认定为公开。

公开的个人信息处理规则应受到社会公众的监督。本法第17条第3款规定，个人信息处理者通过制定个人信息处理规则的方式告知个人信息处理者信息，处理目的、方式和范围的，处理规则应当公开并且便于查阅和保存。本法第48条进一步规定个人有权要求个人信息处理者对其个人信息处理规则进行解释说明，个人信息处理者有义务向提出请求的个人进行解释说明，接受外界的监督。此外，本法第58条第2项规定，提供重要互联网平台服务、用户数量巨大、业务类型复杂的个人信息处理者，应当依据公开、公平、公正原则，明确并公开平台内产品或者服务提供者处理个人信息的规范。

个人信息处理规则涉及的内容很多，法律、行政法规规定可以不公开的事项可以不公开。依据本法第18条的规定，有法律、行政法规规定应当保密或者不需要告知的事项可以不公开；第35条规定，妨碍国家机关履行法定职责的事项可以不公开。

三、关于“明示处理目的、方式和范围”的理解

明示，是指通过书面或口头形式作出明确的意思表示，如通过隐私政策

① 齐爱民：《大数据时代个人信息保护法国际比较研究》，法律出版社2015年版，第220页。

明确表示个人信息处理规则。实践中，公开的隐私政策存在表述模糊的问题。如本法第 23 条规定，个人信息处理者向其他个人信息处理者提供其处理的个人信息的，应当向个人告知接收方的名称或者姓名、联系方式、处理目的、处理方式和个人信息的种类，并取得个人的单独同意。法律适用中，应当对公开的个人信息处理规则进行合规审查，判断是否包含个人信息处理目的、方式和范围的内容，如果欠缺相关的核心内容，则需要补充个人信息处理目的、方式和范围的相关规则；如果相关的表述模糊、导致歧义，个人有权依据本法第 48 条的规定请求个人信息处理者作出解释说明，若双方理解不一致，法律适用中应当作出不利于个人信息处理者、有利于信息主体的解释。

明示的内容，包括但不限于个人信息处理的目的、方式和范围。法律适用时，个人信息处理者如以个人信息处理规则的相关内容作为解决争议的依据，首先需要对个人信息处理规则的内容依法进行合规审查。对于个人信息处理的目的、方式和范围，本法第 6 条规定了一般要求，见本书相关条文解读。关于个人信息处理的方式，包括收集、存储、使用、加工、传输、提供、公开、删除等。各种处理方式，本法相应条文规定了不同的合法性要求，如第 6 条规定，收集个人信息应当遵循目的限定和最小范围收集规则；第 19 条和第 47 条规定，存储个人信息，存储期限限于为实现处理目的所必要的最短时间，超出存储期限的个人信息应当被删除；委托第三方处理个人信息，应符合本法第 21 条的规定，受托人不得超出约定的处理目的、处理方式和范围；公开个人信息，应符合本法第 25 条的规定；向境外提供个人信息，则应适用本法第 38 条、第 39 条的规定，符合相关的条件且遵循“告知—同意”规则；第 47 条规定了删除个人信息的法定情形，个人信息处理规则或合同明示的删除条款不得违反法律规定。另外，对于个人信息处理的范围，本法第 5 条和第 6 条规定，任何个人数据处理行为，必须限定在必要的最小范围之内。个人信息的种类包括自然人的姓名、年龄、性别、身份证件号码、生物识别信息、住址、电话号码、电子邮箱、健康信息、地理位置信息等。在使用、加工、传输、提供、公开、删除个人信息时，仅限于在已经明确告知的处理目的范围内处理。对于对常见类型 App 的必要个人信息范围，可参照《常见类型移动互联网应用程序必要个人信息范围规定》。例如，地图导航类的 App 必要个人信息范围包括位置信息、出发地和到达地信息，显然不包括姓名信息。

需要注意的是，公开个人信息处理规则与明示处理目的、方式和范围是递进关系而非选择关系，即该原则不仅要求个人信息处理者公开个人信息处理规则，而且公开的个人信息处理规则应当明示处理目的、方式和范围等核心内容。如果公开的个人信息处理规则没有明示处理目的、方式和范围等内容，仍然会被认定为违反公开透明原则。

（侍孝祥、项定宜　撰写）

第八条 【个人信息质量保证】 处理个人信息应当保证个人信息的质量，避免因个人信息不准确、不完整对个人权益造成不利影响。

【立法背景】

本条与《个人信息保护法（一审稿）》第 8 条有较大差别。一审稿规定，“为实现处理目的，所处理的个人信息应当准确，并及时更新”。立法过程中，有观点建议增加完整原则，另有观点建议将“并及时更新”改为“若有必要应及时更新”。综合考虑各方面意见后，立法者对本条文进行了修改。到《个人信息保护法（二审稿）》第 8 条时，已经与本条完全一致。保证个人信息质量是个人信息处理过程中的重要事项。“任何个人信息的不实、错误或者对其内容的扭曲都会或多或少影响个人社会形象的塑造，让个人在社会中的发展偏离自己的预期。”[①] 因此，处理个人信息应当保证个人信息的质量，这对保护个人信息主体的人格尊严极为重要。

【条文解读与法律适用】

一、关于“个人信息的质量”的理解

本条前半句规定，“处理个人信息应当保证个人信息的质量”。那么如何理解“个人信息的质量”至关重要。本条后半句规定“避免因个人信息不准确、不完整对个人权益造成不利影响”。此处的不准确、不完整恰恰是对本条前半句个人信息质量的解读，分述如下。

（一）个人信息不准确

个人信息不准确，可能表现为个人信息不正确，也可表现为个人信息已过时。

首先，个人信息不准确的表现之一为个人信息不正确，即个人信息出现

① 最高人民法院民法典贯彻实施工作领导小组主编：《中华人民共和国民法典人格权编理解与适用》，人民法院出版社 2020 年版，第 391 页。

错误。需要注意，个人信息出现错误是指收集个人信息时个人信息就有错误。个人信息出现错误在某些场景下会对个人信息主体的合法权益造成不利影响。例如，当个人信息主体的个人信用信息出现错误，即可能对个人信息主体信用贷款活动的顺利程度造成影响。

其次，个人信息已过时是个人信息不准确的另外一种表现。个人信息已过时是指过去的个人信息已经不符合个人信息主体当前的情况，但是又没有新的个人信息产生予以更替。需要注意，个人信息过时意味着收集个人信息时，当时的个人信息没有错误，能够客观反映个人信息主体当时的情况；只是时过境迁，个人信息主体客观情况发生变化而个人信息处理者处理的个人信息仍然是过去的个人信息。这是个人信息已过时与个人信息不正确的主要差别。有观点认为此时个人信息主体有“更新权”；[①] 需要注意，若处理目的为分析个人信息主体过去的情况，那么对此类个人信息没有必要予以更新。

（二）个人信息不完整

个人信息不完整，是本条后半句明确提出的个人信息质量问题，而个人信息不全面是个人信息不完整的表现。具体而言，个人信息不完整主要包括两种形态：第一，遗漏了部分个人信息；[②] 第二，新产生的个人信息没有纳入。[③]

二、关于保证个人信息质量的前提

本条规定的保证个人信息质量，只是一般原则性要求。保证个人信息质量的程度要视场景而定。正如本条后半句所称，保证个人信息质量的主要目的在于避免因个人信息不准确、不完整对个人信息主体的合法权益造成不利影响。换言之，如果没有对个人信息主体合法权益造成不利影响的风险，那么即便个人信息质量有问题，也不必苛求处理个人信息者对其处理的任何个人信息都要保证丝毫不差。典型的例子是利用众多去标识化个人数据进行群体分析，以判断群体的消费倾向等特征。此时信息分析的结果并非精确地应用于个人，而是应用于群体，出于大数据分析的“容错性”，可以允许少量不

---

① 黄薇主编：《中华人民共和国民法典人格权编解读》，中国法制出版社2020年版，第223页。
② 黄薇主编：《中华人民共和国民法典人格权编解读》，中国法制出版社2020年版，第223页。
③ 黄薇主编：《中华人民共和国民法典人格权编解读》，中国法制出版社2020年版，第223页。

正确的个人信息存在。

《民法典》对于更正权表述的变动足以说明这一问题。《网络安全法》第43条规定了更正权，但《民法典》第1037条第1款第2分句在规定更正权时在“及时采取更正”后刻意加上了“等必要措施”。这种表述上的变动意味着，保证个人信息质量的义务应当以必要性作为约束和前提。[①]

三、关于确保个人信息质量的措施

本条仅原则性地说明了处理个人信息者的保证个人信息质量的义务，但是并未提及个人信息质量出现问题时处理个人信息者应当如何处置。以下依次展开。

第一，建立便捷的个人行使权利的申请受理和处理机制。根据本法第50条第1款规定，个人信息处理者应当建立便捷的个人信息主体行使权利的申请受理和处理机制，拒绝个人信息主体行使权利的请求的，应当说明理由。这要求处理个人信息者为履行质量保证义务提供制度保障。至于如何设计这一机制，《App违法违规收集使用个人信息行为认定方法》第6条所列因素值得作为反面参考。根据本条，以下行为可被认定为未建立便捷的保障个人信息质量的机制：（1）未提供有效的更正个人信息功能；（2）为更正个人信息设置不必要或不合理条件；（3）虽提供了更正个人信息功能，但未及时响应个人信息主体相应操作，需人工处理的，未在承诺时限内完成核查和处理；（4）更正个人信息等操作已执行完毕，但App后台并未完成的；（5）未建立并公布个人信息安全投诉、举报渠道，或未在承诺时限内受理并处理的。

第二，及时更正、补充个人信息。根据本法第46条第2款的规定，个人信息主体请求更正、补充其个人信息时，个人信息处理者应当对其个人信息予以核实，并及时更正、补充。需要注意，首先，个人信息主体提出更正、补充其个人信息的请求后，个人信息处理者并非应立即更正补充，而是应先行予以核实，经过核实才能更正、补充，另外，本法第46条第2款对个人信息处理者的更正、补充义务课以“及时”的要求。在“及时”的理解方面，《个人信息安全规范》相关规定具有可参考性。根据该规范第8.7条a项，在

---

① 参见高富平、李群涛：《个人信息主体权利的性质和行使规范——〈民法典〉第1037条的解释论展开》，载《上海政法学院学报（法治论丛）》2020年第6期。

验证个人信息主体身份后，个人信息处理者应及时响应个人信息主体提出的请求，应在30天内或法律法规规定的期限内作出答复及合理解释。

四、实践中需要注意的问题

实践中适用本条时需要注意保证个人信息质量的义务主体问题。本条前半句规定，“处理个人信息应当保证个人信息的质量”，但是并未提及具有此等义务的主体为何。本条前半句所用语词为“处理个人信息”，意味着本条的义务主体为“处理个人信息者”。需注意，“处理个人信息者”和“个人信息处理者”并非同一概念。前者的内涵和外延比后者更大。

本法中“个人信息处理者”具有特别的指涉。根据本法第73条第1项，“个人信息处理者，是指在个人信息处理活动中自主决定处理目的、处理方式的组织、个人”。本法中的个人信息处理者相当于欧盟《通用数据保护条例》（GDPR）中的数据控制者。自主决定处理目的、处理方式是本法中个人信息处理者的本质特征。

但是处理个人信息者不仅包含个人信息处理者，也包含本法第21条第1、2款规定的不能自主决定信息处理目的、处理方式的“个人信息处理者受托人”，甚至包含本法第21条第3款规定的个人信息处理者次受托人。故从文义解释和体系解释进路出发，具有保证个人信息质量义务的主体不仅包括个人信息处理者，也包括个人信息处理者的受托人和个人信息处理者的次受托人等。

应当注意，本法第50条第1款第1句规定似乎只能约束个人信息处理者，而无法约束前已提及的个人信息处理者的受托人和次受托人。然而，本法第59条规定：“接受委托处理个人信息的受托人，应当依照本法和有关法律、行政法规的规定，采取必要措施保障所处理的个人信息的安全，并协助个人信息处理者履行本法规定的义务。”所以受托人和次受托人为了履行保障信息安全义务和协助义务，也应当在相应程度上采取措施，自不待言。

（王镭　撰写）

第九条 【个人信息处理者负责】个人信息处理者应当对其个人信息处理活动负责，并采取必要措施保障所处理的个人信息的安全。

【立法背景】

本条明确了个人信息处理者对其个人信息处理活动负责，强调的是个人信息处理者处理个人信息活动应当符合法律和行政法规的规定，并且对其守法情况负有举证责任。此外，本条还强调了个人信息处理者保障个人信息安全的义务。

从当前我国的立法情况看，《民法典》第 1038 条第 2 款、《网络安全法》第 42 条第 2 款、《消费者权益保护法》第 29 条第 2 款、《加强网络信息保护的决定》第 4 条均规定了相关个人信息处理主体应当确保个人信息安全（或信息安全）。本条属于对上述法律规定的延续和发展：一方面借鉴欧盟《通用数据保护条例》（GDPR）第 5 条第 2 项的规定，在立法上首次明确“个人信息处理者应当对其个人信息处理活动负责”的法律原则；另一方面在“保障个人信息安全”的表述中未采用《网络安全法》第 42 条第 2 款、《消费者权益保护法》第 29 条第 2 款等规定中“防止信息泄露、毁损、丢失”类似描述性限定的语句，进而拓展了个人信息安全的内涵范围。

【条文解读与法律适用】

本条概括明确了个人信息处理者的责任，属于本法第五章“个人信息处理者的义务”和第七章“法律责任”相关内容的原则性条款。综合相关条文，正确理解本条，需要重点把握以下内容。

一、关于“对个人信息处理活动负责”的理解

个人信息处理者处理个人信息的活动应当遵守本法以及其他法律、行政法规关于个人信息保护的各项规定。具体而言，个人信息处理者需要遵守本法所明确的“合法、正当、必要、诚信原则”（第 5 条）、“目的限制原则”

"数据最小化原则"（第 6 条）、"公开透明原则"（第 7 条）、"保证信息质量原则"（第 8 条）等各项法律原则，以及本法其他章节规定的建立个人行使权利的申请受理和处理机制；按照规定制定内部管理制度和操作规程，采取相应的安全技术措施；定期对其个人信息活动进行合规审计；对处理敏感个人信息、向境外提供个人信息等高风险处理活动，事前进行风险评估；履行个人信息泄露通知和补救义务以及其他法律、行政法规规定的一系列具体义务。

个人信息处理者对其遵守法律规定的情况负有举证责任。这是本条责任原则的应有之义。明确个人信息处理者的举证责任，有助于推动其更为主动地遵守本法及相关法律、法规的规定，并对自身守法情况予以留痕证明。这也符合个人信息保护责任从个人向个人信息处理者转变的国际趋势。

个人信息处理活动的责任主体是个人信息处理者。大数据时代的个人信息处理活动不可避免地会产生新的社会风险，并可能导致损害发生。为此，需要法律就上述风险在相关主体之间进行合理分配。考虑到个人信息处理者一般是个人信息处理活动的决策者、控制者和受益者，故本法概括性明确个人信息处理者应当对其个人信息处理活动负责。需要注意的是，本条并未明确个人信息处理活动受托人是否属于责任主体范围。依据本法第 59 条，接受委托处理个人信息的受托人在委托范围内，进行个人信息处理活动的法律后果应由个人信息处理的委托人（即个人信息处理者）承担。受托人超出委托范围进行个人信息处理活动的，此时受托人构成独立的个人信息处理者，构成本条规定的个人信息处理活动责任主体，应依法承担相应责任。

个人信息处理者在个人信息处理活动中的责任形式，既包括公法责任也包括私法责任。就公法责任而言，本法明确了一系列个人信息处理者义务，这些义务的履行均以行政责任甚至刑事责任予以保障（第 66 条、第 67 条、第 71 条）。就私法责任而言，本法第 2 条"自然人的个人信息受法律保护"的规定与本条共同构成了民法上保护个人信息权益的请求权基础。因个人信息处理活动造成个人信息主体人身权、财产权以及其他民事权益损害的，个人信息主体可以依据本法第 69 条追究个人信息处理者的侵权责任。

二、关于"保障个人信息安全"的理解

个人信息处理者对个人信息处理活动负责，当然包括对其处理的个人信息安全负责。本条后半段之所以对"采取必要措施保障所处理的个人信息的安全”予以强调，主要是为了突出个人信息安全在个人信息保护工作中的重要性。因为，个人信息安全问题，是构建个人信息主体与个人信息控制者之间信任关系的关键；只有个人信息安全得到保障，个人信息主体才能放心地将其信息交由个人信息处理者处理，为真正实现有效兼顾“保护个人信息权益”“促进个人信息合理利用”的立法目的提供条件。

关于个人信息安全的内涵界定。保障个人信息安全的内涵包含技术角度的安全和民事权益角度的安全两个方面。就技术角度的个人信息安全而言，其与信息安全、网络安全的外延类似，一般被归纳为信息的秘密性、完整性和可用性，强调信息本身的物理安全。本法第 51 条中“防止未经授权的访问以及个人信息泄露、篡改、丢失”就属于对技术角度个人信息安全的列举。技术角度的个人信息安全一般与个人信息处理者的公法责任相联系。民事权益角度的个人信息安全的关注点，在于个人信息主体的民事权益不因个人信息处理活动而遭到损害，故民事权益角度的个人信息安全可采用法律推定的方式予以定义。即个人信息处理活动没有导致个人信息主体的人身、财产等民事权益受损的，推定为个人信息安全。民事权益角度的个人信息安全一般与个人信息处理者的民事责任相联系，本法第 69 条可为相关民事责任追究提供规范依据。综上，个人信息处理者只有既做到“防止个人信息未经授权的访问以及防止个人信息泄露、篡改、丢失”，又做到“防止个人信息主体民事权益因个人信息处理遭受损害”，才真正达到保障个人信息安全的要求。

关于采取必要措施的内涵界定。采取必要措施是保障个人信息安全的事前预防性手段。这里的必要措施既包括本法（特别是本法第 51 条），其他法律、行政法规所明确的技术措施、管理措施，也包括个人信息技术处理者基于信息技术发展现状、信息处理实际等客观情况，为达到保护个人信息安全目标应当采取的法律规定之外的其他措施。其中，个人信息处理者依法采取了法律、行政法规规定的必要措施，发生个人信息安全事件的，能够有效免除其公法责任，但是并不当然免除其民事侵权赔偿责任。个人信息处理者是否应当采取法律、行政法规规定之外的其他必要措施，应在司法实践中基于个案情况予以判断，进而裁判个人信息处理者是否构成民事侵权。

（高争志 撰写）

第十条　【禁止非法处理】任何组织、个人不得非法收集、使用、加工、传输他人个人信息，不得非法买卖、提供或者公开他人个人信息；不得从事危害国家安全、公共利益的个人信息处理活动。

【立法背景】

本条明确了个人信息受法律保护，任何组织和个人若要获取他人个人信息，应依法取得，不得非法侵害他人个人信息。此外，本条对禁止行为进行了界定，包括：一是收集、使用、加工、传输以及买卖、提供、公开他人个人信息；二是从事危害国家安全、公共利益的个人信息处理活动。

2012 年 12 月 28 日，《加强网络信息保护的决定》通过并实施。这项法律性文件主要针对电子信息的收集、使用以及泄露等相关问题进行规定，起到了电子信息保护法的作用。2016 年出台的《网络安全法》，其中涉及的个人信息保护的内容大体与前述决定相同。但由于前述立法侧重于由公权力机关通过发挥其管理职能来规制个人信息保护，给予个人的保护手段并不充分，因此未能充分发挥个人在保护其信息利益上的主动性和积极性。本法在审议过程中，全国人大宪法和法律委员会经研究，建议增加规定“任何组织、个人不得非法收集、使用、加工、传输他人个人信息，不得非法买卖、提供或者公开他人个人信息”①。此次修改，对利用个人信息进行违法犯罪的行为进行了更详尽具体的列举。与《民法典》第 111 条②的规定一脉相承。

此外，在涉及数据安全，特别是国家安全的领域，本条通过立法的形式，明确禁止行为人从事危害国家安全、公共利益的个人信息处理活动，违者将面临被追责的风险。

---

① 《全国人民代表大会宪法和法律委员会关于〈中华人民共和国个人信息保护法（草案）〉审议结果的报告》，载中国人大网，http：//www. npc. gov. cn/npc/c30834/202108/a528d76d41c44f33980eaff-e0e329ffe. shtml，最后访问时间：2021 年 8 月 22 日。

② 《民法典》第 111 条：“自然人的个人信息受法律保护。任何组织或者个人需要获取他人个人信息的，应当依法取得并确保信息安全，不得非法收集、使用、加工、传输他人个人信息，不得非法买卖、提供或者公开他人个人信息。”

总体而言，本条明确了我国个人信息维权的法律依据。有利于有效遏制利用个人信息进行违法犯罪的行为。

【条文解读与法律适用】

一、关于“非法”的理解问题

个人信息与信息主体的其他人身、财产利益密切相关。近年来，非法获取、非法出售或者非法向他人提供公民个人信息的违法行为屡禁不止，并且以此为源头，形成了个人信息黑灰产业链和犯罪利益链，导致骚扰电话、垃圾短信、精准电信诈骗、身份欺诈等屡禁不止，不仅侵扰了公民的生活安宁，也给公民的人身、财产权益保护构成威胁。本条是为了进一步完善个人信息处理规则，特别是对应用程序（App）过度收集个人信息，大数据杀熟以及非法买卖、泄露个人信息等现象作出有针对性的规范。

适用本条需要注意以下问题：

（一）“非法”的判断

本法在第 13 条对个人信息处理者处理个人信息的条件进行了罗列，明确了处理个人信息的合法性基础。然而，在具体适用过程中判断个人信息处理行为是否“非法”应当结合其他法律来理解。例如，在《刑法》第 253 条之一关于“出售或者提供公民个人信息”的罪状表述中，将“违反国家有关规定”作为前提。由此可见，“非法”应当以是否违反国家有关规定为判断标准。[①]《侵犯公民个人信息刑事案件解释》对前述“违反国家有关规定”的界定是法律、行政法规、部门规章。[②] 其规制范围较大，超过了《刑法》第 96 条“国家规定”对应的法律、行政法规。[③] 此外，“国家有关规定”同样指的是与个人信息保护关联的法律、行政法规和部门规章，作为由全国人大常委

---

① 《刑法》第 253 条之一：“违反国家有关规定，向他人出售或者提供公民个人信息，情节严重的，处三年以下有期徒刑或者拘役，并处或者单处罚金；情节特别严重的，处三年以上七年以下有期徒刑，并处罚金。”

② 《侵犯公民个人信息刑事案件解释》第 2 条：“违反法律、行政法规、部门规章有关公民个人信息保护的规定的，应当认定为刑法第二百五十三条之一规定的‘违反国家有关规定’。”

③ 《刑法》第 96 条：“本法所称违反国家规定，是指违反全国人民代表大会及其常务委员会制定的法律和决定，国务院制定的行政法规、规定的行政措施、发布的决定和命令。”

会制定的法律，《个人信息保护法》显然属于这一范畴。

（二）“非法”的适用

根据本条的规定，没有得到法律授权、个人信息主体同意的收集、使用、加工、传输等个人信息处理行为都是“非法”行为，为法律所禁止；而得到个人信息主体同意或者得到法律授权的个人信息处理行为，则不是“非法”行为，不为法律所禁止。大数据的开发、利用和交易，极大地促进了社会经济的发展和人们生活的方便。需要注意的是，只有“非法”的买卖、提供或者公开个人信息行为才需要被禁止，而合法的交易或者提供个人信息则不应被禁止。例如，经过匿名化处理的信息，由于无法识别特定自然人且不能复原，因此已经不是个人信息，不违反法律规定，并不侵害自然人的个人信息权益。

二、关于“买卖、提供或者公开他人个人信息”的理解问题

在本法之前，《刑法修正案（九）》将“出售、非法提供公民个人信息罪”和“非法获取公民个人信息罪”整合为“侵犯公民个人信息罪”，扩大了犯罪主体和侵犯个人信息行为的范围。“向他人出售或者提供公民个人信息”，意味着只要是出售或者违反规定提供，情节严重的都要追究法律责任。这体现出对个人信息有了更大范围的保护，目的就是要更有效地打击目前严重的非法买卖、非法提供或者违反规定提供个人信息的行为。

买卖个人信息是有偿行为，行为人在买卖行为中，以他人的个人信息为买卖的标的物，并从中获取非法利益。非法提供即使没有获取非法利益，也构成侵权行为。无偿提供他人个人信息，虽无对价，但是有获得其他利益者，也可以认定为非法提供行为。[①] 网络服务提供者、其他企业事业单位以及国家机关及其工作人员，都对其依法收集的个人信息负有保密义务。未尽保密义务，非法予以公开的，不论是故意所为还是过失所致，都构成侵权责任。例如，公安交警部门电子执法获取的驾驶员违章照片同时涉及其不雅行为，将之公布，就构成非法泄露自然人个人信息的侵权行为。[②]

---

① 杨立新：《个人信息：法益抑或民事权利——对〈民法总则〉第111条规定的“个人信息”之解读》，载《法学论坛》2018年第1期。

② 杨立新：《“速度与激情”事件引发的民法思考》，载《河北法学》2012年第2期。

三、关于“危害国家安全、公共利益”的理解问题

本条款在《民法典》第 1035 条第 1 款第 4 项要求的基础上,[①] 新增了处理个人信息不得危害国家安全、公共利益的要求，明确了处理个人信息的红线要求。

本条为宣示性表述，可结合《国家安全法》《数据安全法》等相关法律法规进行综合理解。在具体适用时，需参考本法其他章节的具体规定。例如，为维护国家安全和公共利益，本法在第 42 条规定，“危害中华人民共和国国家安全、公共利益的个人信息处理活动的，国家网信部门可以将其列入限制或者禁止个人信息提供清单，予以公告，并采取限制或者禁止向其提供个人信息等措施”。此外，为维护国家安全和公共利益，本法在具体规则中对个人信息的处理和跨境提供等行为进行了更详细的要求。例如，第 38 条规定，向境外提供个人信息的，需要具备通过安全评估等条件。

（冯若涵　撰写）

① 《民法典》第 1035 条：“处理个人信息的，应当遵循合法、正当、必要原则，不得过度处理，并符合下列条件：……（四）不违反法律、行政法规的规定和双方的约定。”

第十一条　【协同治理】国家建立健全个人信息保护制度，预防和惩治侵害个人信息权益的行为，加强个人信息保护宣传教育，推动形成政府、企业、相关社会组织、公众共同参与个人信息保护的良好环境。

【立法背景】

立法过程中，本条在历次审议稿中均予以保留。作为对个人信息保护方式的宣示性规定，本条款不仅明确了国家开展个人信息保护工作的基本原则，更表明了国家依法整治互联网及维护个人信息保护良好环境的决心。以个人信息保护制度为基础，预防和惩治侵害行为，加强宣传教育，积极推动社会公众参与个人信息保护，如此多措并举，能够有效提高我国个人信息保护的整体水平。

【条文解读与法律适用】

个人信息保护涉及三个方面的利益，即信息主体的个人利益、与个人信息处理紧密结合的信息使用者（数据控制者）的利益以及公共利益。个人信息保护要合理平衡多维利益关系和兼顾多元目标，才能构建正当合理的个人信息处理法律基础。[①] 因此，个人信息保护制度应当是全方位的保护制度，需要注重发挥政府、企业、相关社会组织和公众等不同主体的协同作用，打造个人信息保护领域的多方共享共治模式。

第一，为进一步加强个人信息保护，国家出台了《网络安全法》《数据安全法》《加强网络信息保护的决定》《侵犯公民个人信息刑事案件解释》《刑法修正案（九）》以及本法等一系列法律法规、司法解释，预防和惩治侵害个人信息权益的行为。此外，完善的个人信息保护制度离不开定位科学、职责明确、执法有力和治理有效的监督机制。本法在第六章明确了履行个人信息

---

① 参见高富平：《个人信息上使用的合法性基础——数据上利益分析视角》，载《比较法研究》2019 年第 2 期。

保护职责的部门，其中第 60 条就特别强调了由国家网信部门负责统筹协调个人信息保护工作和相关监督管理工作。

第二，在个人信息保护的宣传教育方面。本法在第 51 条和第 61 条提到了“定期对从业人员进行安全教育和培训”以及“开展个人信息保护宣传教育”分别对个人信息处理者和履行个人信息保护职责的部门提出了具体要求。

此外，本法在建立健全个人信息保护制度时，强调多方共建、共同参与。其中特别需要注意的是，本法对互联网企业的数据合规提出了更高要求。由于大型数字平台拥有大量多维度的消费者个人信息，并且其个人隐私泄露具有更广泛的传播性，容易对个人信息安全造成更为严重的损害，甚至造成巨大的社会性危害，因此，需要进行特别规制。个人信息保护既要充分保护个人信息安全，也要全面释放信息赋能数字经济创新发展的巨大潜能，统筹信息开发利用、隐私保护和社会公共安全。个人信息保护不是个人信息封闭，而是个人信息在合理保护基础上的合法开发利用。健全的个人信息保护制度能够构建信任的商务环境，有利于数字经济模式创新和可持续发展，更好地促进信息的开放接入和共享再用，促进市场繁荣发展。

在具体适用时，需结合本法有关的其他条款。例如，本法第五章对个人信息处理者的义务进行了具体要求。具中，第 58 条特别提到“提供重要互联网平台服务、用户数量巨大、业务类型复杂的个人信息处理者”需要“按照国家规定建立健全个人信息保护合规制度体系”与本条规定相呼应。通过明确对平台建立健全个人信息保护合规制度体系的要求，从而将“合规”体系的构建上升到法律层面。这一规定是本法的新增内容。合规制度法制化，体现了立法机关希望企业通过自身合规建设降低个人信息处理的法律风险，提升数据治理水平的立法目标。

总的来说，本条特别强调国家建立健全个人信息保护制度，预防和惩治侵害个人信息权益的行为，加强个人信息保护宣传教育，推动形成政府、企业、相关行业组织和社会公众共同参与建设个人信息保护的良好环境，为个人信息依法有序自由流动奠定了坚实的、可持续的生态基础。

（冯若涵　撰写）

第十二条　【国际交流与合作】国家积极参与个人信息保护国际规则的制定，促进个人信息保护方面的国际交流与合作，推动与其他国家、地区、国际组织之间的个人信息保护规则、标准等互认。

【立法背景】

本条是关于国家参与个人信息保护国际规则制定以及促进相关国际交流与合作的规定。本条在性质上属于政策性条款，本法在立法过程中的历次审议稿均予以保留，且在文字表述上均未作任何变动。

【条文解读与法律适用】

在当今的信息与网络全球化时代，个人信息保护及其国际合作已成为一个全球性议题。我国在《个人信息保护法》的起草工作中，自始至终都强调坚持立足国情与借鉴国际经验相结合。全国人大法工委在《草案说明》中曾指出："从上世纪70年代开始，经济合作与发展组织、亚太经济合作组织和欧盟等先后出台了个人信息保护相关准则、指导原则和法规，有140多个国家和地区制定了个人信息保护方面的法律。草案充分借鉴有关国际组织和国家、地区的有益做法，建立健全适应我国个人信息保护和数字经济发展需要的法律制度。"

当前，全球数字经济发展方兴未艾，我国处于参与全球数字经济治理和个人信息保护的重要战略机遇期。近年来，我国已深刻认识到参与个人信息保护国际规则制定以及加强个人信息保护国际合作的重要性，并采取了很多实际行动。

第一，发布《网络空间国际合作战略》，倡导对网络空间个人隐私保护。2017年3月，我国外交部和国家互联网信息办公室共同发布《网络空间国际合作战略》，在第四章中指出："支持联合国大会及人权理事会有关隐私权保护问题的讨论，推动网络空间确立个人隐私保护原则。推动各国采取措施制止利用网络侵害个人隐私的行为，并就尊重和保护网络空间个人隐私的实践和做法进行交流。促进企业提高数据安全保护意识，支持企业加强行业自律，就网络空间个人信息保护最佳实践展开讨论。推动政府和企业加强合作，共同保护网络空间个人隐私。"

第二，积极加入并签署《区域全面经济伙伴关系协定》（RCEP）。2020年11月15日，东盟十国、中国、日本、韩国、澳大利亚、新西兰等15个国家正式签署RCEP，标志着世界上人口最多、经贸规模最大、最具发展潜力的自由贸易区正式启航。[①] RCEP涉及货物贸易、服务贸易、投资、电子商务、知识产权等多个方面，其中明确了电子商务项下各成员方制定数据本地化和数据跨境流动政策的基本原则，为全球实现数据跨境流动破局、构建数据跨境流动体系贡献了亚洲方案。RCEP的签订将有利于包括我国在内的发展中国家与其他国家和地区在数据跨境流动方面建立更深层次、更广范围上的合作机制。[②]

第三，积极推进双多边数字经济与数据保护国际合作。2017年12月3日，在第四届世界互联网大会上，中国、老挝、沙特、塞尔维亚、泰国、土耳其、阿联酋等国家相关部门共同发起《"一带一路"数字经济国际合作倡议》。该倡议指出："通过确保尊重隐私和个人数据保护，树立用户信心，这是影响数字经济发展的关键因素。""认识到必须充分尊重网络主权，维护网络安全，坚决打击网络恐怖主义和网络犯罪，保护个人隐私和信息安全，推动建立多边、民主、透明的国际互联网治理体系。"

（王镭　撰写）

① 参见钟山：《区域全面经济伙伴关系协定签署 开创全球开放合作新局面》，载《人民日报》2020年11月24日第11版。

② 参见钟山：《区域全面经济伙伴关系协定签署 开创全球开放合作新局面》，载《人民日报》2020年11月24日第11版。

第二章　个人信息处理规则

本章概述

本章总计25条，分为3节，分别是一般规定、敏感个人信息的处理规则、国家机关处理个人信息的特别规定。本章的规定旨在规范个人信息处理行为，在保护个人权益的基础上，合理平衡信息主体利益、信息使用者利益、公共利益。其中，第一节的条文不区分个人信息的具体类型和个人信息处理者的具体身份，因而属于一般规定。第二节针对敏感个人信息这一特殊客体类型，制定更加严格的行为规范。第三节针对作为个人信息处理者的国家机关制定了相对独立的行为规范。

个人信息处理规则由处理事由、告知义务、删除义务、共同处理和委托处理中的责任承担方式、信息接收方的义务、自动化决策的反歧视禁止等条文组成，最终建构出了权责明确、保护有效、利用规范的个人信息处理规范体系。

个人信息处理规则的基本精神体现在：第一，个人信息处理的合法性事由更加多元。个人信息处理的法定事由具有具体性和明确性，且与知情同意处于平等地位。第二，敏感个人信息的处理需要受到更加严格的限制。通过同意形式的强制、告知义务的强化、未成年人信息的保护，防止敏感个人信息被滥用。第三，国家公权力机关的个人信息处理行为同样需要适用本法。国家机关的个人信息处理行为应当依照法律、行政法规规定的权限和程序进行，并符合必要性原则，不得超出履行法定职责所必需的范围和限度。

第一节 一 般 规 定

第十三条 【个人信息处理的合法性基础】 符合下列情形之一的，个人信息处理者方可处理个人信息：

（一）取得个人的同意；

（二）为订立、履行个人作为一方当事人的合同所必需，或者按照依法制定的劳动规章制度和依法签订的集体合同实施人力资源管理所必需；

（三）为履行法定职责或者法定义务所必需；

（四）为应对突发公共卫生事件，或者紧急情况下为保护自然人的生命健康和财产安全所必需；

（五）为公共利益实施新闻报道、舆论监督等行为，在合理的范围内处理个人信息；

（六）依照本法规定在合理的范围内处理个人自行公开或者其他已经合法公开的个人信息；

（七）法律、行政法规规定的其他情形。

依照本法其他有关规定，处理个人信息应当取得个人同意，但是有前款第二项至第七项规定情形的，不需取得个人同意。

【立法背景】

由于本法以规范个人信息处理行为为基本内容，而个人信息处理的合法性基础条款，又是衡量个人信息处理者处理个人信息行为合法性的前提，因此本条在整部法律中具有基石性作用。个人信息处理行为，只有符合本条规定的合法性基础之一，才具备进一步讨论是否符合保护个人信息权益的可能性。与《个人信息保护法（一审稿）》《个人信息保护法（二审稿）》相比，本条有三处重要变化：第一，在“为订立、履行个人作为一方当事人的合同所必需”这一事由后，又补充了“或者按照依法制定的劳动规章制度和依法签订的集体合同实施人力资源管理所必需”这一情形。第二，在二审稿“依照本法规定在合理的范围内处理已公开的个人信息”基础上，进一步细化为“依照本法规定在合理的范围内处理个人自行公开或者其他已经合法公开的个人信息”两类属于已公开的个人信息。第三，在各个合法性基础的适用顺序上，调整了相关表述，使得语言表达更加准确、严谨。

【条文解读与法律适用】

一、合法性基础的具体适用

（一）同意

知情同意规则作为个人信息保护最为关键的合法性基础，一直以来其存在的合理性及其规范设计问题颇受学者关注，各国制定的个人信息保护法中也相继确立了收集和使用个人信息时需征得个人信息主体同意的条款。知情同意规则的核心内容是要求个人信息处理者在处理个人信息前，应当取得个人有效的同意。

（二）合同

与“同意”这一合法性基础不同，为“履行或订立合同”而进行的个人信息处理并不要求个人信息主体对处理行为作出明确表态，也不需要以合同明确约定处理行为为前提，只需要处理行为客观上为订立或实现某一特定合同所必需即可。对这一合法性基础的适用需要考虑订立合同的目的，而且仅能以该特定合同或服务事项为依据，考虑处理行为的客观必要性。同时，如何理解“为订立、履行个人作为一方当事人的合同所必需”中的“必需”，建议参考《常见类型移动互联网应用程序必要个人信息范围规定》规定的39类具体业务场景下处理个人信息必要范围和类型。

与《个人信息保护法（一审稿）》《个人信息保护法（二审稿）》相比，本条新增了“按照依法制定的劳动规章制度和依法签订的集体合同实施人力资源管理所必需”。这一条件充分考虑了目前企业为实施人力资源管理，在员工入职前、入职时、就职时以及离职时，均需要对其个人信息实行合法合规管理。因此，如何理解“依法制定的劳动规章制度”和“依法签订的集体合同”成为适用这一合法性基础的关键。《劳动合同法》第 4 条第 1 款规定：“用人单位应当依法建立和完善劳动规章制度，保障劳动者享有劳动权利、履行劳动义务。”同样，在《劳动法》中也有对“劳动合同”和“集体合同”的规定：“劳动合同是劳动者与用人单位确立劳动关系、明确双方权利和义务的协议。建立劳动关系应当订立劳动合同。”“企业职工一方与企业可以就劳动报酬、工作时间、休息休假、劳动安全卫生、保险福利等事项，签订集体合同。集体合同草案应当提交职工代表大会或者全体职工讨论通过。”因此，符合该条合法性事由的前提是员工已与企业签订劳动合同或集体合同。

（三）法定职责和法定义务

履行“法定职责”的主体，一般应限定为具有处理个人信息权限的国家公权力机关。国家机关及其工作人员通过法律的授权，为完成其承担的工作任务而依法拥有相应的权力和承担相应的责任。比如，《数据安全法》第 35 条规定：“公安机关、国家安全机关因依法维护国家安全或者侦查犯罪的需要调取数据，应当按照国家有关规定，经过严格的批准手续，依法进行，有关组织、个人应当予以配合。”《电信条例》第 65 条第 1 款规定：“电信用户依法使用电信的自由和通信秘密受法律保护。除因国家安全或者追查刑事犯罪的需要，由公安机关、国家安全机关或者人民检察院依照法律规定的程序对电信内容进行检查外，任何组织或者个人不得以任何理由对电信内容进行检查。”

履行“法定义务”而处理个人信息的主体，以及处理个人信息的场景，均应由法律法规明确规定。例如，根据《电子商务法》第 28 条、第 80 条的规定，电子商务平台经营者负有向市场监督管理部门、税务部门报送平台内经营者相关信息的法定义务。另外，如果基于“法定职责”需要调取个人信息的国家权力机关行使职权，那么个人信息主体和个人信息处理者，在既定的场景下就有主动报送个人信息的法定义务。

（四）应对突发公共卫生事件或重大利益

本法顺应当前社会形势，以赋予新冠疫情时期对个人信息基于公共健康管理考量进行的处理活动合法性事由为出发点，着重强调了在突发公共卫生事件或紧急情况下，国家有关部门可以直接依据此项事由处理个人信息。

在其他紧急情况下，如果为了保护自然人的生命健康和财产安全，个人信息处理者也被视为具有处理个人信息的合法性基础。此处的“自然人”既包括个人信息主体本人，也包括其他与个人信息处理活动有关的第三人。基于保护信息主体本人或第三人重大利益而进行的个人信息处理侧重于对社会个体利益的保护，前提是属于“紧急情况”。为保护某一个体的重大利益而损害本人或其他第三人之个人信息保护权益，其正当性来源于不同利益的法益位阶关系。一般而言，生命健康等物质性人格利益优位于精神性人格利益，只有当重大利益限于生命、身体、健康等物质性人格利益时，才有超越本人或他人信息保护权益的地位，具有无需经过同意处理个人信息的正当性。这种利益位阶关系是得到普遍公认的，因此不再需要考虑信息主体本人的意志，无需以信息主体无法做出同意表示为前提。另外，保护个人的财产安全是基于法律对财产权益保护的要求，当然这里需要进行利益衡量的是紧急情况对个人财产权益可能造成的损害和个人信息处理对个人信息权益可能造成的损害之大小。一般情况下，如提供基本的个人信息便可以保全个人的重大财产安全，则符合法律的基本要求。此外，无论信息主体是否具备同意能力、是否愿意作出同意表示，信息处理者均可进行处理，法律应当为信息主体设定必须遵守公序良俗的义务。

（五）为公共利益实施新闻报道、舆论监督等

该项事由将“公共利益”限缩在“新闻报道”“舆论监督”类场景，有利于降低个人信息在公共言论场景下遭受泄露、篡改或歪曲的风险。在数字时代背景下，新闻报道及公众舆论具有一定的特殊性。就其社会价值来说，相比于数据之上的个人信息主体利益、信息处理者利益和公共利益，新闻传播活动的价值更在于将三种利益进行连接，既有社会公器的公共性，如议题设置、舆论引导，又是公民个体进行话语表达和政治参与甚至影响公共决策的重要途径。尤其在社交媒体兴起后，新闻传播活动大有无社交不传播的趋势，数据上所承载的个人信息主体利益、信息处理者利益和公共利益在社交媒体的影响下互动性更加紧密，我们很难精准地区分在新闻传播过程中的不同环节里不同的利益类型，因此，新闻活动的社会价值更具综合性。

（六）已公开的个人信息

在《个人信息保护法（二审稿）》提出“依照本法规定在合理的范围内处理已公开的个人信息”时，便有人提出“已公开的个人信息”界限并不明确。因此，本条将其进一步细化为“个人自行公开或者其他已经合法公开的个人信息”，至此，将已经合法公开的个人信息情况全部列举出来，更有利于该项事由的适用。

二、合法性基础的立法模式

与《个人信息保护法（二审稿）》相比，本条的语言表述更加准确、严谨，也进一步说明了我国目前对于各项合法性基础的规范模式采用了“并列式”而摒弃了“同意+例外”的模式。这一修订虽细微但却可以窥见起草者在立法过程中对域外各国个人信息保护立法的深入研究和思考，同时也避免过分依赖知情同意规则而走入另一极端。

（邬杨　撰写）

第十四条　【有效的同意】基于个人同意处理个人信息的，该同意应当由个人在充分知情的前提下自愿、明确作出。法律、行政法规规定处理个人信息应当取得个人单独同意或者书面同意的，从其规定。

个人信息的处理目的、处理方式和处理的个人信息种类发生变更的，应当重新取得个人同意。

【立法背景】

本条是个人信息处理在符合需要取得个人信息主体同意的条件下，应当满足的同意行为的基本构成要件。同时，需要取得个人单独同意和重新取得个人同意的，也应遵循本条的相关规定。在适用情形表述上，由《个人信息保护法（二审稿)》的“处理个人信息的同意”调整为本条“基于个人同意处理个人信息的”，强调的是在各类处理个人信息合法行为中，仅聚焦适用获取个人同意的这一类情况，进行针对性规定，表述更加合理、严谨。

【条文解读与法律适用】

一、关于“有效的同意”基本构成要件的理解

本条第1款十分清晰地规范了有效同意的构成要件，包括知情要件、自愿要件、明确要件三项。只有同时符合以上三项要件的同意才是合法有效的同意。

（一）知情要件

个人信息处理者在收集个人信息之时，应当对信息主体就有关个人信息被收集、处理和利用的情况进行充分告知，并征得信息主体明确同意的原则。知情是获得同意的先决条件和内在规范要求，要保证信息主体能够做出明智的决定，个人信息处理者应当向他们提供充分的资讯，并且还要告知他们所同意的具体内容，以及主体享有撤回同意的权利。违反知情同意要求的后果是同意无效，如果个人信息处理者不能为个人提供可访问的信息，个人控制

将失去意义，同意原则将变成无效的信息处理原则。为此，个人信息处理者必须尽到充分的告知、说明义务，向信息主体提供的相关事项信息必须清晰、易懂、准确且全面。在实践中，个人信息主体作出的同意必须建立在其对一项将要进行收集、处理、利用或传输行动能够正确理解和认识的基础之上。因此，公开个人信息的处理规则，明示处理个人信息的目的、方式和范围并令个人信息主体就该部分公开的内容认可同意，体现出告知义务和同意范围的相对统一性。

（二）自愿要件

当事人在决定过程中真正有选择同意与否的机会，不受欺诈、胁迫等情况影响。对信息主体来说，“自由”意味着真实选择和控制。若信息主体没有真正的选择权，被迫同意或者面临不同意将承受不利后果，或者将同意作为不可协商条款的一部分，便可推断该同意不是基于自由意志作出的，这样的同意是无效的。任何对信息主体施加不适当的压力或者影响（无论是社会的、经济的、心理的还是其他来源的压力或影响），对信息主体有重大不利益、显失公平的情形以妨害其自由意志的行为都会导致同意无效。首先，应当考虑双方权力、地位不对等的情况。同意需出于个人信息主体的自由意愿，这一规定在一定程度上可以达到保护个人的目的，但是在个人信息主体与个人信息处理者双方权力、地位不对等的关系之下，自由要件的要求可能形同虚设。其次，还应充分考虑以同意为基础的履行合同情形。这就要求个人信息处理者不得将同意与服务合同中必须接受的条款进行捆绑，也不能在服务合同或条款中涵盖履行合同非必需的个人信息处理请求。最后，同意需要基于个人信息主体的真实意愿和自由意志作出，这一要求不仅适用于作出同意的选择，对于主体能够自由撤回其同意的表示或行为也同样适用。由于个人信息主体享有自由作出同意的权利，那么也同样有机会在任何时候作出撤回同意的决定，同意的撤回应当与同意的作出同样容易。

（三）明确要件

个人信息主体作出的同意必须是明确、具体的。这一要件包含两层含义：第一，个人信息主体的同意应该符合明确不含糊或无歧义的要求，同意需要个人信息主体以声明或者肯定性行为的方式进行。其中“肯定性行为”在《个人信息安全规范》中，包括个人信息主体主动勾选、主动点击“同意”

“注册”“发送”“拨打”、主动填写或提供等行为。

第二，个人信息主体作出的同意必须针对某种特定的行为或某种特定的后果，对于处理个人信息的目的和范围有明确的认识。首先，目的限定规范的内容是在数据控制者获得有效的同意之前，应当先确定一个具体、明确、合法的目的来进行预期的数据处理活动。其次，同意分别进行的含义是数据控制者在征求不同个人信息处理目的的同意时，应针对每一目的提供相对独立的“同意”，以使用户对特定的目的作出明确的同意。最后，数据控制者应该为每个独立的同意请求提供特定的信息，即为每个目的处理的数据，以便数据主体意识到他们的不同选择的影响。

二、关于需要取得“单独同意”的理解

本法虽然规定了需要取得个人单独同意的特殊情形，但并未对“单独同意”作出具体要求。依据当前实操领域的通用做法，单独同意是指在处理个人信息前，需要逐一、单项取得个人信息主体的同意。例如，在处理多个不同类型的敏感个人信息时，应当针对每一类型的敏感个人信息都提供单独的告知和同意的选项。

目前，法律规定中与“单独同意”相关的情形共有5项，即（1）向其他个人信息处理者提供个人信息（第23条）；（2）公开个人信息（第25条）；（3）将在公共场所安装图像采集、个人身份识别设备收集的个人信息用于其他目的（第26条）；（4）处理敏感个人信息（第29条）；（5）向境外提供个人信息（第39条）。

关于“单独同意”的理解，可进一步参考本书对以上各条文的解读。

三、关于需要“重新取得同意”的理解

如果个人信息的处理目的、处理方式和处理的个人信息种类发生变更，本法的要求是个人信息处理者应当重新取得个人同意。重新取得个人同意暗含的另一项重要义务是个人信息处理者需要重新告知个人信息主体其个人信息处理目的、处理方式、处理个人信息种类发生变更这一情况。

关于“重新取得同意”的理解，可进一步参考本书对第23条的解读。

（邬杨　撰写）

第十五条 【同意的撤回】 基于个人同意处理个人信息的，个人有权撤回其同意。个人信息处理者应当提供便捷的撤回同意的方式。

个人撤回同意，不影响撤回前基于个人同意已进行的个人信息处理活动的效力。

【立法背景】

本条赋予个人信息主体撤回同意权，根本目的在于保障个人信息主体对与其有关的个人信息享有自决权利。自《个人信息保护法（一审稿）》起，便建立了个人的撤回同意权；《个人信息保护法（二审稿）》强化了撤回同意的便捷要求，并且将这一权利严格限定在基于个人同意处理个人信息的场景下。

【条文解读与法律适用】

一、撤回同意的基本要求

个人信息主体可以撤回同意，本质上与同意一样，属于由个人信息主体行使的针对个人信息处理行为的自决权利。撤回同意，可以在个人信息主体同意信息处理者收集个人信息行为发生之后作出，也可以在作出了同意后但信息处理者尚未收集或使用个人信息行为之前撤回同意。

个人信息处理者，应当为个人信息主体提供便捷的撤回同意的方式。对于“便捷”的理解应当为满足“撤回同意应当与作出同意一样容易”，这里既包括撤回同意应符合与同意相等的自由，也包括撤回同意的方式应当与作出同意的方式等同。

需要注意，撤回同意不具有溯及力，即如果个人信息主体决定撤回同意，所有基于同意并在撤回同意之前进行的信息处理操作依然是合法的。而在个人信息主体作出了撤回同意的意思表示之后，个人信息处理者必须停止相关的处理，并且在无其他法定事由的情况下应当删除存储的全部个人信息。

二、撤回同意的实现路径

目前我国互联网实践是赋予用户简易的“一站式”撤回方式，但对于某些以收集个人信息（如位置信息、购物偏好、支付信息等）提供服务的应用软件，其运行模式往往是拒绝用户撤回其同意，否则将会直接影响到后续服务的质量甚至无法使用该服务。此时对于个人信息主体的撤回同意权的界定极为关键，个人信息主体拥有的是否允许他人收集和使用自己相关信息的自决权利，不得受到任何不合理限制。虽然用户一旦行使撤回权，其与个人信息处理者之间，基于使用商品或提供服务的合同履行势必会受到影响，但是并非必然导致合同无法履行。基于使用商品或提供服务的合同，与自然人同意（或撤回同意）个人信息处理者处理其个人信息之间，在逻辑上相互独立。因此，当本人撤回同意时，并不直接影响服务合同的效力，双方的合同关系亦不会因此而自动终止。

（邬杨　撰写）

第十六条 【不得拒绝交易】 **个人信息处理者不得以个人不同意处理其个人信息或者撤回同意为由，拒绝提供产品或者服务；处理个人信息属于提供产品或者服务所必需的除外。**

【立法背景】

本条规制的个人信息处理者的行为十分明确，特指“拒绝提供产品或服务”的行为方式，又被称为“禁止不全面授权就不给用条款”。根据本法第13条的规定，“同意”是个人信息处理的合法性基础之一，是最重要、最常见的个人信息的合法处理情形。个人信息主体，对于处理其个人信息的行为，享有同意、拒绝同意和撤回同意的权利，这是本法第44条规定的个人信息决定权的重要组成。为了切实保障个人信息决定权的实现，防止个人“被胁迫同意”对其个人信息的处理，本条规定个人信息处理者不得以个人不同意或撤回同意为由而拒绝交易（提供产品或服务）。与此同时，考虑到个人信息处理者的合法权利，又规定在处理个人信息属于提供产品或服务所必需的情形下，允许个人信息处理者拒绝交易。

本条的产生有深刻现实原因。实践中，很多应用软件不给用户选择权或者向用户索要范围极为宽泛的同意，要求用户勾选同意，如果用户不勾选同意，程序就直接终止，用户无法使用，迫使用户同意授权，违反“同意”的要义“自愿”。《个人信息保护法（一审稿）》就制定了专门条款规制此现象，随后的《个人信息保护法（二审稿）》和最终条文中，均予以保留。

【条文解读与法律适用】

一、关于“拒绝提供产品或服务”的理解

将不合理授权作为提供产品或服务的前提，构成本条规定的违法拒绝交易行为。拒绝，可表现为积极主动行为，也可表现为消极被动形式。本条所指的拒绝，有积极拒绝，也包含消极拒绝。

实践中，不当拒绝交易的表现形式，主要有以下三种。

（一）将非必要个人信息的授权作为产品或服务启用前提

例如，某款天气软件，下载后跳出弹框，要求准许软件访问与天气服务毫无关联的个人通讯录、照片和视频，如用户不准许，则直接退出该软件。这就明显属于以个人不同意处理其非必要个人信息为由拒绝提供服务。

（二）将个人信息的概括授权作为产品或服务启用前提

此种方式是本法出台前，提供平台服务、用户数量较大的部分个人信息处理者最常采用的行为形式，可表现为：（1）将含有个人信息处理内容的“同意授权”设置成产品或者服务开启的前提，不给浏览或者游客权限。（2）在前述要求用户同意授权的服务协议、政策条款中对产品或服务必需的个人信息模糊陈述，以提升用户体验等理由含糊“同意”的范围，实质要求概括授权，或者提供复杂业务类型但不做用户需求区分，对所有业务类型可能涉及的必要个人信息一次性要求授权。此类含糊、概括、多种业务类型一次性捆绑授权，违反个人信息处理的最小范围原则和公开透明原则，应给予否定评价，认定为对本条的违反。

（三）为提供产品或服务设置不利条件等方式变相强迫同意

虽未将个人信息处理的授权作为产品或服务启用前提，但在提供产品或服务的过程中为取得个人信息而进行不便利施压，仍可能构成对本条的违反。立法过程中，有观点提出在本条的“拒绝提供产品或服务”后加上“或者降低产品或服务的品质、设定不利条件”的表述，最终未被采纳。然而，在提供产品或服务过程中的不便利施压，达到一定程度，仍可被定性为软性拒绝，构成本条的“拒绝提供产品和服务”。例如频繁、不断询问个人是否同意非必要个人信息处理的授权或者概括授权，较大程度上造成产品使用时的不便利或者闪退；或者不提供种类、范畴明晰的个人信息授权分类以及单项选择机会，导致个人不概括授权时无法保存其同意授权部分的信息，每次重新进入界面都不得不反复填写信息，形成使用不便等情形。

本条的理解，也可与国家市场监督管理总局《网络交易监督管理办法》《个人信息安全规范》等部门规章或标准结合。例如，《网络交易监督管理办法》第 13 条第 2 款中规定：“网络交易经营者不得采用一次概括授权、默认授权、与其他授权捆绑、停止安装使用等方式，强迫或者变相强迫消费者同意收集、使用与经营活动无直接关系的信息。”再如，《个人信息安全规范》

第 5.3 条对多项业务功能的自主选择权保障，作出了具体规定：当产品或服务提供多项需收集个人信息的业务功能时，个人信息控制者不应违背个人信息主体的自主意愿，强迫个人信息主体接受产品或服务所提供的业务功能及相应的个人信息收集请求。[①]

二、关于“必需”的理解

本条但书规定，处理个人信息属于提供产品或者服务所必需的除外。此处的“必需”，应理解为“处理必需”而不限于“信息必需”。实践中，迫使用户提供“非必需个人信息”是最常见情形（如前文所列三种常见表现形式），然而本条“但书”中免责条款描述的并不仅仅是“信息必需”，而是“处理必需”，对个人保护力度更大。

所谓“处理必需”，是指所处理的信息是必需的个人信息，而且进行的是必要的处理。“处理必需”的概念宽泛，实务中可参考各类部门规范性文件的合规要求，比如《App 违法违规收集使用个人信息行为认定方法》《常见类型移动互联网应用程序必要个人信息范围规定》等。另外，本法第 6 条“目的及最小范围”是判断“必需与否”的常见原则，地方规章对该条的细化也可以参考，比如《深圳经济特区数据条例》[②] 第 11 条规定的“四最”要求，即“最少数量、最低频率、最短期间、最少权限”。

三、拒绝交易与合同自由

提供产品与服务在合同法领域属于契约自由、意思自治范畴，对“拒绝提供产品或服务”做否定评价，仅限于将个人信息处理同意与否与产品或服

---

① 该条款还对个人信息控制者提出了具体要求，包括：a）不应通过捆绑产品或服务各项业务功能的方式，要求个人信息主体一次性接受并授权同意其未申请或使用的业务功能收集个人信息的请求；b）应把个人信息主体自主作出的肯定性动作，如主动点击、勾选、填写等，作为产品或服务的特定业务功能的开启条件。个人信息控制者应仅在个人信息主体开启该业务功能后，开始收集个人信息；c）关闭或退出业务功能的途径或方式应与个人信息主体选择使用业务功能的途径或方式同样方便。个人信息主体选择关闭或退出特定业务功能后，个人信息控制者应停止该业务功能的个人信息收集活动；d）个人信息主体不授权同意使用、关闭或退出特定业务功能的，不应频繁征求个人信息主体的授权同意；e）个人信息主体不授权同意使用、关闭或退出特定业务功能的，不应暂停个人信息主体自主选择使用的其他业务功能，或降低其他业务功能的服务质量；f）不得仅以改善服务质量、提升使用体验、研发新产品、增强安全性等为由，强制要求个人信息主体同意收集个人信息。

② 2021 年 7 月 6 日，经深圳市第七届人民代表大会常务委员会第二次会议于 2021 年 6 月 29 日通过，深圳市第七届人民代表大会常务委员会公告（第十号）公布《深圳经济特区数据条例》，条例自 2022 年 1 月 1 日起施行。

务的开启相绑定的情形。在“拒绝提供产品或服务”与获取个人信息授权并无关联时，对“拒绝提供产品或服务”未必予以否定评价。

本条规制的“拒绝提供产品或服务”的主体是所有信息处理者，不仅限定为大型个人信息处理者的责任，而且是普适性条款，对小型信息处理者亦适用。[①] 然而，法律适用中，对于不同规模和类型的个人信息处理者“不得拒绝”义务的审查标准应更严格。一是因为本法区分了大型个人信息处理者和小型个人信息处理者，在各草案的审议过程中，立法者明确认为对大型信息处理者的要求本身更高。二是因为具有市场支配地位、占据较大市场份额的产品或服务提供者，同时会被引入竞争法精神来评判。在用户依赖度较高，用户转向其他平台缺乏替代选择可能时，拒绝提供产品或服务更容易被认为是种强制。

四、实践中需要注意的问题

本条涉及较为复杂的利益平衡，实践中需要尤为注意以下几方面问题。

首先，本法第 69 条确立的过错推定原则对本条固然适用，即个人信息处理者应证明其未拒绝提供产品或服务，或者证明其产品或服务使用的障碍仅因必需的个人信息缺乏。具体而言，个人信息处理者对处理的必需性、产品或服务使用障碍与所缺信息的关联性、产品或服务易得性等负举证责任，在其不能证明以上必需性、关联性和易得性时，构成对本条规定的违反，应负担举证不能的不利后果。

其次，如违反本条，不排除任一民事责任承担方式。本条是义务性规定，赋予了个人信息处理者法定义务。根据本法第 69 条，个人可以请求损害赔偿等。第 69 条虽没有对这个“等”字做进一步明晰，却表明了本法未限定民事责任承担方式的态度。考虑到损害赔偿只是事后金钱替代性补偿措施，救济作用有限，在个人信息处理者违反本条规定时，宜结合《民法典》第 179 条，对所有民事责任承担方式均予以考虑。例如，在个人与产品或服务提供者已有合同关系时，个人可选择“继续履行”这一合同责任承担方式，请求对方

① 本条对小型信息处理者也适用，有多重考虑。一是彻底贯彻“同意”原则，体现对个人信息保护的力度；二是因为存在不少平台，虽然提供服务、产品单一，系小型个人信息处理者，但具有不可替代性，其也可以通过拒绝提供产品或服务迫使用户不得不同意；三是因为产品和服务的多样与便捷本身增进社会福利，对个人具有利益，而且对其鼓励有利于维护消费者的公平交易权。

履行“不得拒绝”义务；个人也可选择“排除妨碍”这一侵权责任承担方式，请求个人信息处理者排除原设置的使用障碍，履行提供产品或服务的法定义务。

最后需要指出的是，实践中可能会出现更隐蔽、更有争议的拒绝交易的行为形式。比如，采取会员制，不仅仅满足于通过某一信息即可识别会员身份，而将个人非必要信息处理包装在会员信息处理中。这种形式相较前述行为方式，更具有隐蔽性。因此，法律适用中，应综合具体商业模式、具体产品或服务，以及该商业模式所要求的个人信息的合理性、有偿无偿等因素，予以评价。

（李籽苏　撰写）

第十七条　【个人信息处理告知规则】个人信息处理者在处理个人信息前，应当以显著方式、清晰易懂的语言真实、准确、完整地向个人告知下列事项：

（一）个人信息处理者的名称或者姓名和联系方式；

（二）个人信息的处理目的、处理方式，处理的个人信息种类、保存期限；

（三）个人行使本法规定权利的方式和程序；

（四）法律、行政法规规定应当告知的其他事项。

前款规定事项发生变更的，应当将变更部分告知个人。

个人信息处理者通过制定个人信息处理规则的方式告知第一款规定事项的，处理规则应当公开，并且便于查阅和保存。

【立法背景】

本条规定个人信息处理者履行告知义务的规则，包括告知的时间要求、语言表述要求、内容要求以及告知方式。具体而言，个人信息处理者应当在个人信息处理前告知；表述要求是以显著方式、清晰易懂的语言告知；告知的内容应当真实、准确、完整；告知的事项包括个人信息处理者姓名或名称、处理目的、处理方式、处理范围、保存期限、个人行使权利的方式和程序等。个人信息处理的重要事项发生变更的应当重新向个人告知并取得同意，以保障个人对其个人信息处理的知情权和决定权。告知方式既可以一对一的方式告知，还可以通过公开个人信息处理规则来告知。信息主体只有在知情的前提下，才可能授权信息处理，明确告知义务体现了对信息主体人格尊严的尊重。个人信息处理者履行告知义务适用于所有的个人信息处理行为，是信息主体行使知情权、作出同意或拒绝个人信息处理的前提，是“告知—同意”规则的重要内容。

本条规定是个人信息处理告知规则的一般条款，是对第 7 条公开、透明原则的细化，与第 44 条个人知情权相统一。第 18 条是告知规则的例外情形，第 22 条、第 23 条、第 30 条、第 35 条、第 39 条是特殊情形下的告知规则。

与《个人信息保护法（一审稿）》《个人信息保护法（二审稿）》相比，本条增加“真实、准确、完整”的告知要求，个人信息处理者应当将个人信息处理的主体、目的、方式、范围，个人权利行使程序等真实、准确、完整地向个人告知，严格保障告知内容的真实性和完整性。

【条文解读与法律适用】

在实践中，“告知—同意”规则充当着重要的角色，个人信息处理者甚至将其视为处理个人信息的“万能法则”；然而，“告知—同意”作为实现经济利益的手段，不能用来抗衡宪法保护的人格利益。因此，该规则备受学者诟病，如有的学者认为：第一，信息主体的“同意”难以自由作出，网络服务的提供者会在其服务合同中写明隐私条款，信息主体若不勾选同意条款，将无法接受网络服务提供者提供的服务；第二，充分“告知”在现实中难以获得保证，网络服务者提供的隐私条款混杂在冗长的服务合同之中，信息主体在勾选“同意”时，往往未仔细、充分阅读本条款。但是“告知—同意”规则目前仍是世界各国（地区）个人信息保护立法中所普遍确立的一项基本规则，奠定了个人信息处理的正当性与合法性的基础。有观点指出，“告知—同意”规则的重心不在于用户是否真正了解个人信息处理的目的、方式或范围等，而在于建立了处理个人信息的行为的合法性基础；法院在审理涉及个人信息处理的纠纷时，首先要审查的就是个人信息处理者是否按照法律的规定履行了“告知—同意”规则的要求。就立法趋势来看，“告知—同意”规则被逐渐细化。此外，告知规则适用于一切个人信息处理行为，其目的是保障个人知情权，即使不需要以个人同意为合法性基础的处理行为，也适用告知规则，例如本法第 13 条第 1 款第 2 项至第 7 项的情形均适用本条告知规则。

一、关于“告知”的理解

（一）时间要求

个人信息处理者应当在处理之前，向个人信息主体告知个人信息处理的主体、目的、方式、范围等，以保障个人行使其知情权和决定权。知情权行使建立在被充分告知的基础上，如果在处理后再行告知相关事项，个人的知情权和决定权形同虚设。而且由于个人信息侵害往往速度非常快，一旦未经个人同意而被非法处理，往往会给个人造成不可恢复、不可弥补的重大损害。因此，法律适用时要严格把关告知的时间要求，避免造成重大的个人信息侵害事件。

（二）关于“显著方式”“清晰易懂的语言”的理解

本条明确规定个人信息处理者应当以“显著方式”和“清晰易懂的语言”告知个人信息处理的重要事项。

首先，“显著方式”是指个人信息处理者应当以一般个人可以辨认而且易获取的方式告知相关事项，对于敏感个人信息处理或者个人信息共享、转让和公开披露的情形应当单独告知，以保证信息主体充分知情。实践中，个人信息处理者通常用“捆绑式”方式告知个人信息处理的目的、范围和方式等，导致个人无法注意到具体的内容，并可能对未注意到的重要事项直接做出同意的意思表示，很难表明其真实、自愿的同意，个人的知情权和决定权均受到侵害。对于以难以辨认的字体或者“捆绑式”隐私政策告知本条规定的重要事项的情形，法律适用时应当被认定为未以显著方式告知，属于违法处理个人信息的行为，应承担法律责任。个人信息处理者与个人就隐私政策发生争议时，个人信息处理者应就以显著方式告知承担举证责任。

其次，“清晰易懂的语言”是指不得以抽象、晦涩的语言或者一般人难以理解的专业术语告知相关事项。[①] 司法实践中，对隐私政策中模糊、抽象、冗长的语言表述是否清晰易懂进行认定时，应当以一般人的语言理解能力为判断标准，而非以业内人的理解能力为判断标准。

（三）真实、准确、完整

本条规定个人信息处理者应当遵守诚信原则，告知的事项应当真实、准确、完整。如果告知内容存在不真实、不准确、不完整等瑕疵，如提供虚假的联系方式或者不完整的处理目的，则该行为违反本法第 5 条规定的诚信原则，构成欺诈、误导行为，依据本法第七章规定承担法律责任。由于个人信息处理者违反告知义务，个人据此作出的同意表示属于受欺诈的意思表示，可以依据《民法典》第 148 条规定请求撤销，个人之前同意的相应处理范围、

---

① 程啸：《论个人信息处理者的告知义务》，载《上海政法学院学报（法治论丛）》2021 年第 4 期。

目的等仍然视为没有经过信息主体同意。

二、关于告知事项的理解

本条规定个人信息处理者告知的事项，包括：

第一，个人信息处理者姓名或名称、联系方式。个人只有知道个人信息处理者的信息，才能进一步行使查询、修改、删除等请求权。如果涉及个人信息共享、向第三人提供、委托他人处理、跨境提供个人信息等情形，告知个人信息共享者、第三人、受托人的姓名或名称、联系方式对于个人尤其重要。

第二，处理目的、处理方式、个人信息的种类、保存期限。处理目的包括公共利益目的和商业利益目的，无论是何种处理目的，个人信息处理者均应当如实告知。依据目的限制原则，个人信息处理者只能在经告知的目的范围内处理个人信息，不得超越明确告知的处理目的。处理方式包括个人信息的收集、存储、使用、加工、传输、提供、公开、删除等，不同的处理方式对个人权益的影响不同，必须明确告知，以保障个人在充分知情的前提下预判风险从而作出同意或拒绝的意思表示。个人信息的种类包括自然人的姓名、年龄、性别、身份证件号码、生物识别信息、住址、电话号码、电子邮箱、健康信息、地理位置信息等，其中有些个人信息属于敏感个人信息，对于敏感个人信息的告知除了本条规定的事项外，依据本法第 30 条的规定还应当向个人告知处理敏感个人信息的必要性以及对个人权益的影响。保存期限关涉个人的利益，保存期限过长对于个人权益的影响更大，个人信息处理者应当如实告知保存期限。司法实践中，如果个人信息处理者与个人就保存期限有争议，应当依据本法第 19 条规定的实现处理目的所必要的最短时间来认定。保存期限届满，个人信息处理者应当依据本法第 47 条的规定主动删除个人信息或依个人请求而删除。

第三，个人行使权利的方式和程序。本法第四章规定个人享有知情权、决定权、查阅权、复制权、转移权、更正权、删除权、规则释明权。个人权利行使关涉到个人的重要权益，个人信息处理者当然应当在处理前如实告知个人。但不同的权利，其行使方式不同，不同的个人信息处理者要求的权利行使程序也不同，法律未规定权利行使的方式和程序，交由个人信息处理者来确定，属于自治的范畴。

第四，法律、行政法规规定应当告知的其他事项。例如我国《征信业管理条例》第 14 条第 2 款明确规定个人信息处理者应当明确告知信息主体提供该信息可能产生的不利后果。①

上述事项发生变更的，应当及时将变更部分告知个人，以便个人依据本法第 14 条第 2 款的规定在充分知情的前提下重新作出同意或拒绝的意思表示，充分保障个人的知情权，落实个人信息处理公开、透明原则。

三、关于告知方式的理解

个人信息处理者告知上述事项可以采取单独告知和统一告知两种方式。

（一）单独告知方式

单独告知方式是指个人信息处理者单独向特定的个人告知上述事项，可以是口头或书面形式，自动化处理情形下个人信息处理者通常借助网络采取对话框协议告知，对话框协议通常是格式条款，条款内容未与信息主体协商，容易被信息主体遗漏。依据我国《民法典》第 496 条的规定，提供格式条款的个人信息处理者方应当履行必要的提请注意和说明义务。个人信息处理关系中信息主体处于弱势地位，告知义务应当由个人信息处理主体承担提请注意和说明义务的举证责任。例如我国《征信业管理条例》第 19 条规定征信机构在格式合同中应当作出足以引起信息主体注意的明确提示，② 在此前提下取得信息主体的同意。

（二）统一告知方式：公开个人信息处理规则

统一告知方式，即个人信息处理者通过公开个人信息处理规则的方式告知上述事项。本条规定个人信息处理者通过制定个人信息处理规则的方式告知第 1 款规定事项的，处理规则应当公开，并且便于查阅和保存。这种统一告知方式非常便利，有利于降低个人信息处理者的交易成本。个人有权依据本法第 48 条要求个人信息处理者就公开的个人信息处理规则进行解释说明。如果个人信息处理规则不便于查阅和保存，应认定个人信息处理者没有尽到

---

① 《征信业管理条例》第 14 条第 2 款规定，征信机构应当明确告知信息主体提供收入、存款、有价证券、商业保险等个人信息可能产生的不利后果并取得其书面同意后，才能采集上述信息。

② 《征信业管理条例》第 19 条规定："征信机构或者信息提供者、信息使用者采用格式合同条款取得个人信息主体同意的，应当在合同中作出足以引起信息主体注意的提示，并按照信息主体的要求作出明确说明。"

告知义务或者是瑕疵告知，其行为同时被认定为违法处理行为，个人有权依据本法第 47 条请求删除处理的个人信息，依据第七章的规定请求个人信息处理者承担法律责任。

（项定宜　撰写）

第十八条 【告知的例外】个人信息处理者处理个人信息，有法律、行政法规规定应当保密或者不需要告知的情形的，可以不向个人告知前条第一款规定的事项。

紧急情况下为保护自然人的生命健康和财产安全无法及时向个人告知的，个人信息处理者应当在紧急情况消除后及时告知。

【立法背景】

本条规定了处理个人信息前告知的例外情形，共分为两款，第 1 款是不需要向个人告知的例外情形，即“有法律、行政法规规定应当保密或者不需要告知的情形”，第 2 款是不需要提前向个人告知的例外情形，与本法第 13 条第 1 款第 4 项的规定相关，即紧急情况下无法及时向个人告知的情形。本条在本法审议过程中基本没有发生变化，体现出立法共识较为确定，仅在第 1 款中明确了不需要告知的事项为前条“第一款”所规定，在立法技术上更为精细。

【条文解读与法律适用】

一、“不需要告知”的例外情形

个人信息处理以告知为原则，以不告知为例外，因为告知是确保个人对个人信息处理的知情权（本法第 44 条）的重要方式，符合公开透明原则（本法第 7 条）的要求，也是个人同意（本法第 14 条）与个人信息决定权（本法第 44 条）乃至查阅、复制权利（本法第 45 条）的必要前提，甚至即使基于本法第 13 条第 1 款第 2 项至第 7 项处理个人信息无需取得同意，告知义务也仍然需要履行。所以，不需要向个人告知的例外情形必须以更为重大的公共利益乃至国家利益为前提，需有其他法律、行政法规的特别规定，或不告知对上述利益并无负面影响，因此本款为平衡各方利益，规定了两种例外情形。

（一）法律、行政法规规定应当保密的情形

法律、行政法规规定应当保密的情形，是指基于侦查犯罪、反间谍、反恐怖主义等维护公共安全、国家安全等社会公共利益和国家利益的考量，通过法律、行政法规规定的处理者的保密义务。例如，《国家安全法》第 77 条第 1 款第 3 项规定，公民和组织应当如实提供所知悉的涉及危害国家安全活动的证据。《反间谍法》第 22 条规定："在国家安全机关调查了解有关间谍行为的情况、收集有关证据时，有关组织和个人应当如实提供，不得拒绝。"《反恐怖主义法》第 51 条规定："公安机关调查恐怖活动嫌疑，有权向有关单位和个人收集、调取相关信息和材料。有关单位和个人应当如实提供。"《刑事诉讼法》第 152 条第 4 款："公安机关依法采取技术侦查措施，有关单位和个人应当配合，并对有关情况予以保密。"因此，如果国家安全机关向危害国家安全或间谍、恐怖活动嫌疑人的工作单位或亲属收集调取其个人信息，或公安机关采取技术侦查措施获取类似信息，是无需向相关人员进行告知的。

（二）不需要告知的情形

不需要告知的情形，是指不告知对公共利益、国家利益并无负面影响，具体涉及两种情形。

第一，个人作为信息主体已经知晓了告知的内容，因此无需处理者再行告知。比如，根据本法第 23 条的规定，个人信息处理者向其他处理者提供其处理的个人信息的，应当向个人告知接收方的名称或者姓名、联系方式、处理目的、处理方式和个人信息的种类，并取得个人的单独同意，此时由于前者已经履行了告知义务，个人已经知晓了告知的内容，后者就不必再行告知。

第二，在合理范围内处理已经合法公开的个人信息。本法第 13 条第 1 款第 6 项、第 27 条第 1 句与《民法典》第 1036 条第 2 项均规定，合理处理自然人自行公开的或者其他已经合法公开的信息，行为人不承担民事责任。所以处理合法公开的个人信息无需取得个人的同意，告知义务也不必履行。因为，如果对已经合法公开的个人信息也要求逐一告知并取得同意，不仅成本过于高昂、难以实现，也不利于个人信息的合理利用，终将妨碍数字经济的发展。

二、不需要提前告知的例外情形

个人信息处理者向其个人信息被处理的个人进行告知，必须发生在处理个人信息前，不能发生在处理行为实施后，否则知情权与决定权的保障都将沦为空谈。如果告知的事项发生了变更，如处理的目的、方式等发生了变化，那么，处理者也应当在变更前将变更部分告知个人，而不能在变更后进行告知，否则变更后的处理行为即为非法。类似地，如果公开的个人信息处理规则发生变化，同样应当在变化之前以各种方式使个人充分知晓，否则单方面的规则变更行为亦属违法。

然而前述对告知时间的要求并非绝对，在某些情况下，处理者虽然应当履行告知义务，但由于情况紧急，保护自然人的生命健康和财产安全优先，无法及时告知，例如为迅速控制疫情、自然灾害或紧急救援受灾、受害者而获取个人信息。此时，尽管根据本法第 13 条第 1 款第 4 项的规定，处理个人信息无须取得个人的同意，但告知义务仍有必要履行，仍未被紧急情况所完全豁免，只是不必恪守其时限，在紧急情况消除后履行即可，体现出对公开透明原则与个人知情权保护的弹性坚持。所以，不需要提前告知不等于不需要告知，改变的是义务履行的时点而非义务本身，此为本款与前一款的根本区别所在。

（邱遥堃　撰写）

第十九条　【个人信息的保存期限】除法律、行政法规另有规定外，个人信息的保存期限应当为实现处理目的所必要的最短时间。

【立法背景】

本条是个人信息处理必要性原则的具体化。个人信息的处理包括储存在内，因而储存的期限应以必要性为限。为了防止个人信息泄露造成不利后果，个人信息处理者应在处理目的实现之后就尽快删除，以保护个人信息主体的合法权益。在法律适用上，《个人信息安全规范》可供参照，其中第6.1条就规定了个人信息储存时间最小化，“对个人信息控制者的要求包括：a）个人信息存储期限应为实现个人信息主体授权使用的目的所必需的最短时间，法律法规另有规定或者个人信息主体另行授权同意的除外；b）超出上述个人信息存储期限后，应对个人信息进行删除或匿名化处理”。

【条文解读与法律适用】

一、关于“最短时间”的理解

个人信息的保存期间由其处理目的决定。当数据不具有时效性，与现有处理目的不具有相关性时，即达到了保存期间。例如，网上购物时，在消费者已支付货款和取货完成后，消费者个人与商品之间的联系就显得多余了。商家并不需要删除商品信息，因为商品信息需要用作库存计算，而是应当删除商品的购买者信息。删除商品的购买者信息，目的在于阻止信息处理者根据购买者的商品信息勾勒出购买者的具体形象，避免可能发生的歧视性对待。根据本法第47条，个人信息处理者不应在个人信息主体请求后才删除，而应当主动删除。如果个人信息处理者未主动按时删除，那么个人信息主体则获得了请求权，可以请求个人信息处理者删除。主动删除和被动删除立体建构了个人信息的删除制度。

个人信息的保存期限应当为实现处理目的所必要的最短时间，不应由个人信息主体证明，而应由个人信息处理者证明。虽然本条未规定个人信息的保存期间，需要在个案之中进行判定，但是本条会给个人信息处理者带来合规方面的压力，将促使个人信息处理者在最短时间内主动删除个人信息。当个人信息的保存期间达到实现处理目的所必要的最短时间时，个人信息处理者有两种方式达到删除要求。第一种是将从个人信息主体处收集的信息全部删除。第二种是将个人信息主体处收集的信息进行去标识化处理，这是基于学理所做的解释。根据本法第 4 条的规定，个人信息不包括匿名化处理后的信息，一旦个人信息经过了匿名化处理，自然就不需要再适用本法的相关规定。不过，匿名化后的个人信息必须达到丧失可识别性的程度，才能使匿名化的个人信息脱离本法的保护范畴。也就是说，处理后的个人信息不但要去除确定性，还要去除身份上的可确定性。典型如假名化信息，个人信息的量越大，姓名的假名化的处理越具有可复原性，因为其他的个人信息仍然能够指向具体的个人。[①] 因此，除了个人信息的完全删除，匿名化等去标识处理也属于个人信息删除的一种方式。

二、关于除外情形的理解

如果法律、行政法规有具体的规定，那么个人信息的保存期限不以为实现处理目的所必要的最短时间为限。本条规定的是个人信息保存期限的上限，但是一些法律、行政法规对个人信息保存期限设置了下限，即最短的保存时间。例如，《网络安全法》第 21 条规定，“采取监测、记录网络运行状态、网络安全事件的技术措施，并按照规定留存相关的网络日志不少于六个月”；《电子商务法》第 31 条规定，“商品和服务信息、交易信息保存时间自交易完成之日起不少于三年”；《征信业管理条例》第 16 条规定，“征信机构对个人不良信息的保存期限，自不良行为或者事件终止之日起为 5 年”。在法律、行政法规有规定时，个人信息的保存期限应以法律、行政法规的具体规定为准。

（云晋升　撰写）

① 参见高富平：《数据流通理论——数据资源权利配置的基础》，载《中外法学》2019 年第 6 期。

第二十条 【共同处理】 两个以上的个人信息处理者共同决定个人信息的处理目的和处理方式的，应当约定各自的权利和义务。但是，该约定不影响个人向其中任何一个个人信息处理者要求行使本法规定的权利。

个人信息处理者共同处理个人信息，侵害个人信息权益造成损害的，应当依法承担连带责任。

【立法背景】

本条规定了两个以上个人信息处理者共同处理个人信息的要求。共同处理者皆为个人信息处理的决定者，由此区别于仅委托人为决定者、受托人乃技术处理者的委托处理。本条共分为两款，第 1 款规定了处理者之间的内部关系，认可其自由约定，但该约定不能对抗权利人；第 2 款规定了处理者对外的责任承担，认定为连带责任，所有处理者都对不履行义务承担全部责任。

本条在审议过程中基本没有发生变化。《个人信息保护法（二审稿）》删去了“两个或者”（两个以上……）的数量表述，认为“以上”已经包含本数，立法技术更为精细；本条在第 2 款中明确了侵害个人信息权益“造成损害”的，应当“依法”承担连带责任，限定了个人信息处理者的责任，有利于个人信息的流通与数字经济的发展。

【条文解读与法律适用】

一、共同处理者的内部权利义务

本条第 1 款规定共同处理者的内部权利义务，与欧盟《通用数据保护条例》（GDPR）第 26 条对“联合控制者”（joint controllers）的规定相似，皆要求共同处理个人信息者内部划分权利和义务，但不得影响个人向任一处理者要求行使个人权利。在处理目的和处理方式以外，欧盟法尤其强调对“行使数据主体的权利”和“他们各自提供信息的职责”的约定，这一约定“应当及时反映联合控制者相对于数据主体的各自作用和关系”。因此，处理者进行内部协商时，最佳实践亦为就响应个人权利主张作出相应约定，以便个人向任一处理者主张权利以后，处理者内部再行划分责任。

我国《个人信息安全规范》第 9.6 条对共同个人信息控制者的要求更加详细，可执行性更高，可以作为个人信息处理者内部划分权利义务的参考。该条规定，“对个人信息控制者的要求包括：a）当个人信息控制者与第三方为共同个人信息控制者时，个人信息控制者应通过合同等形式与第三方共同确定应满足的个人信息安全要求，以及在个人信息安全方面自身和第三方应分别承担的责任和义务，并向个人信息主体明确告知；b）如未向个人信息主体明确告知第三方身份，以及在个人信息安全方面自身和第三方应分别承担的责任和义务，个人信息控制者应承担因第三方引起的个人信息安全责任”。该条额外规定了共同处理的告知要求与未告知时的责任分担。就前者而言，本法第 17 条的告知要求同样涵盖个人信息共同处理者，因此并无差别。就后者而言，应当认为告知与否并不影响个人对任一共同处理者的法定权利，仅可能影响个人权利的实际行使。不了解其他共同处理者身份的权利人并未丧失对其具有的权利，仅仅是权利行使暂时受到阻碍。因此该条 b 款应当从方便个人行使权利的角度，解释为个人可以选择向原始处理者行使权利，也可以在了解第三方身份后选择向后者行使权利，仍然符合“该约定不影响个人向其中任何一个个人信息处理者要求行使本法规定的权利”的要求。该解释也符合上位法优先于下位法的原则。

二、共同处理者的对外连带责任

本条第 2 款规定共同处理者的对外连带责任，如果任何处理者侵害个人信息权益造成损害，所有处理者都应当依法承担连带责任，使得个人维权无门、不被理睬或被不合理回绝的可能性大大降低，与前款“个人向其中任何一个个人信息处理者要求行使本法规定的权利”相呼应。这意味着，个人信息处理者在选择共同处理个人信息的其他处理者时，应当对其进行必要的尽职调查，了解其个人信息安全保障能力、制度的制定与实施情况、是否存在侵犯个人信息权益的不良记录等，不能选择该方面历史表现不佳的合作者，否则容易受到牵连。

应当注意的是，共同处理者承担责任的前提不仅包括“侵害个人信息权益”，还包括“造成损害”。这意味着，仅证明存在侵权行为不会得到司法支持，权利人还必须证明损害存在且损害与处理者的侵权行为存在因果关系。但根据本法第 69 条，处理个人信息侵害个人信息权益造成损害的，适用过错推定原则，权利人不必证明处理者存在过错，处理者反而需要证明其不存在过错，但不存在过错的共同处理者可以在内部责任划分时寻求免责。

此外，“应当”依法承担责任，意味着该条款可以作为单独的请求权基础。公民起诉两个侵权的信息处理者时，不仅可以从《民法典》等法律中寻求依据，还可以将本条作为规范基础。

（邱遥堃　撰写）

第二十一条　【委托处理】 个人信息处理者委托处理个人信息的，应当与受托人约定委托处理的目的、期限、处理方式、个人信息的种类、保护措施以及双方的权利和义务等，并对受托人的个人信息处理活动进行监督。

受托人应当按照约定处理个人信息，不得超出约定的处理目的、处理方式等处理个人信息；委托合同不生效、无效、被撤销或者终止的，受托人应当将个人信息返还个人信息处理者或者予以删除，不得保留。

未经个人信息处理者同意，受托人不得转委托他人处理个人信息。

【立法背景】

本条规定了个人信息处理者委托处理个人信息与受托人转委托他人处理个人信息的相关要求。本条共有 3 款：其中第 1 款、第 2 款规定了委托处理事宜；第 3 款规定了转委托处理事宜。立法过程中，有的常委委员和部门、专家提出，接受委托处理个人信息的受托方，不属于本法规定的个人信息处理者，但仍应履行相应的个人信息安全保护义务，建议增加这方面的内容。全国人大宪法和法律委员会经研究，建议增加本条规定。[①] 相对于《个人信息保护法（一审稿）》第 22 条的规定，本条将委托合同的必要内容增加了“委托处理的期限”，将受托人返还或删除个人信息的情形从“合同履行完毕或者委托关系解除”扩展为“合同不生效、无效、被撤销或者终止”。相对于《个人信息保护法（二审稿）》第 22 条的规定，本条将“受托方”改称为“受托人”。

---

① 参见《全国人民代表大会宪法和法律委员会关于〈中华人民共和国个人信息保护法（草案）〉修改情况的汇报》，载中国人大网，http：//www. npc. gov. cn/npc/c30834/202108/9a877c9c971e4ed3999314b11bcf37b8. shtml，最后访问时间：2021 年 8 月 22 日。

【条文解读与法律适用】

一、关于“委托处理个人信息”的理解

（一）委托合同的必要内容

本条第1款前半句规定了个人信息处理者（委托人，以下二者通用）委托受托人处理个人信息时，委托合同必须包含的内容。

根据本款，委托合同内容应当包括：第一，委托处理的目的；第二，委托处理的期限；第三，委托处理的处理方式；第四，委托处理的个人信息的种类；第五，保护措施；第六，双方的权利和义务。按照本款文义，委托合同中应当包含上述全部项目而不允许遗漏或删减。

同时，本款中的“等”字表明个人信息处理者与受托人签订的合同内容尚可包括其他内容。例如，根据《民法典》第470条第1款，委托合同还可以包括：当事人的姓名或者名称和住所；委托处理的个人信息的数量；委托处理的个人信息的质量；价款和报酬；履行期限、地点和方式；违约责任；解决争议的方法等。个人信息处理者与受托人还可以根据具体场景将其他有必要予以约定的内容纳入委托合同。

（二）个人信息处理者的义务

缔结委托合同前，个人信息处理者应当进行个人信息保护影响评估并对处理情况进行记录。根据本法第55条第3项的第1种情形，个人信息处理者委托受托人处理个人信息，应当事前进行个人信息保护影响评估，并对处理情况进行记录。关于进行个人信息保护影响评估的义务，本法第56条第1款规定：“个人信息保护影响评估应当包括下列内容：（一）个人信息的处理目的、处理方式等是否合法、正当、必要；（二）对个人权益的影响及安全风险；（三）所采取的保护措施是否合法、有效并与风险程度相适应。”按照本法第56条第2款的规定，个人信息保护影响评估报告和处理情况记录应当至少保存三年。

关于个人信息处理者对受托人的监督义务。这是本条对于作为委托人的个人信息处理者的特别规定。根据本条第1款后半句，个人信息处理者应当对受托人的个人信息处理活动进行监督。个人信息处理事关个人信息主体的

合法权益保护问题，因此个人信息处理者在缔结委托合同之后，仍有义务继续对受托人的信息处理行为进行监督，确保受托人依法依约处理个人信息。

（三）个人信息处理者受托人的义务

本条第2、3款规定了个人信息处理者的受托人的义务。但受托人的义务因委托合同是否生效且存续而有所不同。

1. 委托合同有效且存续时

第一，受托人按照约定处理个人信息的义务。本条第2款第1分句规定，受托人应当按照约定处理个人信息，不得超出约定的处理目的、处理方式等处理个人信息。这是受托人最基本的义务。

第二，受托人原则上禁止转委托的不作为义务。根据本条第3款，未经个人信息处理者同意，受托人不得转委托他人处理个人信息。这是对于受托人不作为义务的规定。

第三，受托人依法采取安全保障措施义务与协助义务。如前所述，受托人不属于本法规定的个人信息处理者，不适用本法对个人信息处理者的规定。因此本法第59条规定："接受委托处理个人信息的受托人，应当依照本法和有关法律、行政法规的规定，采取必要措施保障所处理的个人信息的安全，并协助个人信息处理者履行本法规定的义务。"例如，2019年10月1日生效实施的《儿童个人信息网络保护规定》第16条规定，网络运营者委托受托人处理儿童个人信息的，受托人应当协助网络运营者回应儿童监护人提出的申请；采取措施保障信息安全，并在发生儿童个人信息泄露安全事件时，及时向网络运营者反馈等。

2. 委托合同不生效、无效、被撤销或者终止时

委托合同不生效、无效、被撤销或者终止时，受托人有返还或删除个人信息的义务。本条第2款第2分句规定，委托合同不生效、无效、被撤销或者终止的，受托人应当将个人信息返还个人信息处理者或者予以删除，不得保留。本分句在适用中有以下三个问题需要注意。

首先，本分句与本法第47条并非竞合关系。因为按照本法第73条第1项的规定，个人信息处理者的本质特征在于可"自主决定"处理目的、处理方式，但受托人只能按照委托人决定的处理目的、处理方式进行处理，无法自主决定，因此受托人并非本法第47条中的个人信息处理者。故委托人请求受

托人删除个人信息，其请求权基础为本分句而非本法第 47 条。

其次，关于删除不能时的法律适用问题。受托人原则上不受本法第 47 条的约束。然而，如果出现受托人“删除个人信息从技术上难以实现”的情况，为保障受托人所处理的个人信息安全，可以允许个人信息主体依据本法第 59 条结合本法第 47 条第 2 款第 2 种情况，请求受托人停止除存储和采取必要的安全保护措施之外的处理。

最后，关于“终止”的理解。《个人信息保护法（一审稿）》第 22 条本来将受托人返还或者删除个人信息的情形规定为“合同履行完毕或者委托关系解除”。目前本条改为“合同不生效、无效、被撤销或者终止”。因此，本条中的“终止”不仅包括因合同履行完毕或者合同解除而终止，也包括基于《民法典》第 557 条规定的其他原因导致合同终止的情况。

（四）委托处理个人信息的合法性基础

本条第 1、2 款没有具体说明委托处理个人信息的合法性基础，但这并非法律漏洞。本条第 1、2 款规定的委托处理也在本法第 4 条第 2 款“个人信息的处理”的外延范围内（参见本书关于第 4 条“个人信息的处理”的解读）。委托处理与个人信息的处理是特别与一般的关系。因此，个人信息处理者委托受托人处理个人信息的，应当具有本法第 13 条规定的 7 项合法性基础之一。

二、关于转委托处理个人信息的理解

（一）转委托的前提条件

受托人转委托的，需经作为委托人的个人信息处理者同意。本条第 3 款规定了受托人转委托他人处理个人信息的问题，其规定，“未经个人信息处理者同意，受托人不得转委托他人处理个人信息”。根据本款，受托人原则上应当亲自处理个人信息。但是经过个人信息处理者同意，受托人可以转委托他人处理个人信息。

（二）转委托的合法性基础

转委托不仅要获得作为委托人的个人信息处理者的同意，还要具有本法第 13 条规定的合法性基础。本条第 3 款规定的转委托，包含两层关系：第一层是委托人与受托人之间的委托合同关系以及受托人与次受托人之间的转委托合同关系；第二层是因处理个人信息而发生的与个人信息主体间的关系。正是因第二层关系的存在，受托人转委托尚需有合法性基础。转委托处理也

在本法第4条第2款“个人信息的处理”范围内（参见本书关于第4条“个人信息的处理”的解读），因此转委托的合法性基础应遵守本法第13条及其相关规定。

（三）受托人与次受托人的义务

在受托人与次受托人的关系里，受托人相对于次受托人为委托人，次受托人相对于受托人为受托人。例如，个人信息处理者甲委托乙处理个人信息，乙经过甲的同意转委托丙处理个人信息。在甲乙关系中，甲是个人信息处理者（委托人），乙为受托人；在乙丙关系中，乙为委托人，丙为受托人。因此在转委托关系中，乙兼具委托人与受托人的身份。乙既应当参照个人信息处理者的义务，又要遵守受托人义务。而丙只需要遵守受托人义务。

三、实践中需要注意的问题

（一）委托结束后返还或者删除的范围

关于本条第2款第2分句中返还或删除的范围问题。本条第2款第2分句规定，“委托合同不生效、无效、被撤销或者终止的，受托人应当将个人信息返还个人信息处理者或者予以删除，不得保留”。但是此处“个人信息”的范围在理解上可能产生歧义。个人信息处理者给受托人的个人信息自然属于返还或者删除的范畴。但是在受托人处理个人信息的过程中所产生的信息是否需要返还或者删除，有待实践中进一步斟酌。我们认为，作为委托人的个人信息处理者和受托人在委托合同中关于受托处理过程中产生的个人信息问题有约定的，应当尊重其约定。无论针对该部分信息作出何种安排，都需要保障信息安全，并防止侵犯个人信息主体的合法权益。

（二）转委托处理个人信息的前提条件

本条第3款规定转委托处理个人信息以个人信息处理者同意为前提。值得注意的是，《民法典》第923条关于转委托设立了三个前提条件，分别为：委托人事前同意；委托人事后追认；在紧急情况下受托人为了维护委托人的利益需要转委托。那么在转委托处理个人信息时，委托人事后追认、在紧急情况下受托人为了维护委托人的利益需要转委托是否可作为受托人转委托的正当理由，需要在实践中进一步探讨和研究。

（李群涛　撰写）

第二十二条 【个人信息处理者变更】个人信息处理者因合并、分立、解散、被宣告破产等原因需要转移个人信息的，应当向个人告知接收方的名称或者姓名和联系方式。接收方应当继续履行个人信息处理者的义务。接收方变更原先的处理目的、处理方式的，应当依照本法规定重新取得个人同意。

【立法背景】

本条对个人信息处理者因合并、分立等原因需要转移个人信息的告知义务进行规定。本条首先列举了个人信息转移的原因，并对个人信息处理者对信息主体的告知内容作出规定。其次，对个人信息接收方应继续履行原个人信息处理者的义务作出规定。最后，对个人信息接收方接收个人信息后变更个人信息的处理目的及方式应重新取得信息主体同意作出规定。

个人信息处理者在经营过程中可能出现经营方针调整、经营不善等情形，本法为了应对上述情况，更好地保护个人信息，规定了公司因合并、分立等原因需要转移个人信息的相应规范。本条贯彻了“告知—同意”规则，个人信息处理的重要事项发生变更时，保障信息主体对其个人信息处理的知情权和决定权。同时，本条也是本法第 7 条“处理个人信息公开、透明原则”具体化的体现。与《个人信息保护法（二审稿）》的相应规定对比，本条的修改之处有二：第一，以列举的方式增加个人信息处理者转移个人信息的原因，即解散、被宣告破产。第二，进一步明确个人信息处理者的告知事项，即由《个人信息保护法（二审稿）》中的“接收方的身份、联系方式”修改为“接收方的名称或者姓名和联系方式”。

【条文解读与法律适用】

一、关于个人信息处理者转移个人信息的原因

本条以不完全列举的方式列举个人信息处理者将个人信息转移给接收者的前提是个人信息处理者出现合并、分立、解散、被宣告破产等情形，因此

应注意本条与本法第23条的区分。本条的适用前提是个人信息处理者出现重大的经营调整，即合并、分立等；本法第23条的适用则无此前提。另外，依据本条对个人信息进行转移时，对信息主体履行告知义务即可，而无需征得信息主体的同意。

二、关于个人信息接收方

个人信息处理者多为法人组织，以最为典型的法人——公司为例，在其设立后可能面临合并、分立等情形。依据《公司法》第172条之规定，公司合并可以采取吸收合并或者新设合并。所谓吸收合并，也称为兼并，是指一个公司吸收其他公司，被吸收的公司解散。[①] 此种情况下，个人信息的接收方是吸收合并后的公司。所谓新设合并，是指两个以上公司合并设立一个新的公司，合并各方解散。[②] 在此种情况下，个人信息的接收方为新成立的公司。

所谓公司分立，是指一个公司通过签订协议，不经过清算程序，分为两个或两个以上的公司的法律行为。公司分立又分为派生分立和新设分立。所谓派生分立，也称存续分立，是指一个公司分离成两个以上公司，本公司继续存在并设立一个以上新的公司。[③] 在此种情况下，分立出的新公司为个人信息的接收方。所谓新设分立，也称解散分立，是指一个公司分解为两个以上公司，本公司解散并设立两个以上新的公司。此种情况下，除另有约定外，分立后的各公司均为个人信息接收方。

三、关于个人信息处理者的告知事项

本条属于个人信息处理者的特殊告知事项。在个人信息处理者因法人或非法人组织的合并、分立等原因而需要转移个人信息时，应当向信息主体履行告知义务，这主要是为了确保信息主体能够向接收方主张个人信息处理中的权利。[④] 同时，本条明确了告知的具体内容，即接收方的名称或者姓名和联系方式。

值得注意的是，本条与《个人信息保护法（二审稿）》的规定相比进一

① 赵旭东主编：《商法学》（第三版），高等教育出版社2015年版，第198页。
② 赵旭东主编：《商法学》（第三版），高等教育出版社2015年版，第198页。
③ 赵旭东主编：《商法学》（第三版），高等教育出版社2015年版，第202页。
④ 程啸：《论个人信息处理者的告知义务》，载《上海政法学院学报（法治论丛）》2021年第4期。

步明确并限缩了告知的具体事项，即将“接收方的身份”明确限定为“接收方的名称或者姓名”。

四、关于接收方应当继续履行个人信息处理者的义务

在个人信息处理的过程中，个人信息处理者在享受权利的同时应当承担相应的义务。个人信息处理者相对于信息主体（自然人）而言，对个人信息处理活动具有强大的控制力和支配力，因此在个人信息保护方面应当承担更多的法律义务。

依据《民法典》第 67 条第 1 款之规定，“法人合并的，其权利和义务由合并后的法人享有和承担”。《公司法》第 174 条规定：“公司合并时，合并各方的债权、债务，应当由合并后存续的公司或者新设的公司承继。”《公司法》第 176 条规定：“公司分立前的债务由分立后的公司承担连带责任。但是，公司在分立前与债权人就债务清偿达成的书面协议另有约定的除外。”因此，接收方作为个人信息的承继方，在接收个人信息后成为新的个人信息处理者，接收方作为新的义务主体应当继续履行原个人信息处理者应当承担的义务。

五、关于变更原个人信息处理目的、处理方式须重新取得同意

在接收方变更原先的个人信息处理目的、处理方式时，接收方应当向信息主体作出变更个人信息处理目的、处理方式的告知，在信息主体充分知情的前提下，重新取得信息主体的同意。关于“重新取得同意”的理解，参见本书对第 23 条的解读。

（徐晓月 撰写）

第二十三条　【向他人提供个人信息】 **个人信息处理者向其他个人信息处理者提供其处理的个人信息的，应当向个人告知接收方的名称或者姓名、联系方式、处理目的、处理方式和个人信息的种类，并取得个人的单独同意。接收方应当在上述处理目的、处理方式和个人信息的种类等范围内处理个人信息。接收方变更原先的处理目的、处理方式的，应当依照本法规定重新取得个人同意。**

【立法背景】

本条系个人信息流通条款，明确向其他个人信息处理者提供个人信息应当遵循“告知—同意”规则。接收方对于个人信息的处理应当符合初始个人信息处理的目的、方式与种类，若超越初始处理目的、方式，需要重新取得个人同意。条文完善了《网络安全法》第42条、《民法典》第1038条对于个人信息流通的规则，删除了个人信息匿名化内容，仅保留了一种个人单独同意的方式，并进一步细化了告知的内容。在司法实践中，个人信息流通的合法性分析应当基于本条的理解与适用。

【条文解读与法律适用】

一、关于个人信息流通的主要方式

本条规定演变自《个人信息保护法（一审稿）》第24条。一审稿将个人同意与匿名化作为个人信息流通的方式。但《个人信息保护法（二审稿）》删除了一审稿第24条第2款关于匿名化的规定，仅保留了个人同意一种方式。在草案意见征求过程中，多数观点认为第24条第2款内容与匿名化的定义相矛盾，也有观点认为应当规定去标识化信息作为流通例外，不需要得到个人同意。本条删除了个人信息匿名化规定，只保留了单独同意一种方式，改变了我国《网络安全法》第42条、《民法典》第1038条将“经过加工无法识别特定个人且无法复原的”的匿名信息作为可流通个人信息的例外情形。本法第4条将匿名化信息排除在个人信息范畴之外，不再作为流通规范具有合理性。

本条明确个人信息流通的对象，为个人信息处理者处理的个人信息。提供的个人信息既可以包括处理者原始收集的个人信息，也包括了经过处理加工后的个人信息（增值数据）。值得注意的是，个人信息去标识化处理后能否向其他个人信息处理者提供？是否还要遵守本条规定的“告知—同意”规定？应明确，去标识化个人信息仍然属于个人信息范畴，仍然要适用相关的个人信息保护规范。本条没有将去标识化作为个人信息流通规范，而是在本法第51条第3项、第73条第3项将之作为安全技术措施进行规定。

二、关于提供个人信息中的告知义务

本条规定向其他个人信息处理者提供其处理的个人信息，应当向个人告知接收方的名称或姓名、联系方式、处理目的、处理方式和个人信息种类。一是相较于《网络安全法》第42条、《民法典》第1038条，此项告知义务为新增义务，更有利于保护个人信息主体的知情权与选择权。二是相较于一审稿、二审稿告知义务，本法将告知“接收方的身份”修改为“接收方的名称或姓名”，进一步细化了告知的内容，也更有利于统一实践中的操作。三是本条告知义务的理解还需要结合本法第17条的规定。第17条对个人信息处理前的告知形式、内容、方式进行了规定。本条是对本法第17条告知义务在流通领域的特别规定。因而，本法第17条规定的告知形式，包括以显著方式、清晰易懂的语言真实、准确、完整等要求仍然适用于本条告知义务的情形。

三、关于对外提供个人信息中的单独同意

本法规定对外提供个人信息的，处理者要获取个人的单独同意。对于“单独同意”要注意以下几点。

第一，单独同意的情形应当由法律、行政法规规定。不同于个人的一般同意，单独同意保护力度更大，对个人信息处理者提出了更高的要求。因而，单独同意的情形原则上应当由法律、行政法规规定。本条规定了个人信息流通中应当取得个人的单独同意，当事人之间不得排除单独同意的适用。应注意，除了本条之外，本法第25条、第26条、第29条、第39条分别在公开个人信息、公共场所采集个人信息、处理敏感信息、向境外提供个人信息情形中要求取得个人单独同意。

第二，获取单独同意的主体确定。立法过程中，有观点认为应当明确履行告知义务和获取单独同意的主体。从本条文义来看，该义务应当是由提供个人信息的处理者承担。应注意，此项单独同意，不同于个人信息处理者在初始收集、处理个人信息时的一般同意，特指对外提供个人信息过程中的特别同意，需要提供者逐一单独获取。

四、关于重新取得个人同意的理解

本条规定个人信息接收方应当在单独同意的处理目的、处理方式和个人信息的种类等范围内处理个人信息，遵循的是目的限定原则。接收方变更原先的处理目的、处理方式的，应当依照本法规定重新取得个人同意。本法第14 条、第 22 条也规定了重新取得个人同意情形，对于重新取得个人同意的适用，应注意以下问题。

第一，重新取得个人同意的主体。接收方变更原先单独同意中的处理目的、处理方式的，应当重新取得个人同意。从本条文义解释看，不同于获取单独同意的主体为个人信息提供者，重新获取同意的主体应当是个人信息的接收方。

第二，重新取得个人同意的条件。本条规定接收方变更原先的处理目的、处理方式的，需要重新取得个人同意。在立法过程中，有观点认为，接收方如果超出种类范围处理个人信息也应当重新获取同意。根据本条的规范目的，要求个人信息接收方处理个人信息应当遵循目的限定原则，在原来个人信息的种类范围内处理个人信息是本法的应有之义。因而，宜扩张解释重新获取个人同意的条件，包括接收方超越原来个人信息的种类范围的处理行为。

第三，重新取得个人同意的适用。不论个人信息提供者基于何种合法性基础处理个人信息，接收者只要超出原来单独同意的内容，均需要重新取得个人同意。

（金耀　撰写）

第二十四条 【自动化决策】 个人信息处理者利用个人信息进行自动化决策，应当保证决策的透明度和结果公平、公正，不得对个人在交易价格等交易条件上实行不合理的差别待遇。

通过自动化决策方式向个人进行信息推送、商业营销，应当同时提供不针对其个人特征的选项，或者向个人提供便捷的拒绝方式。

通过自动化决策方式作出对个人权益有重大影响的决定，个人有权要求个人信息处理者予以说明，并有权拒绝个人信息处理者仅通过自动化决策的方式作出决定。

【立法背景】

与《个人信息保护法（一审稿）》《个人信息保护法（二审稿）》相比，本条变化较大，规定了自动化决策引发的“大数据杀熟”“用户画像”等问题，并赋予个人在一定条件下要求说明，拒绝自动化决策决定的权利。本条第 1 款“大数据杀熟”规定为新增规定，第 2 款“用户画像”与第 3 款自动化决策拒绝权在草案一审稿、二审稿中均有所体现。一审稿第 25 条规定了自动化决策中的“用户画像”与自动化决策决定拒绝权，二审稿第 25 条对于自动化决策中的“用户画像”规定进行了完善，即在一审稿要求提供不针对个人特征的选项外，还提出“或者向个人提供拒绝的方式”。本条延续了二审稿的相关规定，并在第 1 款新增“大数据杀熟”的法律规制，成为本条的主要亮点与创新。

【条文解读与法律适用】

一、关于自动化决策的理解

根据本法第 73 条第 2 项的规定，自动化决策是指通过计算机程序自动分析、评估个人的行为习惯、兴趣爱好或者经济、健康、信用状况等，并进行决策的活动。对于自动化决策的理解，应当注意以下两个问题。

第一，坚持技术中立原则，避免过度妖魔化基于大数据分析技术的自动化决策。自动化决策是计算机程序（算法技术）识别、分析特定的消费者，并以此向其提供特定内容或附加不同交易条件。自动化决策的核心在于算法分析技术，这类技术本身并不违法，不能先入为主地认为自动化决策过程存在问题。相反，基于大数据分析的自动化决策在当今互联网经济中具有基础性和广泛性。

第二，决策不透明和结果不公平、不公正应作为自动化决策合法性判断标准。自动化决策合法性判断坚持了事前决策透明、事后结果公平公正的标准，但上述标准在实践中的具体判断将成为难点。首先，自动化决策透明性要求指的是对于算法决策的透明，或者指的是符合本法第 17 条规定的告知事项即可。从文义上看，本条要求的是算法决策的透明度，而非第 17 条规定的告知事项的透明度。因而，对透明度的理解宜包括自动化决策处理者告知最低限度的算法决策依据，但不包括可能构成商业秘密的算法核心技术。其次，自动化决策不得存在大数据杀熟、价格歧视等严重影响个人信息权益的结果，结果是否公平、公正应当由执法部门或司法机关在个案中进行具体判断。

二、关于自动化决策中的“大数据杀熟”问题

“大数据杀熟”又被称为“价格歧视”，指的是个人信息处理者通过计算机程序分析消费者的个人信息并形成“用户画像”，利用算法对每个消费者的支付意愿与支付能力进行评估，就同一商品或服务向不同消费者设置不同价格的行为。“大数据杀熟”为本条新增条款，有效回应了社会各方面对于用户画像、算法推荐等新技术引发的问题的关注。

第一，条文适用的主体。根据我国《反垄断法》第 17 条第 1 款第 6 项的规定，禁止具有市场支配地位的经营者没有正当理由，对条件相同的交易相对人在交易价格等交易条件上实行差别待遇。上述规范适用的对象限于具有市场支配地位的经营者，但是当前大量个人信息处理者从事“大数据杀熟”的行为未被有效禁止。根据本条规定，无论个人信息处理者是否具有市场支配地位，只要个人信息处理者利用个人信息进行自动化决策，对个人在交易价格等交易条件上实行不合理的差别待遇，就构成本条规范适用的主体。

第二，关于交易条件的理解。不合理的差别对待构成了“大数据杀熟”的判断依据，这种差别对待主要体现在交易价格上。从条款文义解释来看，交易条件不仅限于交易价格，其他如售后服务、维保义务等内容，也可能构成交易条件的内容。交易条件与交易信息也应当进行区别，参考《禁止网络不正当竞争行为规定（公开征求意见稿）》[①] 第21条第2款的规定，交易信息包括交易历史、支付意愿、消费习惯、个体偏好、支付能力、依赖程度、信用情况等。若经营者仅仅是向消费者展示不同的交易信息，不能直接认定为交易条件不同。

第三，关于不合理差别对待的理解。本条在适用过程中要区分合理的差别对待情形，即合理的差别定价并不被法律禁止。所谓合理的差别对待，如消费者在线下购买商品，不同的议价能力会导致最终成交价格不同。因而，本条要规范的是不合理的差别对待，这种差别对待主要表现为以交易价格为主的交易条件不同。因而，差别对待是否具有合理性就成为本条适用的难点。一般宜认为差别对待的形成是自动化决策的结果，主要表现为交易价格的不同，该差别对待就不具有合理性。但是如果一些差别对待如交易价格的不同，是基于商品促销、会员机制等形成的，而非自动化决策的后果，则不宜认定具有不合理性。

三、关于自动化决策中的"用户画像"问题

以自动化决策向个人推送个性化广告、商业营销，也被称为用户画像，即通过分析个人信息以勾勒出特定消费者的偏好、购买意愿、购买能力等信息，并通过算法来推送个性化广告与商业营销。

第一，用户画像定性应坚持技术中立。用户画像目前成为广告经营者的重要收入来源，技术本身并不违法，法律要规制的是算法推荐中对于个人信息权益的侵害问题，如个人信息泄露、滥用等问题。

第二，提供不针对其个人特征的选项。经营者在算法推荐过程中，需要提供不针对个人特征的选项。《互联网信息服务算法推荐管理规定（征求意见稿）》[②] 第15条第2款明确，算法推荐服务提供者应当向用户提供选择、修改

---

① 《市场监管总局关于〈禁止网络不正当竞争行为规定（公开征求意见稿）〉征求意见的通知》，载国家市场监督管理总局网站，http://www.samr.gov.cn/hd/zjdc/202108/t20210817_333683.html，最后访问时间：2021年10月18日。

② 《国家互联网信息办公室关于〈互联网信息服务算法推荐管理规定（征求意见稿）〉公开征求意见的通知》，载国家互联网信息办公室网站，http://www.cac.gov.cn/2021-08/27/c_1631652502874117.htm，最后访问时间：2021年10月18日。

或者删除用于算法推荐服务的用户标签的功能。因而，在实践当中，算法推荐过程中要为个人提供非个性化广告推送的具体选项。区分个性化推荐广告与普通广告推送，尤其在推送效果接近的情形下，对执法机关与监管部门提出了更高的要求。

第三，向个人提供便捷的拒绝方式。用户画像或精准广告并非为每个消费者所接受，广告服务企业需要在自动化决策程序上设计个人可以便捷拒绝的方式。在企业合规上，广告服务企业必须自己证明完成和安排了此种设计，并且此种拒绝方式的实现应当是便捷的。

四、关于自动化决策中拒绝权问题

在自动化决策可能对个人产生重要影响的情形下，个人可以要求个人信息处理者进行说明，并有权拒绝个人信息处理者仅通过自动化决策的方式作出决定。该条款内容可能参考了欧盟《通用数据保护条例》（GDPR）第 22 条，数据主体有权拒绝仅依靠自动化处理决策，包括用户画像对数据主体做出具有法律影响或类似严重影响的决策。在条文适用中要注意以下问题：

第一，关于“对个人信息权益有重大影响”的理解。目前并没有任何文件对此作出明确规定，从理论上来看，只有达到“可能侵害个人信息权益”的程度，才符合“重大影响”的认定。即个人自动化决策当中的拒绝权应当受到一定程度的限制，不宜将之等同为一般意义上的拒绝权。上述判断标准有待司法机关与实践经验的进一步总结。

第二，关于“个人有权要求个人信息处理者予以说明”的理解。通过自动化决策作出对个人权益有重要影响的决定，个人有权要求个人信息处理者予以说明。该规定可能参考了欧盟《通用数据保护条例》（GDPR）第 22 条规定的“算法解释权”，其被认为是算法透明原则的具体化体现。[①]《互联网信息服务算法推荐管理规定（征求意见稿）》第 15 条第 3 款也规定，用户认为算法推荐服务提供者应用算法对其权益造成重大影响的，有权要求算法推荐服务提供者予以说明并采取相应改进或者补救措施。可以认为，个人有权要求处理者说明的主要是自动化决策作出决定的基本原理、目的意图、运行机制等。

---

① 汪庆华：《算法透明的多重维度和算法问责》，载《比较法研究》2020 年第 6 期。

第三，关于“仅通过自动化决策的方式作出决定”的理解。个人主体难以了解具体决定是否仅是自动化决策的结果，相应的举证责任应当由个人信息处理者承担。从条文规范目的看，应当由个人信息处理者证明具体决定并非完全依靠自动化决策，否则要承担举证不能的不利后果。个人信息处理者证明提供了本条第 2 款中的“不针对其个人特征的选项，或者向个人提供便捷的拒绝方式”，也就意味着个人已经有了拒绝自动化决策的方式，就不再适用本条第 3 款规定。拒绝自动化决策，具有严格的前置性条件，即该决定仅是通过自动化决策得出，而且会对个人信息权益产生重大影响，不宜泛化为第 44 条规定的一般性的拒绝处理个人信息的权利，其具体的权利行使方式与法律效果，有待司法审判和产业实践的进一步总结。

（金耀　撰写）

第二十五条　【公开个人信息的规则】个人信息处理者不得公开其处理的个人信息，取得个人单独同意的除外。

【立法背景】

本条规定了个人信息处理者不得公开个人信息的原则，并设置了个人单独同意的例外。《个人信息保护法（一审稿）》第26条规定："个人信息处理者不得公开其处理的个人信息；取得个人单独同意或者法律、行政法规另有规定的除外。"到《个人信息保护法（二审稿）》时，删除了"法律、行政法规另有规定"这一例外情形。本条与《个人信息保护法（二审稿）》第26条保持一致。

【条文解读与法律适用】

一、关于"公开"的理解

公开，是指"通过传输、扩散或者其他方式，让个人信息为不特定的多数人所知悉的行为"①。在所有的具体处理行为中，公开个人信息对个人信息主体权益造成的风险较大。因此，原则上个人信息处理者不得公开其处理的个人信息。但本条后半句规定了一种例外情形，即个人信息处理者取得个人信息主体单独同意的可以公开个人信息。

未经单独同意，个人信息处理者不得公开其处理的个人信息。然而，即使个人信息处理者基于单独同意而公开其处理的个人信息，本法对其公开行为依然有限制。一是对公开范围的限制。例如，根据本法第6条的规定，公开个人信息应当与处理目的直接相关，采取对个人信息主体权益影响最小的方式。公开个人信息应限于实现处理目的的最小范围，不得过度公开个人信息。又如，《个人信息安全规范》在公开个人信息的限制方面也值得参考。根据该规范第9.4条的规定，即使经法律授权或具备合理事由确需公开披露个人信息的，也不应公开披露个人生物识别信息或者公开披露我国公民的种族、

① 陈甦、谢鸿飞主编：《民法典评注．人格权编》，中国法制出版社2020年版，第375页。

民族、政治观点、宗教信仰等个人敏感数据的分析结果。事实上，我国裁判文书公开等制度亦强调对于个人信息公开范围的限制。例如，根据《最高人民法院关于人民法院在互联网公布裁判文书的规定》第10条，人民法院在互联网公布裁判文书时，应当删除自然人的家庭住址、通讯方式、身份证号码、银行账号、健康状况、车牌号码、动产或不动产权属证书编号等个人信息，以及家事、人格权益等纠纷中涉及个人隐私的信息等。二是对公开程序的限制。根据本法第55条第3项的规定，公开个人信息的，个人信息处理者应当事前进行个人信息保护影响评估，并对处理情况进行记录。根据本法第56条第1款，“个人信息保护影响评估应当包括下列内容：（一）个人信息的处理目的、处理方式等是否合法、正当、必要；（二）对个人权益的影响及安全风险；（三）所采取的保护措施是否合法、有效并与风险程度相适应”。根据该条第2款，“个人信息保护影响评估报告和处理情况记录应当至少保存三年”。

二、关于“单独同意”的理解

本条后半句所用语词为“单独同意”，相对于一般的同意方式而言，单独同意对个人信息处理者提出了更高要求。所谓单独同意，即欲公开个人信息的个人信息处理者在征得个人同意时，必须就公开行为单独取得个人信息主体的同意，不能通过一揽子告知同意等方式征得个人信息主体同意，否则公开个人信息的行为属于违法行为。[①] 具言之，公开个人信息的单独同意意味着个人信息主体对于个人信息公开的同意与对个人信息其他处理行为的同意应当隔开来，不能一次性处理。从文义观之，单独同意只要求“单独”，并未要求“书面”。因此，单独同意通过书面形式或者其他形式进行，在所不问。

另外，单独同意只是同意中的一种特殊类型，因此单独同意仍然应当满足本法对于同意的一般要求。根据本法第14条第1款的规定，同意应当由个人在充分知情的前提下自愿、明确作出。换言之，充分知情、自愿、明确是同意的三个要求。这也是公开个人信息单独同意的应有要求。

除本条之外，本法还在以下条款中规定了需单独同意的情形，即向其他个人信息处理者提供个人信息（第23条），在公共场所安装图像采集、个人

---

① 郭锋、陈龙业、贾玉慧、张音：《〈关于审理使用人脸识别技术处理个人信息相关民事案件适用法律若干问题的规定〉的理解与适用》，载《人民司法》2021年第25期。

身份识别设备收集的个人信息用于其他目的（第26条），处理敏感个人信息（第29条），以及向境外提供个人信息（第39条）。关于“单独同意”，可进一步参考本书对前述条文的解读。

（侍孝祥、李群涛　撰写）

第二十六条 【在公共场所安装图像采集、个人身份识别设备】 在公共场所安装图像采集、个人身份识别设备，应当为维护公共安全所必需，遵守国家有关规定，并设置显著的提示标识。所收集的个人图像、身份识别信息只能用于维护公共安全的目的，不得用于其他目的；取得个人单独同意的除外。

【立法背景】

针对人脸、步态及声音等生物识别信息在公共场所面临不当收集和滥用的现状，本条对公共场所安装图像采集、个人身份识别设备收集生物识别信息的行为进行规制。根据本条规定，在公共场所安装摄像头、传感器等设备采集虹膜、人脸、步态或声纹特征等信息的，需要符合如下要件：一是必须基于维护公共安全的目的，二是必须符合最小必要限度，三是必须遵守国家有关收集生物识别信息的规定，四是必须设置显著的提示标识以对个人进行告知。对于所采集生物识别信息的处理，原则上必须出于维护公共安全的目的，如果取得了个人单独同意，则可以超出上述目的限制。

【条文解读与法律适用】

一、关于“公共场所”的理解

目前相关立法对“公共场所”一般采取列举式规定进行解释，例如《治安管理处罚法》第23条列举了“车站、港口、码头、机场、商场、公园”等公共场所，《公共场所卫生管理条例》第2条列举了“宾馆、饭馆、旅店、招待所、车马店、咖啡馆”等公共场所。事实上，公共场所与非公共场所之间往往存在交叉重叠，其界限并非泾渭分明，因此很难对公共场所作出精准的界定。[①] 在公共场所的认定上，可以借鉴隐私权侵权中的“合理期待理论”，如果信息主体在主客观上均有理由相信某一空间存有其隐私利益，该空间就

① 朱慧芳等：《公共场所监控图像采集利用与隐私权保护研究报告》，载《政府法制研究》2009年第8期。

不应认定为公共场所。① 例如，信息主体对车站母婴室、商场试衣间等场所存有合理的隐私期待，因而其不应当被认定为公共场所。

二、关于“安装”的理解

本法主要规制的是个人信息的处理行为。根据本法第 4 条的规定，个人信息的处理行为主要包括收集、存储、使用、加工、传输、提供、公开、删除等。本条虽规定在公共场所安装图像采集、个人身份识别设备应当符合一定的要件，但本条直接规制的并非组装设备或者将设备固定在某处的“安装行为”，安装信息采集设备是为了进行信息收集、分析等进一步操作，是处理个人信息的前置行为，仅安装前述设备而不使用，或有意安装无法正常使用的图像采集、个人身份识别设备的情形是微乎其微的，图像采集、个人身份识别设备一经安装，便存在被使用的高度可能性。本条是为了有效解决生物识别信息被不当采集的问题，依目的解释，应对“安装”采扩大理解，不仅包括安装行为，而且包括使用行为。实践中，虽然在公共场所通常采用安装固定设备的方式采集图像、个人身份识别信息，但不应将采集设备限定为需要“安装”的设备，使用不需要固定或组装的移动设备在公共场所采集不特定人的个人信息亦应当适用此条款。根据严格规制生物识别信息处理行为的立法意旨，有权实施“安装行为”的主体原则上应是公安机关、国家安全机关等具有维护公共安全职能的公权力机关。在例外情形下，一些其他主体经批准或者授权后也可以基于维护公共安全的目的而安装本条所规定的设备。

三、关于“图像采集、个人身份识别设备”的理解

“图像采集、个人身份识别设备”主要指能够采集人脸、步态、虹膜等生物识别信息的设备。此种设备一般无须人工操作，也无须被采集者配合，只要他以正常状态经过即可。②“图像采集、个人身份识别设备”最本质的特征是能够进行图像采集或者对个人身份进行识别和分析。此外，“图像采集、个人身份识别设备”一般能够针对不特定主体进行自动化采集。即设备配有相应的软件设施，能够按照预先设置好的程序自动采集有效工作范围内不特定

---

① 石佳友：《隐私权与个人信息关系的再思考——兼论私密信息的法律适用》，载《上海政法学院学报（法治论丛）》2021 年第 5 期。

② 邢会强：《人脸识别的法律规制》，载《比较法研究》2020 年第 5 期。

主体的生物识别信息。

由于“图像采集、个人身份识别设备”能够绕过用户知情同意环节，在未经授权时即可采集用户生物识别信息，且生物特征的专属性与唯一性使得存储生物识别信息的识别系统一旦存在数据安全漏洞，就有可能触发极为严重的隐私事件。因此，本条严格限制了公共场所收集生物识别信息的目的。

四、关于“应当为维护公共安全所必需”的理解

一般情形下，收集个人信息与提供服务有关、信息主体能够合理预见、将目的明确表示出来并且符合法律规定时，就可以被认定为目的正当。① 而在本条规定的场景下处理个人信息的，仅限于“维护公共安全”的目的。在刑法领域，公共安全一般指不特定多数人的生命、健康和重大公私财产安全及公共生产、生活安全。但在个人信息保护领域，公共安全的内涵需要在法律实施的过程中逐步明确。在相应司法解释出台前，可以结合公共安全“多数人”“不特定”等典型特征，综合安装主体、安装环境、安装效果等多方面因素进行判断。

“应当为维护公共安全所必需”还要求在公共场所采集生物识别信息，应限于维护公共安全目的的最小范围，不得实施与处理目的无关的行为。在判定是否“必需”时应结合比例原则及处理行为对信息主体自由、尊严等利益的影响进行综合考量，不能以公共安全为借口，过度采集生物识别信息。

五、关于“设置显著的提示标识”的理解

为了贯彻“公开、透明”原则，保障信息主体的知情权，除法律法规明确规定的情形外，任何组织或机构无论基于何种目的处理生物识别信息，都不能免除告知义务。② 由于生物识别信息对个人权益有着更为紧密的影响，除去处理一般个人信息所应当承担的告知义务，本条特别对信息处理者“安装图像采集、个人身份识别设备”这一行为规定了告知义务，即规定信息处理者应当以“设置显著的提示标识”的形式履行告知义务。“提示标识”一般要采取文字和图案相结合的形式，并采用黄绿色、橙色等引人注目的颜色。

---

① 张新宝：《个人信息收集：告知同意原则适用的限制》，载《比较法研究》2019年第6期。

② 石佳友、刘思齐：《人脸识别技术中的个人信息保护——兼论动态同意模式的构建》，载《财经法学》2021年第2期。

有关部门可以制定统一的国家标准，以规范信息处理者的提示义务。提示标识是否“显著”，可以借助理性人标准来进行判断。结合特定的场景，从理性谨慎的信息主体的角度观察，看能否注意到该提示标识的存在及含义。[①]

六、关于“单独同意”的理解

要规制生物识别信息滥用问题，不仅要严格限制生物识别信息的采集，更重要的是要消除人们对生物识别信息关联分析等再利用的担忧。[②] 本条以禁止生物识别信息再利用为原则，以维护公共安全及信息主体的“单独同意”为例外，更能有效保护个人，同时也能够促进人脸识别技术在社会中的应用。在理解“单独同意”时应当注意，首先，“单独同意”意味着不能通过一揽子告知的方式征得个人同意，应当在确保个人在充分知情的前提下，合理考虑对自己权益可能产生的影响后作出同意。其次，“单独同意”应当是在自由、具体、知情、清晰无误的情形下取得的，以“与其他授权捆绑”“不点击同意就不提供服务”这些强迫或变相强迫的方式取得的同意无效。最后，结合本法第 31 条的规定，如果涉及未成年人个人信息的处理，需要取得其监护人的“单独同意”。

（蔡一博　撰写）

① 叶金强：《私法中的理性人标准之构建》，载《法学研究》2015 年第 1 期。

② 高富平：《从司法解释谈人脸识别信息保护》，载《上海法治报》2021 年 8 月 18 日，第 B06 版。

第二十七条 【已公开信息的处理】 个人信息处理者可以在合理的范围内处理个人自行公开或者其他已经合法公开的个人信息；个人明确拒绝的除外。个人信息处理者处理已公开的个人信息，对个人权益有重大影响的，应当依照本法规定取得个人同意。

【立法背景】

本条规定了处理已公开个人信息的要求：应当“在合理的范围内处理”，与本法第 13 条第 1 款第 6 项保持一致，并将“个人明确拒绝”作为例外，且规定“对个人权益有重大影响的”，仍应“依照本法规定取得个人同意”。本条在审议过程中变化较大，《个人信息保护法（二审稿）》通过“该个人信息被公开时的用途”限制公开信息处理，超出该用途的需要取得个人同意，该用途不明的需要合理、谨慎处理。重大影响方面的表述亦有不同：“利用已公开的个人信息从事对个人有重大影响的活动”，与本条的处理信息影响个人权益相比，涵盖范围较小。但《民法典》第 1036 条规定：“处理个人信息，有下列情形之一的，行为人不承担民事责任：……（二）合理处理该自然人自行公开的或者其他已经合法公开的信息，但是该自然人明确拒绝或者处理该信息侵害其重大利益的除外；……”与本条的表述更为一致，体现出其对本条立法的深刻影响，但仍然存在细节之处的不同，本法对处理已公开的个人信息提出了更严格的要求。

【条文解读与法律适用】

一、公开信息处理的合理范围限定

“在合理的范围内处理个人自行公开或者其他已经合法公开的个人信息”是本法所规定无须取得个人同意亦可处理个人信息的合法性基础之一，有利于促进信息的流动与利用，以及网络信息社会和数字经济的发展。但处理公开信息并非毫无限制，首先便是必须“在合理的范围内”。

何谓合理范围？对既定信息的处理，应当考虑处理的目的与方式两方面：

就目的而言，如果超出原定目的而处理个人信息，难谓“在合理的范围内处理”，例如某人为销售房屋而在网络上公布自身房屋信息与联系方式，但汽车销售商为销售汽车或保险销售商为销售保险而利用这一公开信息联系屋主，其使用行为便很难论证为合理范围内的处理。

就方式而言，如果采用原定方式以外的其他方式处理个人信息，为促进信息利用与流通，应当认为仍属合理范围内处理，只要坚持目的限定即可保护当事人权益。也正因此，虽然为保持与《民法典》表述一致，本条内容被大幅修改，但《个人信息保护法（二审稿）》提出的“该个人信息被公开时的用途”仍对合理范围的解释具有相当的指导作用，与前述目的限定的思路如出一辙。

二、公开信息处理的两种例外情形

在合理范围限定以外，公开信息之处理仍有两种例外：一方面，即便是已经合法公开的个人信息依然受《个人信息保护法》的保护，自然人对这些个人信息并不因其公开而失去控制的权利，因此其有权拒绝他人对这些信息进行处理，体现出“选择退出”的助推规制思路，与非公开信息处理原则上需要取得个人同意的“选择进入”思路相区别，但共同保障了个人对其个人信息的决定权。另一方面，由于个人信息保护对于维护自然人的生命、身体、自由、财产、人格尊严或其他重大权益具有很重要的意义，所以即便已经合法公开的个人信息，也不得任意进行处理，如果处理该信息将影响自然人前述重大权益，需要依据本法规定再次取得同意，否则就应当承担民事责任。通过上述限制，个人信息保护的个人利益与个人信息流通使用的公共利益得以调和。

（邱遥堃　撰写）

第二节 敏感个人信息的处理规则

第二十八条 【敏感个人信息处理】敏感个人信息是一旦泄露或者非法使用，容易导致自然人的人格尊严受到侵害或者人身、财产安全受到危害的个人信息，包括生物识别、宗教信仰、特定身份、医疗健康、金融账户、行踪轨迹等信息，以及不满十四周岁未成年人的个人信息。

只有在具有特定的目的和充分的必要性，并采取严格保护措施的情形下，个人信息处理者方可处理敏感个人信息。

【立法背景】

本条对敏感个人信息做出术语定义，共分为两款。较《个人信息保护法（一审稿）》《个人信息保护法（二审稿）》而言，本条针对第 1 款和第 2 款位置做出了调整。第 1 款对“敏感个人信息”进行概括兼列举式定义；第 2 款对处理敏感个人信息的前提做出基本规范要求。在历次审议过程中，针对敏感个人信息的概念表述问题、范畴问题以及是否应当将未成年人个人信息纳入等问题进行了讨论并最终确定。敏感个人信息及其处理规则，作为本法第二章个人信息处理规则中的独立一节，也印证了对敏感个人信息的保护是个人信息保护中的重要一环，也是个人信息分层保护的具体体现，同时，也确立了敏感个人信息在严格条件下的可处理性。需注意，本条应当与《民法典》隐私权部分的私密信息进行适用衔接。

【条文解读与法律适用】

一、关于“敏感个人信息”定义的理解

（一）关于概括式定义的理解

泄露和非法使用，是个人信息处理活动中的典型侵权行为方式。泄露，指让授权范围之外的人获知了相关个人信息，使得信息主体和个人信息处理者丧失了对该信息的控制力。非法使用，指以非法律规定的方式对特定个人信息进行了使用，如非法提供、滥用等行为。

较前两次审议稿而言，敏感个人信息的概括式定义做出了较大的调整。前两次审议稿中规定为“可能导致个人受到歧视或者人身、财产安全受到严重危害”；本条中，首先，将“可能”改为“容易”，以一般理性人和日常生活实践标准为参照，凡是被泄露或非法使用后容易造成自然人信息主体人格尊严受到侵害的，就会被纳入敏感个人信息的范畴。在司法实践中，侵害个人信息的损害事实如何认定是一个难点问题，尤其是敏感个人信息，如果非要等到这些泄露的敏感个人信息被他人恶意利用，造成现实物质损害时才可认定为权益侵害，未免过于机械，信息主体因敏感个人信息的泄露产生的恐惧、焦虑等非物质损害也应当予以考量。因此，确认敏感个人信息的泄露本身即构成权益侵害，无疑是法律对信息科技社会的有效选择。[①] 所以，本条中的“容易”一词，可以作为具体适用中的衡量标准。其次，将“个人受到歧视”改为“自然人的人格尊严受到侵害”，目的是与个人信息保护中的保护人格尊严基本目标相一致，也符合个人信息保护权益在《民法典》人格权编的立法定位。在具体适用中，人格尊严受到侵害的标准，比个人受到歧视的标准更容易判断。最后，将“严重危害”改为“危害”，目的是加大对敏感个人信息的保护力度，降低保护门槛。鉴于本法第 69 条已经明确个人信息侵权行为的归责原则为过错推定原则，在具体适用中，信息主体可以把精力更多地放在侵权损害部分的举证责任上。

---

① 丁宇翔：《个人信息民事司法保护的若干难点及破解路径》，载《中国审判》2019 年第 19 期。

（二）关于列举式定义的理解

本条第1款以不完全列举的形式，将一些与自然人日常生活密切相关的敏感个人信息列举出来。较前两次审议稿，此部分也进行了较大的调整。删除了“种族、民族”等个人信息，将“个人生物特征”改为“生物识别”，将“个人行踪”改为“行踪轨迹”，并将“不满十四周岁未成人的个人信息”纳入敏感个人信息的范畴。可以说是与《个人信息安全规范》的分类进行衔接。

第一，“生物识别信息”，主要包括个人基因、指纹、声纹、掌纹、耳廓、虹膜、面部识别特征等。第二，“宗教信仰信息”，主要是指信息主体的具体信仰宗教，以及信仰与不信仰宗教的相关信息。第三，“特定身份信息”，指身份证、军官证、护照、驾驶证、工作证、社保卡、居住证等证明信息主体身份的相关信息。第四，“医疗健康信息”，指个人因生病医治等产生的相关记录，如病症、住院志、医嘱单、检验报告、手术及麻醉记录、护理记录、用药记录、药物食物过敏信息、生育信息、以往病史、诊治情况、家族病史、现病史、传染病史等。第五，“金融账户信息”，包括银行账户、鉴别信息（口令）、存款信息（包括资金数量、支付收款记录等）、房产信息、信贷记录、征信信息、交易和消费记录、流水记录等，以及虚拟货币、虚拟交易、游戏类兑换码等虚拟财产信息。此处的金融账户信息应当根据敏感程度进行宽泛解释。第六，“行踪轨迹信息”，是信息主体线下真实的行踪轨迹信息，包括具体的地理位置节点和相关行动路线。之所以将其单列出来，是为了应对目前社会上不当收集个人行踪和地理位置信息的情形。

关于本条第1款中“等”的理解。本款为不完全列举，“等”属于等外等。既是为了与《个人信息安全规范》中的列举内容相衔接，如婚史、未公开的违法犯罪记录、通信记录和内容、通讯录、好友列表、群组列表、网页浏览记录、住宿信息、精准定位信息；同时也是为未来技术发展变化中的一些特殊信息保留立法空间。在判断敏感与否的过程中，还需要结合现实社会发展和具体国情做出必要的扩大或限缩解释。

相较《个人信息保护法（二审稿）》，本法将“不满十四周岁未成年人的个人信息”纳入敏感个人信息范畴，有利于对儿童个人信息权益的保护。这与《未成年人保护法》和《儿童个人信息网络保护规定》中对不满十四周岁未成年人个人信息特别保护的诉求相契合。设定十四周岁为保护门槛，是基于对当下社会发展和儿童生理、心理发育的综合判断。

司法实践中，可以从以下角度判定是否属于敏感个人信息：第一，某些信息一旦泄露将导致信息主体和信息处理者丧失对该信息的控制能力，造成信息扩散范围和用途的不可控。例如，身份证复印件被他人用于手机号实名登记、银行账户开户办卡等。第二，某些信息在信息主体授权同意范围外扩散即可给信息主体权益带来重大风险，如银行存款信息、传染病史等。第三，某些信息在被超出授权使用（如变更处理目的、扩大处理范围等）时，可能给信息主体权益带来重大风险，如健康信息在非授权情形下用于保险公司营销和确定个体保费高低。①

（三）关于与《民法典》中“私密信息”的适用衔接问题

私密信息既是隐私的重要组成部分，也是个人信息的重要组成部分，两者保护范围具有一定重合之处。敏感信息与私密信息之间存在交叉的关系。敏感信息与非敏感信息、私密信息与非私密信息的区分，是本法与《民法典》基于不同规范目的对个人信息做出的两种分类，均有重要意义。前者是本法从规范个人信息处理行为的角度进行的分类，在此基础上针对信息处理提出了不同的处理规则要求，从而有效提高了其在处理敏感信息时的法定义务，充分保护信息主体个人信息权益；后者是从民事权益保护的角度，即为正确区分隐私权与个人信息权益的保护方法，而由《民法典》对个人信息进行的分类。②

个人信息的保护是对隐私中私密信息保护的补充。原则上，若个人信息可以为隐私权、肖像权等具体人格权所保护时，可以优先适用人格权的规定，在其没有规定的情形下，可以适用个人信息的相关规定。但私密信息与信息主体的人格尊严联系得更为紧密，按照我国现行规范和国际惯例，其受保护程度也比一般的个人信息更强。③《民法典》第1034条第2款规定，个人信息

① 最高人民法院民法典贯彻实施工作领导小组主编：《中华人民共和国民法典人格权编理解与适用》，人民法院出版社2020年版，第370页。

② 程啸：《个人信息保护中的敏感信息与私密信息》，载《人民法院报》2020年11月19日，第5版。

③ 黄薇主编：《中华人民共和国民法典人格权编释义》，法律出版社2020年版，第195—196页。

中的私密信息，适用有关隐私权的规定；没有规定的，适用有关个人信息保护的规定。本条所在章节即是对《民法典》第1034条第2款的适用回应。

二、关于敏感个人信息处理的前提

本条第2款，以“只有”来强调增加的“特定目的”“充分的必要性”“严格保护措施”三个必需前提。在具体适用中，三个前提应当作为个人信息处理者举证责任的具体内容，为审查敏感个人信息处理行为的合法性提供指引。

（一）关于“特定目的”和“充分必要性”

这两个条件是本法第5条“处理个人信息应当遵循必要原则”，与第6条“处理个人信息应当具有明确、合理的目的”的立法强化。敏感个人信息的保护应当强于一般个人信息，所以对其处理的前提也需要强于一般处理原则。关于特定目的，是指在明确、合理的基础上，根据具体敏感个人信息的处理场景进行权衡，结合实践经验和一般理性人的标准来判断其是否具有特定性。关于充分的必要性，是指处理特定敏感个人信息已经成为相关事件或行为的必需流程，即如果不处理特定敏感个人信息，则无法继续执行相关活动。

（二）关于“严格保护措施”

此条件是本法新增内容，目的是加强对敏感个人信息处理活动中的信息的保护力度，提高敏感个人信息处理者的处理门槛。与本法第9条“采取必要措施”保障所处理的个人信息的安全不同，其保护力度再次加强。例如在传输和存储个人生物识别信息时，需要采取加密等安全措施，并将个人生物识别信息与个人身份信息分开储存，原则上不应储存原始样本或图像等。可采取的措施包括但不限于：仅存储相关的摘要信息；在采集终端中，直接使用个人生物识别信息实现身份识别、认证等功能；在使用面部识别特征、指纹、掌纹、虹膜等实现识别身份、认证等功能后，删除可提取个人生物识别信息的原始图像。《个人信息安全规范》中的相关规定，可作参照。

（苏今　撰写）

第二十九条　【敏感信息处理的同意】处理敏感个人信息应当取得个人的单独同意；法律、行政法规规定处理敏感个人信息应当取得书面同意的，从其规定。

【立法背景】

本条对敏感个人信息处理中的同意方式作出明确规定，是对本法第 14 条“同意应当由个人在充分知情的前提下自愿、明确作出”的强化；是对“法律、行政法规规定处理个人信息应当取得个人单独同意或者书面同意的，从其规定”的具体细化。较《个人信息保护法（一审稿）》《个人信息保护法（二审稿）》而言，本条删除了“基于个人同意处理敏感个人信息”的相关表述，仅规定“处理敏感个人信息应当取得个人的单独同意”。本条规定旨在应对当下敏感个人信息处理活动中的一揽子收集、服务捆绑式收集，无感知收集，以及不同意则拒绝服务等收集和使用方式乱象。增强敏感个人信息的保护，让信息主体可以有效地参与到其个人信息处理的决策中，以此实现本法第 44 条规定的信息主体“享有知情权、决定权，有权限制或者拒绝他人对其个人信息进行处理”的相关权利。

【条文解读与法律适用】

本条针对需要保护力度更强的敏感个人信息的处理，设定了单独同意和书面同意两种方式。

一、关于“单独同意”的理解

与本法第 23 条“向其他个人信息处理者提供其处理的个人信息”、第 25 条“公开其处理的个人信息”、第 26 条在公共场所“所收集的个人图像、身份识别信息”、第 39 条“向中华人民共和国境外提供个人信息的”中的“单独同意”相同，敏感个人信息也因为其与自然人人格尊严和人身、财产安全等密切相关而被给予更高层级的保护。

相关司法解释和规范也都针对敏感个人信息的处理同意方式设定了类似

的标准：《人脸识别规定》第2条第3项，明确了人脸信息的处理必须经过自然人或者其监护人的单独同意或书面同意，否则属于侵害自然人人格权益的行为；第4条列举了常见的非单独同意的方式，如一揽子同意方式、非必要服务捆绑式同意等强迫或者变相强迫的方式。根据《个人信息安全规范》第5.4条的规定，“收集个人生物识别信息前，应单独向个人信息主体告知收集、使用个人生物识别信息的目的、方式和范围，以及存储时间等规则，并征得个人信息主体的明示同意”。国家市场监督管理总局《网络交易监督管理办法》第13条规定，网络交易经营者“收集、使用个人生物特征、医疗健康、金融账户、个人行踪等敏感信息的，应当逐项取得消费者同意”。工业和信息化部《移动互联网应用程序个人信息保护管理暂行规定（征求意见稿）》[①] 第6条第6项规定，“处理种族、民族、宗教信仰、个人生物特征、医疗健康、金融账户、个人行踪等敏感个人信息的，应当对用户进行单独告知，取得用户同意后，方可处理敏感个人信息”。

综上，所谓本条的“单独同意”，指信息处理者在处理敏感个人信息中征得个人同意时，必须就特定的敏感个人信息的处理行为，单独取得信息主体的同意，而非通过一次性概括授权式，或与其他授权、其他非必要服务捆绑的一揽子式，甚至是无感知收集方式（如人脸识别信息），且应当达到一定的明示标准。单独同意强调的是同意的独立性，即对特定的敏感个人信息的处理及其相关处理规则，信息主体可以独立于其他个人信息，在自由、具体、知情、清晰无误的情形下做出意思表示。做到“一处理”对应“一告知”，“一告知”对应“一同意”。

在单独同意告知时，需要针对敏感个人信息处理的特定目的、充分必要性、处理方式、信息范围、信息存储时间，以及采取何种保护措施等内容向信息主体说明，并经过信息主体明示同意。本法其他单独同意也都存在具体告知内容，如“接收方的名称或者姓名、联系方式、处理目的、处理方式和个人信息的种类”（第23条），“境外接收方的名称或者姓名、联系方式、处

---

① 《公开征求对〈移动互联网应用程序个人信息保护管理暂行规定（征求意见稿）〉的意见》，载工信部网站，https://www.miit.gov.cn/gzcy/yjzj/art/2021/art_c44983fbc41a48ed926563bcf83a2962.html，最后访问时间：2021年10月18日。

理目的、处理方式、个人信息的种类以及个人向境外接收方行使本法规定权利的方式和程序等事项”（第 39 条）。

二、关于“书面同意”的理解

根据《民法典》第 469 条第 2 款、第 3 款的规定，“书面形式是合同书、信件、电报、电传、传真等可以有形地表现所载内容的形式。以电子数据交换、电子邮件等方式能够有形地表现所载内容，并可以随时调取查用的数据电文，视为书面形式”。

因此，本条中的书面同意，是指信息处理者在处理特定敏感个人信息时，针对其处理的特定目的、充分必要性、处理方式、信息范围、信息存储时间，以及采取何种保护措施等内容向信息主体说明，并经过信息主体纸质或者电子形式的同意。例如，原《药物临床试验质量管理规范》要求临床试验的受试者签署书面知情同意书，其中就包括对其敏感个人信息的处理和安全措施的告知。在对具体书面形式做出判断时，应当结合日常经验兼行业习惯，在法律确认的书面形式之下实现书面同意的完成。

（苏今　撰写）

第三十条 【敏感个人信息处理中的告知事项】 个人信息处理者处理敏感个人信息的，除本法第十七条第一款规定的事项外，还应当向个人告知处理敏感个人信息的必要性以及对个人权益的影响；依照本法规定可以不向个人告知的除外。

【立法背景】

本条对敏感个人信息处理中的告知内容作出明确规定。相较《个人信息保护法（一审稿）》《个人信息保护法（二审稿）》而言，本条将“对个人的影响”，修改为“对个人权益的影响”；增加了“依照本法规定可以不向个人告知的除外”，使适用更加具有可操作性，这也是本法第 44 条规定的信息主体知情权的具体体现。

【条文解读与法律适用】

一、关于处理敏感个人信息的附加告知事项

在本法第 17 条第 1 款告知事项基础之上，本条还针对敏感个人信息的特殊保护需求，增加了“必要性”和“对个人权益影响”的告知事项。

根据本法第 55 条的规定，处理敏感个人信息，个人信息处理者应当事前进行个人信息保护影响评估，并对处理情况进行记录。本法规定特定情形下应当进行个人信息保护影响评估，除了处理敏感个人信息之外，还有自动化决策，委托处理、向其他处理者/境外提供、公开个人信息等情形。由此可见，主要是针对一些高风险情形需要做保护影响评估。根据本法第 56 条第 1 款的规定，个人信息保护影响评估应当包括：个人信息的处理目的、处理方式等是否合法、正当、必要；对个人权益的影响及安全风险；所采取的保护措施是否合法、有效并与风险程度相适应。

在“必要性”告知事项中，应当与本法第 28 条第 2 款中“充分的必要性”相一致，即在处理敏感个人信息时，应当将处理特定敏感个人信息的充分必要性告知信息主体，如果处理特定个人敏感信息是信息处理者提供某种

必需服务的必要内容，则信息处理者应当针对这种必要性进行详细说明。关于“对个人权益的影响”告知事项应当结合特定处理场景，将对个人人格尊严、人身、财产等权益所产生的影响以及安全风险告知信息主体，必要时也应当将保护措施的有效性和与风险程度的适应性告知信息主体。

二、关于无需告知的情形

本条新增无需告知的情形，是为了与本法其他条文衔接适用。

根据本法第 18 条的规定，个人信息处理者处理个人信息，有法律、行政法规规定应当保密或者不需要告知的情形的，可以不向个人告知第 17 条第 1 款规定的事项。紧急情况下为保护自然人的生命健康和财产安全无法及时向个人告知的，个人信息处理者应当在紧急情况消除后及时告知。需注意，紧急情况下的无需告知是以当时情况不允许为条件，具有一定的时间和环境限制，待紧急情况消除后仍需告知。

根据本法第 35 条规定，除了本法第 18 条第 1 款规定的情形之外，当告知信息主体将妨碍国家机关履行法定职责时，信息处理者无需告知信息主体。具体适用参见本法第 35 条的条文解读。

（苏今　撰写）

第三十一条 【处理未成年人个人信息】 个人信息处理者处理不满十四周岁未成年人个人信息的，应当取得未成年人的父母或者其他监护人的同意。

个人信息处理者处理不满十四周岁未成年人个人信息的，应当制定专门的个人信息处理规则。

【立法背景】

在网络高度发达的现代社会，针对未成年人心智尚未成熟，个人信息保护意识相对薄弱，加之“触网”年龄越来越低导致其个人信息很容易被过度采集的现状，本条对不满十四周岁未成年人个人信息的处理作出了规定。处理不满十四周岁未成年人的个人信息要符合如下要件：一是应获得未成年人的监护人的同意，二是要制定专门的个人信息处理规则，三是应当符合本法第 28 条、第 29 条、第 30 条所规定的一般敏感信息处理规则。

在立法过程中，一些代表建议将未成年人个人信息作为敏感个人信息予以严格保护。① 本法吸纳了上述建议，明确将不满十四周岁未成年人的个人信息作为敏感个人信息，并要求个人信息处理者对此制定专门的个人信息处理规则。本条规定贯彻了《民法典》《未成年人保护法》等法律所确立的未成年人利益最大化原则，对保障未成年人健康成长具有重要意义。

【条文解读与法律适用】

一、关于年龄界限的问题

将年龄设置为十四周岁以下的原因在于：第一，十四周岁以下未成年人的心智发育不成熟，自我保护意识和能力较弱，需要立法予以特殊保护。第二，十四周岁到十八周岁的未成年人生理和心理已趋于成熟，其自身具有同

---

① 《全国人民代表大会宪法和法律委员会关于〈中华人民共和国个人信息保护法（草案）〉审议结果的报告》，载中国人大网，http：//www. npc. gov. cn/npc/c30834/202108/a528d76d41c44f33980eaffe0e329ffe. shtml，最后访问时间：2021 年 8 月 22 日。

意的能力，一概对其予以特殊保护将会极大增加信息处理者负担。[①] 第三，我国多部立法均对不满十四周岁的未成年人予以特殊保护，十四周岁是综合了实践中案件特点和未成年人心智发展特征而设定的标准。第四，十四周岁符合国际上未成年人个人信息保护立法的通例，如美国的《儿童网络隐私保护法》将予以特别保护的年龄界限设置为十三周岁，欧盟《通用数据保护条例》（GDPR）将年龄界限设置为十三周岁至十六周岁。本条将年龄设置为十四周岁以下，既与我国法律体系契合，又与国际立法现状接轨，同时也是综合考量了未成年人、监护人、信息处理者等多方利益的结果。

二、关于"未成年人父母或其他监护人同意"的理解

监护人同意制度否认未成年人对自身个人信息处理作出同意的能力，由其监护人替代其作出同意。其正当性基础在于：首先，未成年人个人信息承载着子女本身的利益和监护人的利益。监护人同意制度可以弥补未成年人在认识能力、行为能力等方面的缺陷，能够为未成年人创造更有利的成长环境。子女承载了家庭和个人的希望和安宁，对子女在特殊阶段予以特别保护，也符合监护人利益。[②] 其次，监护人同意制度具备坚实的规范基础。实现个人信息自决的核心是实现知情和同意两项权能，未成年人认识能力不足，无法实质性知情，也难以做出有效的同意。监护人替代同意制度能够保障未成年人的信息自决利益，符合《民法典》《未成年人保护法》等法律确立的未成年人利益最大化原则。

本法第28条规定"不满十四周岁未成年人的个人信息"为敏感信息，第29条规定"处理敏感个人信息应当取得个人的单独同意；法律、行政法规规定处理敏感个人信息应当取得书面同意的，从其规定"。这就表示未成年人的父母或者其他监护人的同意也应当是一种"单独同意"。此外，根据《个人信息安全规范》第5.4条的规定，收集不满十四周岁未成年人个人信息的，应征得其监护人的"明示同意"。在同意的认定上，应把握如下几点：第一，应

---

① 国家互联网信息办公室：《〈儿童个人信息网络保护规定〉八大亮点》，载山西网信网，http://www.casx.gov.cn/content/2020-12/04/content_10314430.htm，最后访问时间：2021年8月23日。

② 蔡一博、吴涛：《未成年人个人信息保护的困境与制度应对——以"替代决定"的监护人同意机制完善为视角》，载《中国青年社会科学》2021年第2期。

取得单独同意。同意应当针对某一具体的处理行为，一揽子告知的形式取得的同意并非单独同意。第二，应取得明示同意。监护人应当以自主作出肯定性动作的形式对特定处理行为表示同意，肯定行动具体包括主动勾选、主动填写、主动点击“同意”“注册”“发送”等。第三，强迫同意无效。自愿原则是《民法典》的基本原则之一，监护人同意必须是基于自愿而作出，以“与其他授权捆绑”“不同意就不提供服务”等强迫或变相强迫的方式使监护人作出的同意属于无效同意。[①] 信息处理者在获得同意前应当充分履行告知义务，确保未成年人父母或其他监护人在充分知情的前提下，合理考虑处理行为对未成年人权益造成的后果，自由、具体、清晰无误地作出同意。

三、“制定专门的个人信息处理规则”的理解

鉴于处理未成年人个人信息问题的实践复杂性，为解决网络技术的迭代变化导致的法律滞后性问题，域外立法采取的均是体系的法律与技术手段共同解决的方式。例如，美国在《儿童网络隐私保护法》中规定了安全港计划，允许网站或者服务提供者进行行业自律，以自我规制适应信息技术的不断发展。本条第 2 款规定“个人信息处理者处理不满十四周岁未成年人个人信息的，应当制定专门的个人信息处理规则”，吸收借鉴了域外有益立法、研究及实践经验，对营造国内外一致法律环境、提升儿童个人信息保护水平、强化企业法律合规意识具有重大意义。因此，有关部门应当根据执法情况推动行业规范和行业准则的制定，从而确保个人信息处理者“制定专门的个人信息处理规则”义务的实质落地。在专门处理规则制定过程中或者暂时没有细化规定时，司法实践中可以考虑如下方面：首先，完善年龄验证机制。专门个人信息处理规则的适用主体为十四周岁以下的未成年人，如何辨别未成年人年龄是规则制定中不可忽视的前提问题。信息处理者可以采用自我验证机制、评审机制、离线身份验证机制等多种方式严格审查信息主体的年龄，利用技术手段解决未成年人年龄验证问题。其次，完善监护人同意机制。信息处理者可以采取多途径、全方位的验证模式，包括邮件、传真、金钱交易凭证、

---

① 孙航：《强化人脸信息司法保护促进数字经济健康发展——最高法相关负责人就审理使用人脸识别技术处理个人信息相关民事案件的司法解释答记者问》，载《人民法院报》2021 年 7 月 29 日，第 3 版。

视频连线、身份证等，把监护人同意制度真正落到实处。[①] 最后，严格控制个人信息处理。信息处理者应贯彻最小授权原则，制定专门的用户协议，并指定专人负责未成年人个人信息的处理。[②]

（蔡一博　撰写）

---

① 佟丽华：《未成年人网络保护中的身份确认与隐私保护》，载《中国青年社会科学》2019 年第 6 期。

② 李楠楠等：《升级保护未成年人个人信息，给家长吃上“定心丸”》，载人民网，http：//society. people. com. cn/n1/2021/0823/c1008 - 32204236. html，最后访问时间：2021 年 8 月 23 日。

第三十二条 【敏感个人信息处理的指引条款】法律、行政法规对处理敏感个人信息规定应当取得相关行政许可或者作出其他限制的，从其规定。

【立法背景】

本条是敏感个人信息处理规则的兜底条款。本节作为敏感个人信息处理规则的专门规定，并没有设定敏感个人信息处理许可制度。这种制度上的留白处理是与当前信息技术发展阶段、行政监管力量等实际情况相符合的。但是，基于对敏感个人信息予以特别保护的审慎态度，本条采用指引性规定的方式，为我国未来采用敏感个人信息处理行政许可制度或者采取其他更为严格的限制措施留有立法空间。

【条文解读与法律适用】

首先，从法律、行政法规层面看，本法是我国首次在立法上界定敏感个人信息并明确其专门的处理规则。目前其他法律、行政法规还没有针对敏感个人信息的相关行政许可制度或其他限制规定。故而，本条规定是为未来相关立法保留制度空间。

其次，敏感个人信息处理行政许可制度，是一种事前行政监管措施，相较于本节确定的其他信息处理规则，行政许可措施中行政机关介入力度更大，对个人信息处理者的影响更深，因此也属于一种更为严格的限制措施。该行政许可以及对敏感个人信息的其他限制，是针对所有的敏感个人信息概括设立，还是针对某一类具体的敏感个人信息设立，有赖于对敏感个人信息处理实践经验的进一步总结。

再次，本条将“敏感个人信息处理许可制度”和“其他限制敏感个人信息处理的规定”的立法权限保留在法律、行政法规层面。部门规章、地方性法规、地方政府规章无权对敏感个人信息许可制度和其他限制规定做创制性立法。

最后，法律、行政法规以及其他层面的立法，可以针对敏感个人信息处理制定“行政许可”“限制措施”之外的规则。相关规则与本法存在法律冲突的，按照“新法优于旧法”“上位法优于下位法”“特别法优于一般法”的法律冲突适用规则予以把握适用。

（高争志　撰写）

第三节 国家机关处理个人信息的特别规定

第三十三条 【国家机关援引规定】 国家机关处理个人信息的活动，适用本法；本节有特别规定的，适用本节规定。

【立法背景】

本条是对于国家机关处理个人信息活动的适用指引的一般规定。伴随着网络化、数据化、电子化政府的出现，为履行维护国家安全、惩治犯罪、管理经济社会事务等法定职务，国家机关需要处理大量个人信息，包括敏感、重要的个人信息，一旦泄露将造成损害。保护个人信息权益，保障个人信息安全是包括国家机关在内的所有个人信息处理者应尽的义务和责任。只有进一步规范国家机关的个人信息处理活动，才能更好地保护个人信息。在本法的立法过程中，虽有意见建议删去本条，但最终本法在《民法典》第 1039 条的基础上，继续保留了对于国家机关处理个人信息的援引规定。

【条文解读与法律适用】

一、关于国家机关的范围

实践中，对于“国家机关”的范围存在巨大争议。有观点认为，国家机关是指从事国家管理和行使国家权力，以国家预算拨款作为独立活动经费的中央和地方各级组织，具体包括权力机关、行政机关、检察机关、监察机关、审判机关以及军队的各级机构；也有观点认为，国家机关除了国家权力、行政、检察、审判机关以及军队的各级机构外，还应包括中国共产党的各级机关以及政协的各级机关；还有观点认为，除了前面两种观点中所说的机关外，国家机关还应当包括一些名为国有总公司实为国家行政部门的机构。严格意义上的国家机关应具有法律依据。依照《宪法》第三章关于国家机构的规定，国家机构包括国家权力机关、行政机关、监察机关、审判机关、检察机关和军事机关。

二、关于处理个人信息的活动

根据本法第 4 条第 2 款的规定，本条中“处理个人信息的活动”，指由国家机关作出的对个人信息的收集、存储、使用、加工、传输、提供、公开、删除等行为。该“处理个人信息的活动”既包括在国家机关履行法定职责中做出的，也包括履行法定职责之外做出的。

之所以为国家机关设立专节，是因为国家机关处理个人信息往往是履行法定职责所必需，是为了公共安全，服务于公共利益甚至国家利益。但并不是国家机关所有的处理行为都是履行法定职权的行为，或者可能存在其目的是实现公共利益或者行政管理目标，但超出其法定职责范围的处理行为。

三、关于适用法律的问题

本条规定，国家机关对于个人信息的处理适用一般个人信息处理者的相关规定，包括一般处理规则、敏感个人信息处理规则、跨境提供规则、权利保护规则、责任义务承担规则等。本节对于国家机关的特别规定仅有第 34 条、第 35 条、第 36 条三个条款。

本法第 68 条对于国家机关不履行本法规定的个人信息保护义务，或者履行个人信息保护职责的部门的工作人员玩忽职守、滥用职权、徇私舞弊，尚不构成犯罪的情况作出了专门规定，是对于国家机关内部行政责任的专门性规定，与国家机关需要承担的其他法律责任可并行不悖。

（冉高苒　撰写）

第三十四条 【国家机关处理个人信息的限制】 国家机关为履行法定职责处理个人信息，应当依照法律、行政法规规定的权限、程序进行，不得超出履行法定职责所必需的范围和限度。

【立法背景】

本条是国家机关为履行法定职责处理个人信息活动的合法性原则。职权法定是实现依法行政的基本要求，也是建设法治政府的基本要求。随着治理现代化的探索推进，国家机关的数字化转型逐步深入，职权法定原则在数字政府的建设中也有了新的适用场景，本条就是职权法定原则在国家机关个人信息处理活动中的具体要求与体现。在本法立法过程中，有意见认为，现行法律、法规较少对国家机关处理个人信息的权限和程序作出明确规定，故本条增加了相关规定。本条对于规范国家机关为履行法定职责处理个人信息具有指导性作用，既是本法第 13 条第 1 款第 3 项对国家机关的具体规范要求，也是个人信息处理活动需要遵循合理、必要、正当等基本原则的具体化体现。

【条文解读与法律适用】

国家机关在依法履行职责的过程中，不可避免地会涉及个人信息处理活动；出于行政效率的考量，不同国家机构之间也会共享个人信息；这既有利于信息资源的整合，又可以方便当事人办理相关事务。本法第 13 条第 1 款第 3 项专门规定了“为履行法定职责或者法定义务所必需”作为一项个人信息处理活动的合法性基础。

一、关于“应当依照法律、行政法规规定的权限、程序”的理解

国家机关处理个人信息应当根据法律、行政法规的权限、程序进行是国家机关依法行政的基本要求。一方面是权限。职权法定，越权无效，是依法行政的主要原则之一。国家机关的法定职权一般有两种形式，一是由国家机关组织法规定，大都以概括之语言划定各机关的职责范围；二是由单行的实

体法规定某一具体事项由哪一个国家机关管辖。[①] 这里的职权来源只是法律与行政法规，而不包括地方性法规、规章等其他规范。

另一方面是程序。程序合法是行政行为合法的必要条件之一。有关法律对国家机关行使职权，强调了行政程序的独立价值，承认相对人享有独立的程序上的权利。[②]《行政处罚法》《行政许可法》《行政强制法》等多部法律都从程序上对国家行政机关行使职权的程序作出了具体明确的规定。

二、关于“履行法定职责所必需的范围和限度”的理解

本法第 5 条规定，处理个人信息应当遵循合法、正当、必要和诚信原则。第 6 条规定，处理个人信息应当具有明确、合理的目的，并应当与处理目的直接相关，采取对个人权益影响最小的方式。收集个人信息，应当限于实现处理目的的最小范围，不得过度收集个人信息。上述本法对于个人信息处理基本原则的规定，对于国家机关履行法定职责来说的具体判断标准，就是本条所述“履行法定职责所必需的范围和限度”，也就是本法第 13 条第 1 款第 3 项所规定的处理个人信息的合法性基础——“为履行法定职责或者法定义务所必需”中的“必需性”要求。国家机关在履行法定职责而处理个人信息时，不应当收集对履行法定职责没有必要的个人信息，只有那些对开展相关法定履职活动而言非收集不可，或者不收集就无法满足履职需要的个人信息，才可被收集；在处理个人信息时，处理的内容和范畴不应过于宽泛，只有在不得不处理时才可以处理个人信息。[③] 其具体的判断则要结合国家机关所履行法定职责的性质、目的、方式、影响范围等因素，依据比例原则进行具体判断。

现行法上，涉及国家机关处理个人信息权限和程序作出直接规定的相关规范并不少见，如《统计法》第 9 条、《公共图书馆法》第 43 条、《居民身份证法》第 6 条、《征信业管理条例》第 13 条、《现役军人和人民武装警察居民身份证申领发放办法》第 13 条等。

（冉高苒　撰写）

---

① 应松年：《依法行政论纲》，载《中国法学》1997 年第 1 期。

② 魏建良：《论违反行政程序的法律后果》，载《浙江大学学报（人文社会科学版）》2001 年第 2 期。

③ 黄薇主编：《中华人民共和国民法典释义》，法律出版社 2020 年版，第 1927 页。

第三十五条 【国家机关的告知义务】国家机关为履行法定职责处理个人信息，应当依照本法规定履行告知义务；有本法第十八条第一款规定的情形，或者告知将妨碍国家机关履行法定职责的除外。

【立法背景】

本条是对国家机关为履行法定职责处理个人信息告知义务的规定。在本法立法过程中，对于本条的争议较大，集中在国家机关为履行法定职责处理个人信息是否需要取得个人同意。在《个人信息保护法（一审稿）》和《个人信息保护法（二审稿）》中都明确规定，国家机关为履行法定职责处理个人信息，应当依照本法规定向个人告知并取得其同意……或者告知、取得同意将妨碍国家机关履行法定职责的除外。但为避免与本法第 13 条产生矛盾，最终未予规定。

【条文解读与法律适用】

一、关于告知义务

本条所指“为履行法定职责处理个人信息”需满足本法第 34 条对于国家机关为履行法定职责处理个人信息特殊规定的具体要求：一是“法定职责”系依据法律、行政法规所明确规定的权限、程序的职权；二是处理个人信息活动满足“不超出履行法定职责所必需的范围和限度”的处理要求。在满足上述条件的前提下，国家机关处理个人信息的活动就具备了本法第 13 条第 1 款第 3 项处理个人信息合法性基础的要求，国家机关只需要履行本法所规定的告知义务即可，而不需要取得个人同意。

本条第一分句中的“本法”，包括本法第 13 条，即个人信息处理的合法性基础的相关法律规定，以及本法第 17 条需满足显著、清晰易懂、准确、完整的要求。

二、关于告知的例外

个人信息处理以告知为原则，以不告知为例外。在国家机关为履行法定职责处理个人信息的活动中，即使是告知义务，也同样存在例外。本条规定了两种告知义务的例外情况，即在满足以下两种情况的前提下，国家机关为履行法定职责处理个人信息既不需要个人同意也不需要告知个人。

第一，本法第 18 条第 1 款规定的情形。不需要向个人告知的例外情形必须以更为重大的公共利益乃至国家利益为前提，需有其他法律、行政法规的特别规定，或不告知对相关利益并无负面影响，因此第 18 条第 1 款规定了两种例外情形。一是存在法律、行政法规规定应当保密的情形。例如，《国家安全法》第 77 条第 1 款规定："公民和组织应当履行下列维护国家安全的义务：……（三）如实提供所知悉的涉及危害国家安全活动的证据；……"《反间谍法》第 22 条规定："在国家安全机关调查了解有关间谍行为的情况、收集有关证据时，有关组织和个人应当如实提供，不得拒绝。"《反恐怖主义法》第 51 条规定："公安机关调查恐怖活动嫌疑，有权向有关单位和个人收集、调取相关信息和材料。有关单位和个人应当如实提供。"《刑事诉讼法》第 152 条第 4 款规定："公安机关依法采取技术侦查措施，有关单位和个人应当配合，并对有关情况予以保密。"二是不需要告知的情形。不需要告知的情形，包括：个人作为信息主体已经知晓了告知的内容，因此无需处理者再行告知；在合理范围内处理已经合法公开的个人信息的情形等。在存在如前述两种情况的前提下，国家机关为履行法定职责处理个人信息可以不向个人告知本法第 17 条第 1 款所要求告知的内容。

第二，告知个人将妨碍国家机关履行法定职责的情形。有些承担特殊职责的国家机关，其履行法定职责本身就需要在保密、隐蔽的环境下进行，此时个人利益应当让位于特定的公共利益或国家利益，不应苛求其因为履行法定职责处理个人信息而履行告知义务。例如，公安机关对案件进行侦破过程中，对犯罪嫌疑人的个人信息进行处理的情况。如履行告知义务将会造成"打草惊蛇"的不利后果，直接影响案件的侦破和犯罪嫌疑人的抓捕工作。因此，国家机关为履行法定职责处理个人信息，告知个人将造成不利后果时，既不需要告知个人，更不需要经过个人的同意。

（冉高苒　撰写）

第三十六条 【国家机关处理的个人信息应境内存储】 国家机关处理的个人信息应当在中华人民共和国境内存储；确需向境外提供的，应当进行安全评估。安全评估可以要求有关部门提供支持与协助。

【立法背景】

本条是对于国家机关处理个人信息的跨境提供规则的特殊规定。与《网络安全法》《数据安全法》相比，本条首次明确了国家机关处理的个人信息本地化存储的要求，并针对国家机关处理的个人信息跨境提供规则进行了专门规定。同时，为与本法其他条款保持一致，本条将《个人信息保护法（一审稿)》《个人信息保护法（二审稿)》中的“风险评估”改为“安全评估”。

本条对于保障我国网络安全与数据安全，防范外国网络间谍活动，协助执法机关和国家安全机关履行法定职责，获取必要数据，减少网络犯罪，提升网络事件的响应能力，维护网络数据主权具有重要意义。此外，本条在实现个人信息的保护的同时，有利于促进数据安全流动，形成数据经济优势。

【条文解读与法律适用】

一、关于国家机关处理的个人信息的本地化存储

本条规定国家机关处理的个人信息应当在中华人民共和国境内存储，即国家机关处理的个人信息本地化存储。此处的“国家机关处理的个人信息”既包括国家机关为履行法定职责所处理的个人信息，也包括国家机关因其他事由处理的个人信息。个人信息处理者系国家机关的，其处理的个人信息都需要进行本地化的存储。究其原因，一是国家机关处理的个人信息量多面广；二是国家机关处理个人信息，尤其是在其履行法定职责时处理的个人信息一般都敏感度较高或者属于重要数据、核心数据，一旦泄露将对个人造成极大危害，造成严重的社会后果，甚至危及国家安全、国民经济命脉、重要民生

或者其他重大公共利益。本条在《网络安全法》第37条①、《数据安全法》第31条②和本法第40条的基础上，进一步明确国家机关所处理的个人信息需要进行本地化存储。

二、关于国家机关处理的个人信息的跨境提供

针对网络数据的流动性特点，结合网络服务跨境业务和国际合作的要求，本条规定确实需要向境外提供国家机关所处理的个人信息的，在满足安全评估要求的前提下，可以进行数据跨境提供。具体的跨境提供规则依照本法第三章“个人信息跨境提供的规则”的相关规定进行。本法第38条第1款规定了4项数据跨境提供的途径：（1）依照本法第40条的规定通过国家网信部门组织的安全评估；（2）按照国家网信部门的规定经专业机构进行个人信息保护认证；（3）按照国家网信部门制定的标准合同与境外接收方订立合同，约定双方的权利和义务；（4）法律、行政法规或者国家网信部门规定的其他条件。就国家机构而言，应通过国家网信部门组织的安全评估。

本条所指“安全评估”系本法第38条第1款第1项的明确规定，即依照本法第40条的规定通过国家网信部门组织的安全评估。这里国家机关不论是否属于关键信息基础设施运营者和处理个人信息达到国家网信部门规定数量的个人信息处理者，确需进行数据跨境提供的，原则上都需通过国家网信部门的安全评估。目前，涉及数据跨境提供具体规则的实施条例、评估标准等相关规定的制定密集展开，其中《关键信息基础设施安全保护条例》《个人信息安全影响评估指南》已正式出台；《个人信息和重要数据出境安全评估办法

---

① 《网络安全法》第37条：“关键信息基础设施的运营者在中华人民共和国境内运营中收集和产生的个人信息和重要数据应当在境内存储。因业务需要，确需向境外提供的，应当按照国家网信部门会同国务院有关部门制定的办法进行安全评估；法律、行政法规另有规定的，依照其规定。”

② 《数据安全法》第31条：“关键信息基础设施的运营者在中华人民共和国境内运营中收集和产生的重要数据的出境安全管理，适用《中华人民共和国网络安全法》的规定；其他数据处理者在中华人民共和国境内运营中收集和产生的重要数据的出境安全管理办法，由国家网信部门会同国务院有关部门制定。”

(征求意见稿)》[①]《个人信息出境安全评估办法（征求意见稿)》[②]《信息安全技术 数据出境安全评估指南（征求意见稿)》[③] 等已在征求意见过程当中。

三、关于法律责任承担

由于《网络安全法》《数据安全法》等相关法律，都对关键信息基础设施运营者的本地化存储义务和数据跨境提供安全评估义务进行了明确，结合本法的规定，国家机关与关键信息基础设施运营者的关系就显得尤为重要，这直接影响到相关主体的法律责任承担。关键信息基础设施并不都是政府基础设施或共有设施，[④] 反之政府处理个人信息活动也并不都涉及关键信息基础设施运营。

当国家机关属于《网络安全法》《数据安全法》《关键信息基础设施安全保护条例》等规定的关键基础设施运营者时，处理个人信息未履行本地化存储义务或者跨境提供个人信息未履行安全评估义务的，应当依法承担相关法律责任。

（冉高苒 撰写）

---

① 《国家互联网信息办公室关于〈个人信息和重要数据出境安全评估办法（征求意见稿)〉公开征求意见的通知》，载国家互联网信息办公室网站，http://www.cac.gov.cn/2017-04/11/c_1120785691.htm，最后访问时间：2021 年 10 月 18 日。

② 《国家互联网信息办公室关于〈个人信息出境安全评估办法（征求意见稿)〉公开征求意见的通知》，载国家互联网信息办公室网站，http://www.cac.gov.cn/2019-06/13/c_1124613618.htm，最后访问时间：2021 年 10 月 18 日。

③ 《关于开展国家标准〈信息安全技术 数据出境安全评估指南（草案)〉征求意见工作的通知》，载全国信息安全标准化技术委员会网站，https://www.tc260.org.cn/front/postDetail.html?id=20170527173820，最后访问时间：2021 年 10 月 18 日。

④ 陈越峰：《关键信息基础设施保护的合作治理》，载《法学研究》2018 年第 6 期。

第三十七条　【公共事务职能组织的适用规则】法律、法规授权的具有管理公共事务职能的组织为履行法定职责处理个人信息，适用本法关于国家机关处理个人信息的规定。

【立法背景】

本条是对于法律、法规授权的具有管理公共事务职能的组织为履行法定职责处理个人信息，适用本法关于国家机关处理个人信息的规定。在立法过程中，有建议指出，经授权管理公共事务的组织、承担行政职能的法定机构、受国家机关委托处理个人信息的组织，虽然在严格意义上不属于国家机关，但实际上是在为维护公共利益，履行国家机关的公共管理职责，同样应当适用本法关于国家机关处理个人信息的相关规定。《个人信息保护法（二审稿）》中增加了有关内容，并最终得以保留。

【条文解读与法律适用】

在社会管理实践中，除了国家机关之外，法律、法规还会授权一些具有管理公共事务职能的组织行使部分行政管理职责。

一、被授权的组织应当是具有管理公共事务职能的组织

一是被授权的对象是组织而不是个人，一般包括社会团体和企业、事业单位组织等，在除国家机关以外的组织中，根据组织成立的目的不同，可以分为社会团体、事业组织和企业组织。其中社会团体是指工会、共青团、妇联、各种学会等组织；事业组织是指从事某项社会职能，不以营利为目的的组织；企业组织是以营利为目的的组织。二是被授权的对象要具有管理公共事务的职能。不论是什么类型的组织，只要具有管理公共事务职能，都可以被授权实施某种法定职责。而具体的授权情况就需要结合具体的法律、法规来判断。目前比较典型的具有管理公共事务职能的组织主要是执行某些行政事务的事业单位。

二、被授权的组织处理个人信息系为履行法定职责

被授权的组织必须在法律、法规对其授权范围内，处理个人信息。法律、法规在授权具有管理公共事务职能的组织履行法定职责时，一般都有明确的授权范围，如履行法定职责的对象、条件、方式、种类等。本条的授权应当既包括直接对于相关组织进行个人信息处理活动权限、程序的规定，也包括只对相关组织履行某种法定职责有规定，而履行该职责不可避免地涉及个人信息处理行为的情况。被授权的组织只能在授权范围内为履行法定职责而处理个人信息。

三、适用本法关于国家机关处理个人信息的规定

法律、法规授权的具有管理公共事务职能的组织在履行法定职责的过程中，涉及对于个人信息的处理活动时，应当遵守本法对国家机关的规定，包括本法对于国家机关的全部规定。在各条款具体的适用问题上，同样需要结合前述每一条款的具体适用条件进行判断，特别是本法第 33 条本身为关于国家机关处理个人信息的一般援引条款。需要再次强调的是，法律、法规授权的具有管理公共事务职能的组织为履行法定职责处理个人信息的，才可以适用国家机关履行法定职责处理个人信息的规定。

（冉高苒　撰写）

第三章　个人信息跨境提供的规则

本章概述

本章总计6条，对跨境提供个人信息的合规要件、处理规则、个人信息的存储及跨境安全评估、向外国司法或执法机构提供个人信息、限制或者禁止个人信息提供清单制度、个人信息国际对等反制分别作出详细规定。

根据本法的规定，以向境内自然人提供产品或者服务为目的，或者分析、评估境内自然人的行为等，在中国境外处理境内自然人个人信息的活动适用本法，符合上述情形的境外个人信息处理者应当在中国境内设立专门机构或者指定代表，负责个人信息保护相关事务。本章明确了以下问题：第一，明确向境外提供个人信息的途径，包括通过国家网信部门组织的安全评估、经专业机构认证、订立标准合同、按照中国缔结或参加的国际条约和协定等。第二，要求个人信息处理者采取必要措施保障境外接收方的处理活动达到本法规定的保护标准。第三，对跨境提供个人信息的“告知—同意”作出更严格的要求，切实保障个人的知情权、决定权等权利。第四，为维护国家主权、安全和发展利益，对跨境提供个人信息的安全评估、向境外司法或执法机构提供个人信息、限制跨境提供个人信息的措施、对外国歧视性措施的反制等作了规定。概言之，本章构建了一套清晰、系统的个人信息跨境流动规则，以满足保障个人信息权益和安全的客观要求，适应国际经贸往来的现实需要。

第三十八条 【向境外提供个人信息的条件】 个人信息处理者因业务等需要，确需向中华人民共和国境外提供个人信息的，应当具备下列条件之一：

（一）依照本法第四十条的规定通过国家网信部门组织的安全评估；

（二）按照国家网信部门的规定经专业机构进行个人信息保护认证；

（三）按照国家网信部门制定的标准合同与境外接收方订立合同，约定双方的权利和义务；

（四）法律、行政法规或者国家网信部门规定的其他条件。

中华人民共和国缔结或者参加的国际条约、协定对向中华人民共和国境外提供个人信息的条件等有规定的，可以按照其规定执行。

个人信息处理者应当采取必要措施，保障境外接收方处理个人信息的活动达到本法规定的个人信息保护标准。

【立法背景】

个人信息的跨境流动同时涉及个人信息安全与国家安全，完全放任将直接导致个人与国家利益难以控制的风险，因而，个人信息以“境内存储”为原则（本法第 36 条和第 40 条、《网络安全法》第 37 条）。鉴于个人信息数据的跨境流动在全球蓬勃发展的数字经济中已经成为常态，因而对之进行规制是十分必要的。本条将分散规定于《网络安全法》《数据安全法》《征信业管理条例》等法律法规内有关向境外提供个人信息的行为进行整合，从内容上对向境外提供个人信息的行为提供了更为多元化的合法性基础，同时为未来《个人信息出境安全评估办法》等规定的出台提供了新的依据。

本条第 1 款规定了向境外提供个人信息的四种途径，即通过国家网信部门组织的安全评估，经由国家网信部门规定的专业机构认证，订立国家网信部门制定的标准合同以及法律、行政法规或者国家网信部门制定的其他条件。

本条第 2 款、第 3 款是《个人信息保护法（三审稿）》加入的内容。第 2 款规定了我国缔结或参加的国际条约和协定可以作为向境外提供个人信息的合法基础。第 3 款则指出了个人信息处理者针对境外信息接收方的最低保障义务规则。

【条文解读与法律适用】

一、关于“因业务等需要”的理解

根据本条文义理解，个人信息处理者向境外提供个人信息，首要前提是其业务需要。结合当前实践来看，“业务需要”主要是就经营者提供的产品或服务相关性而言，即收集个人信息的类型应与实现产品或服务的业务功能有直接关联。直接关联是指没有上述个人信息的参与，产品或服务的功能将无法实现。具体的判断标准，法律适用中可参照国家网信、市场监管等部门制定的规章或标准，例如《App 违法违规收集使用个人信息行为认定方法》《常见类型移动互联网应用程序必要个人信息范围规定》等。2017 年 8 月发布的《信息安全技术 数据出境安全评估指南（征求意见稿）》也可供参考。此外，此处的“等”包括其他具有合法性与正当性质的目的，如科研需要、公司内部管理的正当性需要、公务需要等。

二、关于“向境外提供”的理解

向境外提供个人信息，其结果是记载个人信息的数据出境。数据出境，可具体表现为存储于我国境内的数据被复制并存储在位于境外的服务器或其他载体，也可表现为数据被境外的机构、组织、个人访问查看。

三、向境外提供个人信息的法定条件列举

本条规定，个人信息处理者因业务等需要，满足所列举的四项条件之一即可向境外提供个人信息。

（一）通过国家网信部门组织的安全评估

本条第 1 款第 1 项将通过国家网信部门组织的安全评估的情形限定于本法第 40 条的规定，但梳理各种行政法规、部门规章可以发现至少存在三种情形。一是本法第 40 条规定的情形，即关键信息基础设施运营者和处理个人信息达到国家网信部门规定数量的个人信息处理者，确需向境外提供的，应当

通过国家网信部门组织的安全评估；二是根据《汽车数据安全管理若干规定（试行）》[①] 的相关规定，人脸信息、涉及个人信息主体超过 10 万人的个人信息，因业务需要确需向境外提供的，应当通过国家网信部门会同国务院有关部门组织的安全评估；三是根据中国人民银行 2020 年 2 月发布的《个人金融信息保护技术规范》（JR/T 0171—2020），金融业机构通过提供金融产品和服务或者其他渠道获取、加工和保存的个人信息，包括账户信息、鉴别信息、金融交易信息、个人身份信息、财产信息、借贷信息及其他反映特定个人某些情况的信息，因业务需要，确需向境外机构（含总公司、母公司或分公司、子公司及其他为完成该业务所必需的关联机构）提供，应依据国家、行业有关部门制定的办法与标准开展个人金融信息出境安全评估，确保境外机构数据安全保护能力达到国家、行业有关部门与金融业机构的安全要求。

（二）专业机构个人信息保护认证

符合国家网信部门规定的需经专业机构进行个人信息保护认证的情形，应当根据相关规定通过专业机构的个人信息保护认证。对于何种个人信息境外提供属于符合国家网信部门规定的需经专业机构进行个人信息保护认证，以及如何进行认证、哪些专业机构有权进行认证等基本问题，本法并没有明确，有待于网信部门出台部门规章等进一步加以明确。

（三）依照网信部门制定的标准合同而签订的合同

《个人信息保护法（一审稿）》仅规定“与境外接收方订立合同，约定双方的权利和义务，并监督其个人信息处理活动达到本法规定的个人信息保护标准”。对草案进行二次审议时，有观点认为将个人信息境外提供合同的订立完全放任境内提供方与境外接收方，有可能导致对个人信息保护的不足，最终修改为“按照国家网信部门制定的标准合同与境外接收方订立合同，约定双方的权利和义务，并监督其个人信息处理活动达到本法规定的个人信息保护标准”。

尽管网信部门暂未发布该标准合同，但标准合同的条款必须达到本法规

---

① 《汽车数据安全管理若干规定（试行）》于 2021 年 7 月 5 日国家互联网信息办公室 2021 年第 10 次室务会议审议通过，并经国家发展和改革委员会、工业和信息化部、公安部、交通运输部同意，自 2021 年 10 月 1 日起施行。

定的个人信息保护标准。具体内容至少应当包括对传输范围、方式、频率等事实的明确以及不同数据处理关系下双方的权利义务的约定等。如果境外数据处理（接收）主体与我国境内数据主体提供者依据标准合同签订合同，承诺按照合同履行数据保护义务，便可以认定其满足了数据保护“充分性”要求。

（四）法律、行政法规或者国家网信部门规定的条件

本法第 36 条规定，国家机关处理的个人信息确需向境外提供的，应当进行安全评估；安全评估可以要求有关部门提供支持与协助。第 41 条规定，外国司法或者执法机构关于提供存储于境内个人信息的请求，需要经中华人民共和国主管机关批准，否则个人信息处理者不得向外国司法或者执法机构提供存储于中华人民共和国境内的个人信息。

目前，涉及个人信息出境的其他法律、行政法规等，包括《人类遗传资源管理条例》[①]《汽车数据安全管理若干规定（试行）》等。例如，《人类遗传资源管理条例》第 27 条规定：“利用我国人类遗传资源开展国际合作科学研究，或者因其他特殊情况确需将我国人类遗传资源材料运送、邮寄、携带出境的，应当符合下列条件，并取得国务院科学技术行政部门出具的人类遗传资源材料出境证明：（一）对我国公众健康、国家安全和社会公共利益没有危害；（二）具有法人资格；（三）有明确的境外合作方和合理的出境用途；（四）人类遗传资源材料采集合法或者来自合法的保藏单位；（五）通过伦理审查。利用我国人类遗传资源开展国际合作科学研究，需要将我国人类遗传资源材料运送、邮寄、携带出境的，可以单独提出申请，也可以在开展国际合作科学研究申请中列明出境计划一并提出申请，由国务院科学技术行政部门合并审批。将我国人类遗传资源材料运送、邮寄、携带出境的，凭人类遗传资源材料出境证明办理海关手续。”

四、关于国际条约、协定中个人信息保护规定的适用

本法第 12 条规定，国家积极参与个人信息保护国际规则的制定，促进个人信息保护方面的国际交流与合作，推动与其他国家、地区、国际组织之间

---

① 《人类遗传资源管理条例》于 2019 年 3 月 20 日国务院第 41 次常务会议通过，自 2019 年 7 月 1 日起施行。

的个人信息保护规则、标准等互认。本条第 2 款则将国际条约与国际协定作为向境外提供个人信息的依据，具体路径如何则有赖于条约或者协定的内容。我国于 2021 年 4 月加入的《区域全面经济伙伴关系协定》（RCEP）在“第八章附件一：金融服务附件”中指出，缔约方承诺不得阻止开展业务所必需的信息转移或信息处理，以及提供新的金融服务。

需要注意，本条第 2 款规定的是“可以”而非“应当”。当我国的个人信息保护水平高于我国参加的国际条约与协定时，此时适用我国法律、行政法规与网信部门的规定更符合个人信息保护的立法目的。另外，《汽车数据安全管理若干规定（试行）》第 11 条第 2 款规定，我国法律、行政法规与国际条约、协定规定不同时，适用国际条约与协定，我国声明保留的条款除外。尽管该条款指出了应当优先适用国际条约与协定，但“我国声明保留的条款除外”的规定本身意味着我国相对应的条款对个人信息保护的水平优于国际条约与协定时，优先适用我国的条款，而非国际条约与协定。

五、向境外提供个人信息者的保障义务

本条第 3 款对个人信息处理者施加了采取必要措施、保障境外接收方处理个人信息的活动达到本法规定的个人信息保护标准的法定义务。各个国家与地区数据保护标准不统一，法律法规在历史根源、立法模式、规制方式以及司法确认方面都各不相同，甚至存在冲突。个人信息出境后，个人信息的使用将会面临很大的不确定性，在遭遇境外侵权时也很难有效保护个人信息权益。《个人信息保护法（一审稿）》将本款置于本条第 1 款第 3 项后半句，即仅仅规定“与境外接收方订立合同，约定双方的权利和义务，并监督其个人信息处理活动达到本法规定的个人信息保护标准”。本法最终将之独立出来，作为单独的一款。

从体系解释而言，本款对个人信息处理者就境外施加的义务是本法第 9 条与第 59 条的自然延伸。本法第 9 条规定了个人信息处理者采用必要措施保障处理个人信息安全的义务；本法第 59 条则规定了接受委托处理个人信息的受托人采取必要措施保障所处理的个人信息的安全，并协助个人信息处理者履行本法规定的义务。

为保障境外接收方达到本法规定的个人信息保护标准，个人信息处理者可以在合同中要求境外接收方参照本法第 51 条的规定，采取措施确保个人信息处理活动符合法律、行政法规的规定，并防止未经授权的访问以及个人信息泄露、篡改、丢失，具体包括：(1) 制定内部管理制度和操作规程；(2) 对个人信息实行分类管理；(3) 采取相应的加密、去标识化等安全技术措施；(4) 合理确定个人信息处理的操作权限，并定期对从业人员进行安全教育和培训；(5) 制定并组织实施个人信息安全事件应急预案；(6) 法律、行政法规规定的其他措施。当境外接收方没有采取上述措施时，可以中止提供个人信息、要求承担违约责任等。

（金枫梁　撰写）

第三十九条 【向境外提供个人信息的"告知—同意"规则】 **个人信息处理者向中华人民共和国境外提供个人信息的，应当向个人告知境外接收方的名称或者姓名、联系方式、处理目的、处理方式、个人信息的种类以及个人向境外接收方行使本法规定权利的方式和程序等事项，并取得个人的单独同意。**

【立法背景】

相对于本法第 17 条，本条规定的是向境外提供个人信息这一特殊情形下的"告知—同意"规则。随着经济全球化和网络科技的高速发展，个人信息的跨境流动日益频繁。但由于不同国家或地区针对个人信息保护的法律制度、保护水平和力度存在差异，个人信息跨境风险问题远比其在国内流动更加复杂。为此，本条对跨境提供个人信息的"告知—同意"作出更严格的要求，以切实保障个人的知情权、决定权等权利。

【条文解读与法律适用】

一、告知规则

告知的目的，在于保障个人信息主体的同意是在其充分知情的前提下，自愿、明确作出的。告知的方式参照本法第 17 条，即"以显著方式、清晰易懂的语言真实、准确、完整地向个人告知"。

本条规定的告知内容，采取了"列举 + 兜底"方式，具有三个层次含义：

第一，本条条文列举了包括"境外接收方的名称或者姓名、联系方式、处理目的、处理方式、个人信息的种类以及个人向境外接收方行使本法规定权利的方式和程序"，该列举部分与本法第 17 条所列举的"接收方的名称或者姓名和联系方式、处理目的、处理方式和处理的个人信息的种类"相一致。

第二，"等事项"意味着告知内容是开放的。从体系解释而言，个人信息处理者还需告知"保存期限"。本法第 17 条第 1 款第 2 项将"保存期限"作为个人信息向个人告知的法定事项，而本条没有规定。个人信息向境外提供后，境外的不同法律制度、语言、地理与技术等因素必然会阻碍个人获知其个人信息的保存期限的权利，基于更严格保护向境外提供个人信息的立法精神，“等”应当包括“保存期限”。

第三，“等事项”同样具有“授权立法”的性质，因而包括本法第 17 条第 1 款第 4 项“法律、行政法规规定应当告知的其他事项”。与此同时，鉴于数据具有显著的行业性以及跨境个人数据容易受到国际形势影响的特征，“等事项”客观上也需要授权给包括网信部门等在内的行业主管部门制定部门规章的权力。

二、单独同意规则

关于“单独同意”的理解，见本书对第 23 条、第 25 条、第 26 条和第 29 条的条文解读，此处不再赘述。

（金枫梁　撰写）

第四十条　【特定主体向境外传输的安全评估】 关键信息基础设施运营者和处理个人信息达到国家网信部门规定数量的个人信息处理者，应当将在中华人民共和国境内收集和产生的个人信息存储在境内。确需向境外提供的，应当通过国家网信部门组织的安全评估；法律、行政法规和国家网信部门规定可以不进行安全评估的，从其规定。

【立法背景】

数据安全涉及国家主权、安全和发展利益。本条的规范主体掌握的个人信息对数据安全有很大影响。这些数据一旦遭到篡改、破坏、泄露或者非法获取、非法利用，将对国家安全、公共利益或者个人、组织合法权益造成重大危害。因此，为了保护关系国家安全、国民经济命脉，对涉及重要民生、重大公共利益的国家核心数据，本法和《国家安全法》等法律都加以了严格规定。

数据本地化储存是国外一些国家的普遍做法，如俄罗斯、澳大利亚等国家都规定了不同程度和不同范围的数据储存本地化。①

【条文解读与法律适用】

一、规范主体

本条的规范主体有两类，分别是关键信息基础设施运营者和处理个人信息达到国家网信部门规定数量的个人信息处理者。

关键信息基础设施运营者的范围由国务院制定。《关键信息基础设施安全保护条例》自 2021 年 9 月 1 日起开始施行，根据该条例第 2 条的规定，关键信息基础设施，是指公共通信和信息服务、能源、交通、水利、金融、公共服务、电子政务、国防科技工业等重要行业和领域的，以及其他一旦遭到破

---

① 陈利强、刘羿瑶：《海南自由贸易港数据跨境流动法律规制研究》，载《海关与经贸研究》2021 年第 3 期。

坏、丧失功能或者数据泄露，可能严重危害国家安全、国计民生、公共利益的重要网络设施、信息系统等。

如果其他个人信息处理者处理的个人信息达到国家网信部门的规定数量，也属于本条的规范主体。《网络安全法》没有将处理个人信息达到国家网信部门规定数量的个人信息处理者纳入网信办的管理范畴，本法则补充了这一空白。本条要求处理个人信息达到国家网信部门规定数量的个人信息处理者向境外传输个人信息时，必须接受由国家网信部门组织的法定安全评估。

二、储存要求

数据流通的前提不但包括保障数据安全和维护主体权利，① 还包括维护国家安全。将本条规定的数据储存在境内，方便相关部门对于上述数据的管理，防止因数据的泄露危害国家主权、安全和发展利益。关键信息基础设施运营者和处理个人信息达到国家网信部门规定数量的个人信息处理者，应当将在我国境内收集和产生的个人信息存储在境内。只要个人信息的收集和产生其中有一项发生在我国境内，那么规范主体就应当将这些个人信息存储在我国境内。

三、向境外传输的前提

符合本条规定的个人信息处理者，将其在境内收集或者产生于境内的个人信息向境外提供之前，必须通过国家网信部门组织的安全评估。通过安全评估后，向境外提供的信息/数据不得超过评估时所明确的目的、范围、方式等限制性要求。对于个人信息向境外传输有关问题，国家网信部门制定的相关规定已经陆续出台，如《汽车数据安全管理若干规定（试行）》。本法适用过程中，此类规定、国家或行业相关标准，均可参照。

（云晋升　撰写）

① 高富平：《数据流通理论——数据资源权利配置的基础》，载《中外法学》2019 年第 6 期。

第四十一条 【向外国司法或执法机构提供】 中华人民共和国主管机关根据有关法律和中华人民共和国缔结或者参加的国际条约、协定，或者按照平等互惠原则，处理外国司法或者执法机构关于提供存储于境内个人信息的请求。非经中华人民共和国主管机关批准，个人信息处理者不得向外国司法或者执法机构提供存储于中华人民共和国境内的个人信息。

【立法背景】

本条是关于向外国司法或执法机构提供个人信息的规定。个人信息跨境问题不仅仅是经济领域的问题，同时也涉及政治、经济、军事领域的国际竞争。[①] 在承认一国对本国境内个人信息享有属地管辖的基础上，未经主权国家的同意，其他国家的司法或者执法机构直接跨境收集个人信息原则上构成对他国主权的侵犯。为了保护我国个人信息主体的权益，也为了保障国家安全，本法规定了比较严格的个人信息跨境流动规则。[②]

本条与《个人信息保护法（二审稿）》相应规定对比变动之处有以下三点：其一，增加提供个人信息请求的依据，即依照“平等互惠原则”。其二，将“中华人民共和国缔结或者参加的国际条约、协定有规定的，可以按照其规定执行”调整为“中华人民共和国主管机关根据有关法律和中华人民共和国缔结或者参加的国际条约、协定”，意味着有相关国际条约、协定时，须按照国际条约、协定的规定执行。其三，进一步缩小申请主体的范围，即由“境外的司法或者执法机构”修改为“外国司法或者执法机构”。

---

① 吴玄：《数据主权视野下个人信息跨境规则的建构》，载《清华法学》2021 年第 3 期。

② 周友军：《个人信息保护法来了：为数据利用流通上把“锁”》，https：//m. thepaper. cn/newsDetail_ forward_ 14222199，最后访问时间：2021 年 8 月 30 日。

【条文解读与法律适用】

一、关于请求提供个人信息的主体、内容及程序

首先，根据本条规定，提出请求的主体为“外国司法或者执法机构”，与《个人信息保护法（二审稿）》的请求主体为“境外的司法或者执法机构”相比，在主体范围上有所限缩。其次，请求提供的内容为“存储于境内个人信息”，其内容应作广义理解，即任何主体在中华人民共和国境内产生或收集并存储于境内的个人信息。最后，在程序上应当经主管机关批准，非经批准不得提供。

二、关于我国“缔结或者参加的国际条约、协定”

随着经济全球化以及网络技术的不断发展，仅凭一国之力保护个人信息将困难重重。由此，各国执法机构与司法机构之间的合作不可避免，当前国际层面个人信息跨境规则尚未形成，且日渐呈现出“碎片化”的特点。[①]

最高人民法院于2015年发布的《关于人民法院为“一带一路”建设提供司法服务和保障的若干意见》指出：“推动缔结双边或者多边司法协助协定，促进沿线各国司法判决的相互承认与执行。要在沿线一些国家尚未与我国缔结司法协助协定的情况下，根据国际司法合作交流意向、对方国家承诺将给予我国司法互惠等情况，可以考虑由我国法院先行给予对方国家当事人司法协助，积极促成形成互惠关系，积极倡导并逐步扩大国际司法协助范围。”

我国在社会保障、打击刑事犯罪等多个领域与其他国家或地区展开合作，签订协定或公约，其中涉及有关“个人信息保护”的规定。如《中华人民共和国政府和加拿大政府社会保障协定》第12条“信息交流”中涉及个人信息的传输；再如《中华人民共和国政府和匈牙利共和国政府关于打击有组织犯罪的合作协议》第8条中规定，“根据书面请求，双方可相互提供包括个人信息在内的信息。请求中必须指明需要的信息的范围及其用途”。

（徐晓月　撰写）

---

① 吴玄：《数据主权视野下个人信息跨境规则的建构》，载《清华法学》2021年第3期。

第四十二条　【限制或者禁止提供清单】 境外的组织、个人从事侵害中华人民共和国公民的个人信息权益，或者危害中华人民共和国国家安全、公共利益的个人信息处理活动的，国家网信部门可以将其列入限制或者禁止个人信息提供清单，予以公告，并采取限制或者禁止向其提供个人信息等措施。

【立法背景】

针对境外侵害我国公民个人信息权益或者危害我国国家安全、公共利益的个人信息处理者，本条规定了限制或禁止提供清单制度。《个人信息保护法（一审稿）》和《个人信息保护法（二审稿）》表述为“境外的组织、个人从事损害中华人民共和国公民的个人信息权益”，最终本条确定为“境外的组织、个人从事侵害中华人民共和国公民的个人信息权益”，从侧重于损害结果到更加注重侵害行为，文义上更为精准。

本条充实了我国个人信息跨境流通规定中的薄弱部分。《网络安全法》第37条在一定程度上填补了信息跨境流通法律规制的空白，但仍旧比较模糊、可操作性不强。本条完善了个人信息跨境流通制度，并确立了限制或者禁止个人信息提供清单制度，有助于降低个人信息跨境提供环节中危害国家安全、公共利益或损害个人信息权益的风险，亦可以起到一定的威慑和警示作用。

【条文解读与法律适用】

从本条所规定的实施主体来看，限制或者禁止个人信息提供清单制度的实施主体为国家网信部门。国家网信部门作为监管机关，具有建构清单的决定权，同时也有权就危害国家安全和公共利益的行为进行判定。由国家网信部门统筹负责个人信息跨境提供的审核，切实履行监管职责，有利于阻塞监管漏洞，同时代表我国统一处理个人信息跨境流动的对外合作事务，保证法律执行的完整性和连续性。本法本章初步构建了个人信息跨境提供规则的法律法规架构，但具体的规则制度仍有待细化和完善。个人信息跨境提供监管毕竟属于新鲜事物，在探索性的监管过程中，既要避免管得过死、过细，实质阻碍数字经济发展的现实需要；又要避免管得过粗、过于原则，无法发挥指导作用。为此，可以通过行业自律组织的形式，依据本行业的具体特点制定探索性政策、指南的方式，对本法规定的个人信息跨境提供的基本原则及主要制度做进一步细化，为企业和机构提供合规性操作指引。

针对被列入清单的组织或个人，可以采取的措施包括限制或者禁止向其提供个人信息。本条参照了商务部2020年9月19日公布的《不可靠实体清单规定》的相关规定，采取限制或禁止向其提供个人信息等措施，有助于保障我国公民个人信息免遭他国不法分子侵害，同时还可以起到很好的预防和警示作用。《不可靠实体清单规定》根据《对外贸易法》《国家安全法》等有关法律制定，旨在进一步维护中国企业、其他组织和个人合法权益。由此推之，本条所规定的限制或禁止个人信息提供清单制度针对的仅仅是侵害中华人民共和国公民的个人信息权益，或者危害中华人民共和国国家安全、公共利益的个人信息处理活动的境外组织和个人，并不意味着中国鼓励信息跨境流通立场发生改变。从全球数据或信息治理层面看，也有利于维护正常公平的数据跨境秩序和国家安全利益。对于限制或者禁止个人信息提供清单制度的具体组织实施，将组织、企业列入清单的相关程序，具体的限制措施等，或可能由国家网信部门牵头另行制定相应的规定。

需要注意的是，本条对国家网信部门列入限制或者禁止个人信息提供清单的境外组织和个人采取的措施为不完全列举，对列入“清单”的境外实体，可以预期将有多方面、多维度的具体制裁措施，这有待本法的配套制度来进行细化。

（刘秀丽　撰写）

第四十三条　【国际对等反制】 任何国家或者地区在个人信息保护方面对中华人民共和国采取歧视性的禁止、限制或者其他类似措施的，中华人民共和国可以根据实际情况对该国家或者地区对等采取措施。

【立法背景】

本条明确了个人信息保护领域的国际对等反制措施。近年来，个别国家在政治、经济、外交等领域对我国采取了歧视性的禁止、限制或者其他类似措施，对我国国家利益和我国"出海"企业的利益造成了较大影响。采取正当且必要的对等反制措施，是维护我国国家利益的重要手段。就个人信息保护领域而言，本条规定的对等反制措施基于国际法上的"对等原则"，亦与《出口管制法》第 48 条、《数据安全法》第 24 条所体现的立法精神相协同，实际是《数据安全法》关于数据和相关技术出口管制与反制思路在个人信息安全领域的延续和体现，有助于维护我国国家利益、公共利益及我国个人的合法权益。本条从《个人信息保护法（一审稿）》的"中华人民共和国可以根据实际情况对该国家或者该地区采取相应措施"改为《个人信息保护法（二审稿）》的"中华人民共和国可以根据实际情况对该国家或者该地区对等采取措施"并最终确定，有利于更精准地确定具体反制措施。

【条文解读与法律适用】

在立法宗旨上，本条将国家安全与利益作为立法基石，也体现了国际法上的"对等原则"。而本条规定在面临单方歧视性个人信息保护措施时进行对等制裁，这个对等制裁的范围是任何国家和地区，要远大于《不可靠实体清单规定》中针对仅仅列入不可靠实体清单的主体实施制裁，本法明确我国采取反制措施的权利，更传递出国家维护信息及数据领域安全与利益的决心。

之所以将个人信息与国家安全联系如此紧密，是因为个人信息不仅关乎个人尊严与自由，更影响政治安全与国家安全。传统的信息安全基本含义可概括为三大内容，即秘密性、完整性和可用性。伴随网络化、数字化和智能化纵深推进，信息逐渐成为社会经济的基本资源。信息安全保护的客体范围被扩张，信息安全不仅关系到一个组织（企业、社会组织）的安全，还关系到社会经济、社会稳定和国家安全。尤其在数据跨国流通方面，数据输出国可能会以其特有的价值观念主导和影响数据输入国，从而威胁到该国文化主权和国家安全。一个国家的地理空间数据（位置数据）、国防建设数据、技术研发数据、经济运行数据、政治决策信息等均可能被其他国家收集和分析，从而对被收集国的决策、行动作出预判，采取应对策略，危及国家政治、经济、军事安全。

对于个人信息保护而言，更是如此，个人信息与具体个人关系密切，其上承载了隐私利益。随着互联网、智能手机、传感器等新科技应用的不断普及，越来越多的个人信息被采集并存储下来，当个人信息广泛地存在于政府、银行、医院、通信公司、购物网站、物流公司等组织之中时，每个人的活动无时无刻不被不同组织的数据库“记录”和“监视”。当这些个人信息被技术整合后，大数据能够把人的行为进行放大分析，并逐渐还原个人生活全貌，使个人隐私无所遁形。个人信息的利用涉及个人的尊严和自主（自由），关系到隐私利益。个人信息保护实质上保护的是公民个人权利不因个人信息处理（使用）而受到侵犯，由于个人信息跨境流动将涉及公民基本权利（隐私权）保护的问题，因此公民基本权利保护不仅是国家安全问题，还成为国际政治问题。因此，本条围绕“维护国家主权、安全和发展利益”设立国际对等反制措施，彰显了国家对于个人信息保护的决心，划定了个人信息跨境流动的“红线”和“底线”。

（刘秀丽　撰写）

第四章　个人在个人信息处理活动中的权利

本章概述

本章总计7条，对个人在个人信息处理活动中享有的知情、决定、查阅、复制、转移、更正、删除、规则释明等权利以及对死者的个人信息保护、个人在行使权利被拒绝时的诉权等作出了详细规定。

本章所规定内容：一是赋予个人充分权利，第44条至第48条分别规定了个人对其个人信息的处理享有知情权、决定权，有权限制或者拒绝他人对其个人信息进行处理，有权查阅、复制其个人信息，有权请求将个人信息转移至其指定的个人信息处理者，有权要求个人信息处理者更正、删除其个人信息，有权要求个人信息处理者对其个人信息处理规则进行解释说明。二是规定对死者的个人信息保护，第49条规定近亲属为了自身的合法、正当利益，可以对死者的相关个人信息行使本章规定的查阅、复制、更正、删除等权利，但死者生前另有安排的除外。三是构建个人行使权利的保障机制，第50条规定了个人行使权利的申请受理和处理机制，并明确个人信息处理者拒绝个人行使权利时，个人依法可以提起诉讼，为个人权利落实提供了司法保障。

第四十四条　【个人信息处理知情权、决定权】个人对其个人信息的处理享有知情权、决定权，有权限制或者拒绝他人对其个人信息进行处理；法律、行政法规另有规定的除外。

【立法背景】

本条赋予自然人对其个人信息的处理享有知情权、决定权，是个人在个人信息处理活动中享有的一般性、概括性权利。本法第一章规定的“公开、透明”等个人信息处理原则和第二章规定的“告知—同意”等个人信息处理规则，均是个人信息处理知情权和决定权的重要保障；本条与随后规定的查阅权、复制权和转移权、更正权、删除权等具有密切关系。

本法系首次从法律层面规定个人信息处理的知情权与决定权，意义重大。现代社会是信息社会、大数据时代，基于专业知识、信息不对称、经济上的弱势地位等原因，个人无法有效掌握自身的信息，也难以知道自己的何种信息被何人处理，而且即便知道也往往难以理解并加以控制。赋予个人对其信息处理的知情权和决定权，才使得个人在面对某种可能性的时候享有决定的自由，并依照此种决定而行为。也正是因为赋予其这些权利，一般情况下，个人信息处理者在没有对个人进行充分的告知并取得自然人的同意时，不能处理其个人信息。除非法律、行政法规另有规定，个人信息处理者有义务对其个人信息处理规则向自然人进行解释说明，个人则享有查阅、复制其个人信息的权利，并在个人信息不准确、不完整时，有权要求个人信息处理者进行更正、补充，并且在符合规定的条件时有权要求个人信息处理者删除其个人信息。因此，本条为个人信息权益的其他权能奠定了基础。

【条文解读与法律适用】

一、关于个人信息处理知情权的理解

个人信息处理知情权，指个人有权知晓其个人信息被处理的情况，是一项贯穿全程、保证后续个人信息处理行为和活动具有正当性的基础权利。知

情权的核心在于建构了一套“企业等个人信息处理者处理个人信息的合规规则”。也就是说，个人有权利要求企业告知自己，要处理自己的哪些信息以及为何处理等。本条对此作出了原则性规定，具体可从两方面理解：一是结合“告知—同意”规则中个人信息处理者的义务来认识个人享有的个人信息处理知情权。本法第17条、第23条、第30条对此作出了详细的规定。二是注意与个人信息处理知情权相关的权利。如本法第45条规定的查询权、复制权，第48条规定的规则释明权，即为个人信息处理知情权的具体体现。

二、关于个人信息处理决定权的理解

个人信息处理决定权，指个人得以直接控制与支配与其个人信息有关的处理行为，例如决定其个人信息是否被收集、处理与利用以及以何种方式、目的、范围收集、处理与利用的权利，其核心在于个人对个人信息处理者行为的控制。从本法来看，本条规定的“限制或拒绝他人的处理”以及第45条规定的转移权、第46条规定的更正权、第47条规定的删除权均为决定权的具体体现。

本条规定的“限制处理个人信息”，是个人在决定是否要求个人信息处理者删除、更正个人信息时的中间步骤。限制处理适用于个人信息主体在初步识别出个人信息安全受到侵害但尚未确定采取何种保护措施的情形。个人信息主体应当以书面形式向个人信息处理者提出“限制请求”，请求应当包含个人信息主体的用户身份、请求限制的事由、请求数据处理限制的方式、限制期间等内容。在个人信息主体提出限制处理请求后，个人信息处理者应当在法定期限内审核个人信息主体的请求内容，并及时将审核结果告知个人信息主体。[①] 而“拒绝处理个人信息”，指个人明确反对个人信息处理者处理其信息，相较限制处理更为彻底。本法第24条具体规定了个人拒绝自动化决策的权利，并要求个人信息处理者向个人提供便捷的拒绝方式。本法第27条明确个人信息处理者可以在合理的范围内处理个人自行公开或者其他已经合法公开的个人信息，但个人明确拒绝的除外。

---

① 崔聪聪：《个人信息限制处理权的制度建构——〈个人信息保护法（草案）〉第44条之修改建议》，载《探索与争鸣》2020年第11期。

三、但书规定的理解与适用

考虑到经济社会生活的复杂性和个人信息处理的不同情况，本条在明确个人对其个人信息处理享有知情权、决定权的基础上，作出了但书规定，即“法律、行政法规另有规定的除外”。就知情权而言，本法第 18 条第 1 款规定个人信息处理者处理个人信息，有法律、行政法规规定应当保密或者不需要告知的情形的，可以不向个人告知第 17 条第 1 款规定的事项。本法第 35 条规定了国家机关不需要履行本法规定的告知义务的情形。就决定权而言，本法第 13 条第 1 款第 2 项至第 7 项规定了为履行法定职责、应对突发公共卫生事件所必需等处理个人信息不需要取得个人同意的法定情形。此外，《民法典》第 1036 条也规定了个人信息处理者处理个人信息不需要承担民事责任的情形。

（曾宪未　撰写）

第四十五条 【个人信息查阅、复制和转移权】 个人有权向个人信息处理者查阅、复制其个人信息；有本法第十八条第一款、第三十五条规定情形的除外。

个人请求查阅、复制其个人信息的，个人信息处理者应当及时提供。

个人请求将个人信息转移至其指定的个人信息处理者，符合国家网信部门规定条件的，个人信息处理者应当提供转移的途径。

【立法背景】

本条是对个人查阅、复制和转移权的规定。赋予个人享有向个人信息处理者查阅和复制其个人信息的权利，是各国个人信息或数据保护立法的通常做法，我国《民法典》第1037条亦有相关规定。因此，本条第1款、第2款在三次审议中，均未遭遇实质性异议。在《个人信息保护法（一审稿）》审议时，有意见提出借鉴欧盟立法增加个人信息转移权的规定，虽《个人信息保护法（二审稿）》并未采纳，但本法最终采纳上述意见，增加转移权内容作为本条第3款。在个人享有对其个人信息的知情、决定、查阅、复制、更正、删除等权利以外，本法增加转移权是对个人信息保护体系的完善。

【条文解读与法律适用】

一、关于查阅权、复制权和转移权的含义

查阅权、复制权是指个人享有向个人信息处理者查询其个人信息，并对处理的个人信息进行复制的权利。个人行使查阅权、复制权，能帮助个人全面知晓本人信息收集、使用等处理情况，为有效地控制和利用个人信息提供保障。在整个保护个人信息相关权利体系中，查阅权、复制权是行使本法第44条知情权的保障和延续，也是后续行使本条第3款规定的转移权、第46条规定的更正权、第47条规定的删除权的前提。

转移权是指个人享有要求个人信息处理者在特定条件下将其掌握的本人

数据转移至指定的其他个人信息处理者的权利。转移权有效保障了个人对其本人信息的控制，确保个人信息不被锁定在某个信息处理者手中，而是可以在不同的个人信息处理中自由地进行数据转移，有效促进数据自由流动，激发互联网领域的创新活力，破除大平台的数据垄断，具有优化竞争的效果。

二、关于查阅权、复制权和转移权的行使范围

关于可查阅、复制的个人信息范围，本条第 1 款在延续《民法典》1037 条中查阅权、复制权规定的基础上，对可查阅、复制的个人信息范围进行了限制，规定了除外情形。可查阅、复制的个人信息是除了本法第 18 条第 1 款、第 35 条规定情形以外的与信息主体有关的个人信息，即不包括法律、行政法规规定包括国家机关在内的个人信息处理者应当保密或者不需要告知的个人信息，以及告知将妨碍国家机关履行法定职责的个人信息（具体除外情形详见本书第 18 条、第 35 条解读）。此外，根据本法第 4 条第 1 款之规定，个人查阅、复制的信息自然也不包括与识别或者可识别信息主体无关的信息、匿名化处理后的信息。

关于可转移的个人信息范围，仅有本条第 3 款所列符合国家网信部门规定条件的可转移，并无其他具体规定。目前包括《个人信息安全规范》在内的规范性文件并无相关规定，以后实践中需要国家网信部门来予以明确。在具体细化规定出台前，可以借鉴欧盟《通用数据保护条例》（GDPR）第 20 条对数据携带权的规定，考虑以下因素：第一，个人要求转移的个人信息必须是在可查阅、复制的个人信息范围内；第二，个人要求转移的个人信息必须是自动化处理的，人工处理的信息不包含在内；第三，个人要求转移的个人信息必须具备技术可行性。此外，个人请求个人信息处理者转移其个人信息至其指定的其他信息处理者，并不当然否认该个人信息处理者占有数据。原个人信息处理者基于此前合法实施的处理行为，其占有数据的合法性基础尚存，就不能要求该个人信息处理者丧失对数据的控制。按照本法规定，个人信息处理者丧失信息控制的原因应当是个人基于本法第 47 条行使删除权。因此，个人申请转移的个人信息一般是副本。如果个人追求的是原个人信息处理者不再控制其信息，应当通过行使本法第 47 条的删除权来实现。

三、关于个人信息处理者的响应时限

关于个人信息处理者响应个人查阅、复制请求的时限，本条第 2 款仅规定了个人信息处理者应当及时提供，但未明确“及时”的具体期限。《个人信息安全规范》第8.7条规定，在验证个人信息主体身份后，应及时响应个人信息主体基于第8.1条至第8.6条提出的请求，应在30天内或法律法规规定的期限内做出答复及合理解释。欧盟《通用数据保护条例》（GDPR）第12条第3项也规定数据控制者原则上要在收到请求后的30日内提供。参考上述规定，个人信息处理者应在收到个人查阅、复制请求之日起30日内提供。如属于无法提供查阅、复制的情形，应在30日内将原因告知个人。

关于个人信息处理者响应个人信息转移要求的时限，本条第3款并未延续第2款规定的“及时”要求。考虑到个人信息转移受诸多因素影响，立法机关没有在现阶段贸然明确个人信息处理者的响应时限。欧盟《通用数据保护条例》（GDPR）第20条虽规定要求采用“结构化、通用、机器可读的格式”实现数据可携带，但在技术上至今没有统一明确的标准，以致个人信息处理者之间数据流动受限。还有，在万物互联的时代，个人信息与其他信息粘连的情况无处不在，如何做到不涉及对他人权利的负面影响，是转移权行使面临的重大考验。[①] 在以后个案处理中，裁判者需要综合考虑个人信息处理的政策规定、技术条件等因素，用以确定个人信息处理者对个人请求个人信息转移的响应时限，包括能否转移的答复、实际转移的操作时限等内容。

四、实践中需要注意的问题

关于个人查阅权、复制权和转移权行使是否应加以限制的问题，若仅依照本条规定行使权利，则个人信息主体主张权利过于容易，会增加企业的合规成本，不利于各种利益的均衡保护，也会减弱数字经济和数字产业的未来发展动能，[②] 同时会产生滥诉的风险。立法过程中有不少意见提出要对个人查阅权、复制权行使的时限、频率、提供副本的数量等作出规定，防止权利被滥用。根据《民法典》第132条的规定，民事主体不得滥用民事权利损害国家利益、社会公共利益或者他人合法权益。实践中，对于个人信息处理者有充分证据证明权利人存在主观恶意或滥用权利的，响应个人请求将侵害国家

---

① 邢会强：《论数据可携权在我国的引入——以开放银行为视角》，载《政法论丛》2020年第2期。

② 高富平、李群涛：《个人信息主体权利的性质和行使规范——〈民法典〉第1037条的解释论展开》，载《上海政法学院学报》2020年第35期。

利益、社会公共利益或者他人合法权益等情形的，可根据《民法典》第 132 条的规定对个人查阅、复制和转移权的行使频率等做必要的限制和克减。

至于个人查阅、复制和转移个人信息是否应付费的问题，立法中有观点认为个人信息处理者应免费提供个人信息，也有观点认为额外的副本、超出合理范围的个人信息副本可以收取成本费用，还有观点认为均应收取合理的费用。现有规定中对此问题有所涉及，如《征信业管理条例》第 17 条规定，个人信息主体有权每年两次免费获取本人的信用报告。欧盟《通用数据保护条例》（GDPR）第 12 条对此问题的规定则是以免费提供为原则，以过度重复可以收费或拒绝为例外。对于查阅、复制和转移个人信息是否收费的问题，有待实践中进一步明确。

（刘艳、李丹丹　撰写）

第四十六条 【个人信息更正权】 个人发现其个人信息不准确或者不完整的，有权请求个人信息处理者更正、补充。

个人请求更正、补充其个人信息的，个人信息处理者应当对其个人信息予以核实，并及时更正、补充。

【立法背景】

本条是关于个人信息更正、补充的制度规定，主要包含信息主体行使更正、补充权利的情形和个人信息处理者的相应义务。

与其他事物一样，个人信息在收集、存储、加工、传输等环节均有可能出现错误，从而给个人造成不利影响，因而本条为个人信息纠错提供了救济途径。在本法制定前，《民法典》《网络安全法》对更正权作出了规定。《民法典》第1037条规定了自然人发现信息错误的，有权提出异议并请求及时采取更正等必要措施。《网络安全法》第43条规定了个人发现网络运营者收集、存储的其个人信息有错误的，有权要求更正。本条在《网络安全法》的基础上扩大了义务人的范围，将被请求人从“网络运营者”变更为“个人信息处理者”。虽然由于个人信息的电子化、处理的智能化，目前个人信息处理者大多数是网络运营者，但是处理个人信息涉及诸多环节，处理者可能涉及各行各业，因而这一扩大很有必要。

本条规定的更正权与欧盟《通用数据保护条例》（GDPR）中的更正修改权一致。该条例第16条规定，数据主体有权要求控制者及时更正不准确的个人数据。数据主体可以以补充声明的方式进行更正完善。在考虑本条中的补充方式时，该条文有一定参考价值。

【条文解读与法律适用】

一、对个人信息更正权的理解

本条规定的个人信息更正权是信息主体权利保护的重要内容，也是落实信息质量原则的要求。信息更正权是指信息主体得以请求个人信息处理者对不正确、不全面的个人信息进行更正和补充的权利。在信息质量原则下，个人信息处理者应保证其处理的个人信息在其处理目的范围内的准确性、完整性和及时性。前述信息处理目标的实现，不仅有赖于信息处理者通过自身采取技术、管理等手段来实现，同时也有赖于信息主体主动对自身信息提出更正、补充的方式来实现。①

信息主体的更正权应以确有错误、遗漏为前提，信息主体应在向个人信息处理者申请更正个人信息时一并提供己方信息确有错误的证据；信息主体应在向个人信息处理者申请补充个人信息时一并提供有必要补充的理由和所申请补充信息的真实有效凭证。

二、对个人信息处理者更正义务的理解

当信息主体提出更正申请后，个人信息处理者有义务对该申请进行审核，并及时给出处理结果。具体到该义务的落实，首先，个人信息处理者应设置便捷的信息更正申请通道。根据本法第 50 条及《个人信息安全规范》第 8. 2 条的规定，为了更高效地处理信息更正申请，个人信息处理者有必要设置对外公开的接受申请的便捷通道，公布涵盖申请方法和所需材料的规则。其次，在接到申请人前述申请后，个人信息处理者应对其处理的信息是否错误、遗漏进行审查，具体审查确认申请人是否为信息权利人、待修改的信息是否确有错误、待补充的信息是否确有必要、待修改或者补充的信息的证明材料是否真实准确等。对于申请不明确、材料不完整的也可以退回补正，并向申请人说明理由。再次，个人应当有权请求在申请审查期间，暂时限制或者停止信息处理，以免争议信息的使用对其造成损害。如果个人信息处理者因客观原因不能暂停使用处理，至少在审核阶段应参考《征信业管理条例》第 25 条的规定，在处理异议期对相关数据作出存在异议的标注，以便告知其他处理个人信息者或者可看到该数据的相关公众注意该信息已经处于效力待定状态，由相关主体自主判断是否继续采信现有信息。最后，个人信息处理者应及时作出相应处理，以终结信息的不确定状态。在核查确有错误或者遗漏后应及时进行修正。对核查认为没有问题不予更正的，应及时通知申请人并取消异

① 张新宝、葛鑫：《个人信息保护法（专家建议稿）及立法理由书》，中国人民大学出版社 2021 年版，第 129—132 页。

议标注。

三、对个人信息处理者违反更正义务的把握

第一，对更正必要性的判断。在判断个人信息处理者是否因为拒绝修改、补充而需承担相关责任时，除考虑申请人是否提出了有效申请外，还应着重考虑该申请是否有必要。如待更正的信息属于本法第 8 条所述情形，也就是将影响到申请人个人合法权益时，个人信息处理者拒绝处理的，应承担相应的不利后果。比如当个人信息处理者知道或者应当知道如果不予补充相关信息将影响到基于数据画像的自动决策机制的准确运行，但仍拒绝补充的，则个人信息处理者不能以算法自主决策为由而主张不予承担责任。

第二，对及时处理的判断。何谓“及时”，本法没有规定。《征信业管理条例》第 25 条规定，应自收到更正异议之日起 20 日内进行核查和处理。《个人信息安全规范》第 8.7 条规定，应自验证个人信息主体身份后 30 日内或法律法规规定的期限内对更正申请做出答复。对于是否及时的判断，有赖于在司法实践中通过个案审理进行考量。具体可根据申请事项的明确程度，申请理由充分程度，所提供证据的直接、有效程度，个人信息处理者承诺处理时间等综合进行判断。

（柯敏杰　撰写）

第四十七条　【个人信息删除权】 有下列情形之一的，个人信息处理者应当主动删除个人信息；个人信息处理者未删除的，个人有权请求删除：

（一）处理目的已实现、无法实现或者为实现处理目的不再必要；

（二）个人信息处理者停止提供产品或者服务，或者保存期限已届满；

（三）个人撤回同意；

（四）个人信息处理者违反法律、行政法规或者违反约定处理个人信息；

（五）法律、行政法规规定的其他情形。

法律、行政法规规定的保存期限未届满，或者删除个人信息从技术上难以实现的，个人信息处理者应当停止除存储和采取必要的安全保护措施之外的处理。

【立法背景】

本条是关于个人信息删除制度的规定，内容主要包括删除模式、个人行使删除权的情形以及信息删除难以实现情形下的保护规定。

本法制定之前，《民法典》第 1037 条第 2 款以及《网络安全法》第 43 条对删除权进行了规定，但在删除事由上，仅明确规定“违反法律、行政法规的规定或者双方的约定处理其个人信息的”两种情形。为了加大个人信息保护力度，便于从源头上清除留存于信息处理环节中的个人信息，真正做到未雨绸缪，防患于未然，本法对个人信息删除制度进行了细化和完善。在立法过程中，各方对本条规定的删除权内容，意见基本一致。

本条关于删除权的设定以及删除情形，和欧盟《通用数据保护条例》（GDPR）基本相同，但对于删除权的例外情形，较欧盟《通用数据保护条例》（GDPR）更为有限，仅规定了保存期限未届满和技术上无法实现作为例外。①

【条文解读与法律适用】

一、关于删除权行使模式问题

属于本条第 1 款规定的五种情形，个人信息处理者应当主动删除个人信息，不自行删除的，个人有权申请删除。立法采用“个人信息处理者主动删除”加“个人申请删除”模式。根据本法第 50 条第 1 款规定，个人申请删除信息的，个人信息处理者应当响应请求，如果拒绝删除，则应当说明理由。

关于信息处理者删除个人信息时间。美国《公平信用报告法》规定，消费者申请删除信息的，信用报告机构应在 30 天内删除。考虑到司法实践中不同案件关于删除个人信息的时间可能存在一定弹性，本条未作明确规定，而是留待个案中根据具体情形，参考前述 30 日的合理期限，并从合理性、可操作性等角度进行判断。

二、关于个人有权删除的五种情形

（一）关于处理目的已实现情形下的删除

事先约定的处理目的已实现或者无法实现，个人信息处理者继续存储、使用、加工、传输、提供、公开个人信息的处理行为不再具有必要性，应当及时删除个人信息，个人也有权要求删除。处理目的已实现情形下的个人信息删除，属于常见的信息删除情形。例如消费者购买健身服务时，双方约定使用个人指纹识别信息用于打卡，但在履行过程中，双方取消打卡或者变更打卡方式，个人信息处理者应当删除指纹信息。

（二）停止提供产品或服务情形下的删除

个人信息处理者停止提供产品或服务，包括服务完成或者服务期限届满，合同目的实现以及履行合同过程中违约，消费者可以要求个人信息处理者删除个人信息（除法律、法规对保存期限有规定或双方对信息存储期限另有约

---

① 王融、易泓清：《中美欧个人信息保护法比较》，载腾讯研究院公众号，最后访问时间：2021 年 8 月 23 日。

定的除外)。区别“处理目的已实现”和“停止提供产品或服务”两种情形，前者针对约定的“信息处理目的”能否实现，后者倾向于针对合同行为，在履行合同过程中涉及的个人信息处理行为。例如，前述消费者购买健身服务，当健身服务合同履行完毕，一方不再提供健身服务时，合同履行过程中收集的个人信息没有必要继续存储，个人可以要求个人信息处理者删除。在某些场景下，信息处理目的本身就是合同履行，如个人使用网约车，需要向个人信息处理者提供自己的手机号码和位置信息，否则网约车因基本功能受限而无法提供相应的服务。服务完成的同时，信息处理目的实现。在该种情形下，前述两种删除情形同时成立。

（三）关于个人撤回同意情形下的删除

该情形针对“取得个人的同意”处理的个人信息。个人信息处理者因个人同意享有信息处理权，同时因个人撤回同意而失去信息处理权。个人撤回同意后，可以要求删除个人信息，体现的是个人对信息享有的决定权。本法第 13 条第 1 款第 2 项至第 7 项情形下处理个人信息不需要取得个人同意，对于个人信息处理者处理的上述信息，个人不能以“撤回同意”为由，要求个人信息处理者予以删除。

需要注意的是，“个人撤回同意”后，个人信息处理者应当主动删除个人信息，但“个人撤回同意”并不等同于个人已经请求删除信息，撤回同意是请求删除的一种情形。撤回同意系个人对信息处理者信息处理权的撤回，在个人撤回同意前，信息处理者的处理行为具有因“同意”而产生的合法正当基础，撤回同意并不具有溯及既往的效力。①

（四）关于违法和违约情形下的删除

该规定沿用《民法典》第 1037 条第 2 款以及《网络安全法》第 43 条规定的情形。“违反法律、行政法规”处理个人信息，如法律、行政法规对处理敏感个人信息规定应当取得行政许可，但个人信息处理者未取得行政许可的。又如个人信息处理者虽然有权处理个人信息，但处理行为本身违反法律、行政法规的规定。“违反约定处理个人信息”，是指个人信息处理者超出事先约

---

① 万方：《个人信息处理中的“同意”与“同意撤回”》，载中国法学杂志社公众号，最后访问时间：2021 年 8 月 26 日。

定范围处理个人信息，如违反关于处理方式、处理目的、处理范围等的约定。在“人脸识别第一案”[①] 中，动物园将收集的人脸照片用于辅助“指纹识别入园”，变更为用于“人脸识别入园”，属于典型的处理目的和处理范围违约。

（五）关于法律、行政法规规定的其他情形

法律、行政法规关于个人请求删除信息的情形另有规定的，适用其规定。如《电子商务法》第 24 条第 2 款规定“用户注销的，电子商务经营者应当立即删除该用户的信息”。

三、关于信息删除难以实现情形下的保护规定

本条第 2 款规定了个人信息删除不能的两种情形以及保障救济，即如果个人行使删除权但实际上信息保存期限尚未届满，或技术上存在很大困难，则个人信息处理者应当停止除存储和采取必要的安全保护措施之外的处理作为对个人删除权的保障救济。

关于“法律、行政法规规定的保存期限未届满”的情形。例如，《反洗钱法》第 19 条规定，金融机构在业务关系结束后，还应当保存客户身份资料、客户交易信息至少五年；《电子商务法》第 31 条规定，电子商务平台经营者应当保存商品和服务信息、交易信息不少于三年。法律、行政法规出于维护国家安全、公共利益、社会利益等原因，对有些个人信息的保存期限作了明确规定的，应当遵守。规定的期限未届满的，信息处理者不得任意删除，个人也不能申请删除，且不能通过双方约定的方式缩短保存期限，在早于法律规定的期限前删除。

关于“删除个人信息从技术上难以实现”的情形。导致信息难以删除的情形有多种，如受信息处理的软件、硬件影响，信息处理时不安全、不规范的操作等。也有可能现有技术难以实现删除，比如区块链技术中的信息。属于无法删除的信息，不在本条规定的删除情形内。需要注意的是，“技术上难以实现”主要是指目前的现有技术，难以删除个人信息，而非单个信息处理者的技术。要防止信息处理者以技术为由对抗个人信息删除权的行使。

在上述两种情形之下，个人无法通过行使删除权以实现保护个人信息权

---

① 参见杭州市中级人民法院（2020）浙 01 民终 10940 号郭某与杭州野生动物世界有限公司服务合同纠纷案。

益之目的，信息处理者应确保存储的信息安全，包括但不限于对个人信息采用去标识化处理以及提高信息存储水平等，并停止与此无关的处理行为，以此作为对个人信息删除不能的保障救济。立法本意依然是立足于个人信息权益的保护。

四、关于个人信息删除的效果

在“人脸识别第一案”中，原告方申请在“第三方技术机构见证下，删除个人信息”，核心在于当事人对于单方删除个人信息效果的不信任。个人信息删除的效果在于使已储存的个人信息不得复认。所谓“不得复认”，是指任何可以产生使已储存之信息无法再提供信息的行为。因此，虽然采用物质上之方法去除信息，例如在原有信息地址上复写或销毁信息媒介，但该信息在其他单位并未因此而消失或仍在其他信息媒介上保存着，即不属于已删除。同样，如果只是信息的存在形式发生改变，如缩写、改成暗语或转换其密码格式，也不属于删除。是否达到“无法复认”之效果，可以注意以下方法：（1）不损害信息媒介完整性之信息删除。例如于磁带上以新信息覆盖于旧信息之上，使旧信息被取代而无法复认，或将文字内容涂黑或擦拭掉。但无论使用上述何种方法，如果清除后仍可辨认信息的部分内容的，即不能认定为已删除。因此，删除应当是全部清除。（2）以销毁信息媒介之方式删除个人信息。例如碾碎或烧毁穿孔卡片或表格，或毁损磁带等。（3）信息系因两个以上信息集连接后获得者，则只需删除其连接后之结果部分。（4）已无法理解其真正意义的信息亦应删除。①

（黄江平　撰写）

① 洪海林：《个人信息的民法保护研究》，西南政法大学2007年博士学位论文。

第四十八条 【个人信息处理规则释明权】个人有权要求个人信息处理者对其个人信息处理规则进行解释说明。

【立法背景】

本条是对个人信息处理规则释明权的规定。相较于《民法典》有关个人信息保护方面的权益，本法新增规则释明权，完善了个人在个人信息处理活动中的权利体系。本法在总则部分第 7 条规定，处理个人信息应当遵循公开、透明原则，公开个人信息处理规则，明示处理的目的、方式和范围。在“个人在个人信息处理活动中的权利”章节规定本条规则释明权，就是总则公开、透明原则在分则中的体现之一。本法赋予个人在其认为必要时，有权要求个人信息处理者对规则进行解释说明，体现了在信息处理中对个人权利的充分保护。

【条文解读与法律适用】

一、关于规则释明的具体对象

本条规定规则解释的对象是“个人信息处理规则”，但并没有对“个人信息处理规则”的具体内容进行界定。在实践中，明确规则解释的具体对象，既有利于保障个人行使规则释明权，同时也可预防因对象太过泛化而引发权利滥用。在界定规则解释的具体对象时，可以考虑以下三个方面。

第一，依照本法第 7 条、第 14 条、第 17 条第 3 款等规定，个人信息处理者应当向个人告知、公开包含处理目的、方式、种类、范围等内容的个人信息处理规则，个人在充分知情前提下自愿、明确作出是否同意的决定。这些个人信息处理规则，在实践中多以文本形式记载。这些以文本形式呈现的个人信息处理规则通常系个人信息处理者单方面预先拟定的，其内容多为格式化和标准化的条款，要求个人信息处理者对个人信息处理规则进行解释说明，是保障个人知情权的重要手段，也符合合同法对格式条款提供方负有解释说明义务的规定。因此，个人信息处理者提供给个人的各类文本应当属于个人可以请求解释说明的范围。

第二，依照本法第 24 条第 1 款规定，个人信息处理者利用个人信息进行自动化决策，应当保证决策的透明度。该条第 3 款规定，通过自动化决策方式作出的对个人权益有重大影响的决定，个人有权要求个人信息处理者予以说明。结合本书在第 24 条解读中所阐述的观点，个人要求个人信息处理者解释说明自动化决策中最低限度的算法决策依据的，应当予以支持。

第三，个人信息处理者对其处理规则进行解释说明存在例外情形，应当予以关注。本法第 18 条、第 35 条规定个人信息处理者不负告知义务的特殊情形，即存在法律、行政法规规定应当保密或不需要告知的，告知将妨害国家机关履行法定职责的情形。既然个人信息处理者不负有处理规则告知义务，那当然也不负有对处理规则进行解释说明的义务。因此，在上述三种情形之下，个人信息处理者有权拒绝个人要求解释说明信息处理规则的请求。

二、关于规则释明的时限

本条没有限定个人行使规则释明权的时限，也没有明确个人信息处理者需要响应的时限。对此问题的处理，需要平衡个人信息权益保护和个人信息有效利用两者之间的关系。

第一，基于权利与义务对等的原则，在个人信息处理期间内，个人信息处理者应当负有对处理规则进行解释说明的义务。至于个人信息处理活动结束后，个人能否要求个人信息处理者对处理规则进行解释说明，对此应当谨慎。但如果个人在个人信息处理活动结束后知晓其权利被侵害的，依照本法第 50 条的规定个人享有相应诉权，此时个人要求个人信息处理者对处理规则做出解释说明，应当予以准许。

第二，根据上文对第 45 条的解读内容，《个人信息安全规范》规定的查阅权、复制权的响应时限为 30 日。考虑到查阅权、复制权和规则释明权在性质和内容上的关联，可以考虑规则释明权的响应时间为个人要求规则解释的申请到达个人信息处理者之日起 30 日内。如属于无法提供规则解释的情形，个人信息处理者应将原因在 30 日内反馈给个人。

三、关于规则释明的形式

本条没有规定个人申请和个人信息处理者做出规则解释的形式，欧盟《通用数据保护条例》（GDPR）第 12 条第 1 项和《个人信息安全规范》第

8.7条的有关规定，可供借鉴。具体而言，以书面形式和电子形式进行解释说明的，应当允许；采用交互式页面（如网站、移动互联网应用程序、客户端软件等）提供产品或服务的，宜直接设置便捷的交互式页面提供功能或选项，便于提出申请或答复。鉴于口头解释说明更容易沟通和理解，当个人主动要求口头进行解释说明时，也应当尊重个人意愿。值得提醒的是，无论是个人行使规则释明权，还是个人信息处理者予以答复，都要留痕，以便在将来产生纠纷时还原客观事实。

四、关于规则释明的标准

本法第17条规定了个人信息处理者在处理个人信息前应当告知的事项，告知的标准共有5项，即显著方式、清晰易懂、真实、准确、完整，但本条对规则说明的标准未作规定。本条规定的规则释明权承接第17条告知规定，二者构成一个整体，以保障个人充分知晓并且理解个人信息处理规则。因此，可以借鉴本法规定的告知标准以及欧盟《通用数据保护条例》（GDPR）第12条第1项的规定，当个人要求个人信息处理者对解释规则进行解释说明时，其答复必须达到简明、清晰易懂、真实和完整的标准。对于清晰易懂的把握，应理解为具有一般知识或智力水平的普通公众能够理解明白即可。

五、实践中需要注意的问题

在《个人信息保护法（一审稿）》审议过程中，有些意见建议增加规定，涉及商业秘密的，个人信息处理者对其处理规则可以不解释说明，本法最终没有增加上述规定。但审判实践中应当注意，并非对涉及商业秘密的处理规则不加保护。商业秘密符合本法第18条、第35条规定的情形的，可以适用本法进行保护。另外，《反不正当竞争法》以及《最高人民法院关于审理侵犯商业秘密民事案件适用法律若干问题的规定》等法律和司法解释均对商业秘密保护进行了规定，应当认为个人信息处理者在规则解释中有要求个人保守商业秘密的权利，甚至要求承诺如侵犯个人信息处理者的商业秘密，愿意承担相应的法律责任。

（刘艳、张万江　撰写）

第四十九条　【死者的个人信息保护】自然人死亡的，其近亲属为了自身的合法、正当利益，可以对死者的相关个人信息行使本章规定的查阅、复制、更正、删除等权利；死者生前另有安排的除外。

【立法背景】

本条规定了死者的个人信息保护。

关于死者个人信息保护立法，欧盟《通用数据保护条例》（GDPR）序言第 27 条明确规定，该条例不适用于死者的个人数据。美国《加利福尼亚州消费者隐私法案》（CCPA）也未对死者的个人信息保护作任何规定。我国《民法典》第 994 条规定，死者的姓名、肖像、名誉、荣誉、隐私、遗体等受到侵害的，近亲属可主张行为人承担民事责任，系为了保护死者的人格权益。《人脸识别规定》第 15 条对死者人脸信息权益予以保护。为了使个人信息相关权益保护从自然人生前延展至死亡之后，为死者人格利益提供了更加周全的保护，并为了衔接《民法典》第 994 条的规定，《个人信息保护法（二审稿）》第 49 条新增了对死者个人信息保护的规定。将死者个人信息纳入保护，扩大了个人信息保护的权利主体和保护范围，有助于解决现实中日益增多的因自然人去世引发的个人信息保护纠纷。

【条文解读与法律适用】

一、规定“为了自身的合法、正当利益”的立法考量

《个人信息保护法（一审稿）》中并没有涉及死者个人信息保护的条款。在征求意见过程中，有专家建议对死者的个人信息保护进行立法，故在《个人信息保护法（二审稿）》第 49 条增加了“自然人死亡的，本章规定的个人在个人信息处理活动中的权利，由其近亲属行使”之规定。但这样的规定会出现以下问题：一是对近亲属行使死者的个人信息相关权利，不加限制可能出现违背死者生前意愿的情况。例如，死者生前不愿为他人知悉的隐私信息，

若允许近亲属对这些信息行使查阅、更正、复制等权利，可能有违保护死者信息的初衷。二是可能侵害第三人的隐私权。例如，死者生前通过电子邮箱或者即时通信工具等与他人产生各种社会交往信息，可能涉及第三人的隐私。第三人通过电子等方式和死者生前的通信，同样属于通信秘密，受到宪法和法律的保护。如果不做任何限制，由死者近亲属行使个人信息处理中的权利，也不利于保护第三人的隐私权。三是近亲属可以行使死者的个人信息相关权利，如查询权、删除权，可能出现近亲属假借“死者”名义与第三方通信互动，违背公序良俗，甚至滋生诈骗行为等。[①] 基于此，有常委委员和专家学者提出建议，死者的近亲属行使相关权利应当有合理的理由，故增加了“为了自身的合法、正当利益”的限制性规定，目的同样是保护死者的个人信息权益。

二、死者生前另有安排的情形

尊重死者生前合法有效的遗愿，是民事活动中的一项重要原则。如果死者在生前对于其个人信息已经有了“安排”，应当根据其生前安排执行。如死者生前在遗嘱中或者在与网络平台的协议中约定了不得由近亲属查询的，则近亲属不得查询。[②] 生前没有明确安排的，近亲属可以为了自身的合法、正当利益，对死者的相关个人信息行使查阅、复制、更正、删除等权利。

三、实践中需要注意的问题

关于本条立法的目的是保护近亲属的权益还是保护死者人格权益，存在不同意见。有观点认为，本条赋予了近亲属对死者个人信息享有查阅、复制、更正、删除等权利，目的是保护近亲属的权益；但也有观点认为，从立法本意看，在《个人信息保护法（二审稿）》的基础上增加“为了自身的合法、正当利益”，是为了适当限制近亲属行使死者的个人信息相关权利，目的还是保护死者的个人信息权益。

关于死者近亲属享有的权利。根据本法第四章规定，个人享有知情权、决定权，查阅、复制权，更正、删除权等权利，但本条规定死者近亲属可以

---

① 王融、易泓清：《中美欧个人信息保护法比较》，载腾讯研究院公众号，最后访问时间：2021年8月22日。

② 周友军：《个人信息保护法来了：为数据利用流通上把“锁”》，载中国民商法律网公众号，最后访问时间：2021年8月29日。

行使的权利为查阅、复制、更正、删除等。学界的主流观点认为，个人信息权本质上是控制权，人死了之后原则上不能行使个人信息权。[①] 基于此，本法第四章规定的“个人在个人信息处理活动中的权利”，近亲属一般不再主动行使。本条规定死者近亲属行使个人信息的查阅、复制、更正、删除等权利，基本可以满足其实现合法、正当利益之需求，也基本达到了和保护死者个人信息之间的平衡。至于近亲属对于死者个人信息是否享有其他权利，具体还有哪些权利，有待于实践中进一步探索。

需要注意的是，要区别适用本条和《民法典》第994条的规定。个人信息权益属于人格权益范畴，但近亲属根据《民法典》第994条之规定，为了维护死者的人格权益，要求侵权人承担侵权责任时，并无本条“为了自身的合法、正当利益”之前提，且两者在归责原则上也存在区别。

（黄江平　撰写）

① 孙朝：《专访周汉华：个人信息保护法未单设执法机构“有点遗憾”》，载《南方都市报》2021年8月21日。

第五十条 【个人行使权利的保障机制】 个人信息处理者应当建立便捷的个人行使权利的申请受理和处理机制。拒绝个人行使权利的请求的，应当说明理由。

个人信息处理者拒绝个人行使权利的请求的，个人可以依法向人民法院提起诉讼。

【立法背景】

本条是关于个人行使权利的保障机制的规定，主要内容包括个人行使权利的申请受理、处理机制及诉讼救济途径。

本条第 1 款规定了个人信息处理者应当建立便捷的申请受理和处理机制。《网络安全法》第 49 条要求网络运营者建立网络信息安全投诉、举报制度。《个人信息安全规范》第 8. 8 条“投诉管理”要求个人信息控制者建立投诉管理机制和投诉跟踪流程。第 1 款对上述规定予以了承继、完善。第 1 款规定内容在草案前两次审议时无变化。草案三审后，有委员提出，应当要求个人信息处理者提供便捷的途径。因此，第 1 款对“个人行使权利的申请受理和处理机制”新增“便捷的”限定要求，强调相关机制应当简便易行，保障个人方便快捷地行使权利。

本条第 2 款规定了个人行使权利的诉讼救济途径。第 2 款于草案三审后增设。有委员提出，应当明确个人向人民法院起诉寻求救济的权利，以更好保障个人行使信息查询、复制等权利。从国外立法例看，欧盟《通用数据保护条例》（GDPR）第 79 条亦规定了“针对控制者或处理者的有效司法救济权”。由司法对个人信息保护进行介入、提供救济，是国际上的通行做法，第 2 款明确了个人对个人信息处理者拒绝其行使依法享有的知情、决定、查阅、复制、转移、更正、删除、规则解释等保护个人信息相关权利时的诉权，架起了个人信息保护实体法与民事诉讼程序法间的桥梁。

【条文解读与法律适用】

一、关于申请受理和处理机制的理解

（一）申请受理和处理机制的法律性质

本条作为对《个人信息保护法》第 44 条至第 49 条个人行使权利加以保障的条款，位于第四章“个人在个人信息处理活动中的权利”的末尾。本条第 1 款规定的申请受理和处理机制，对个人而言，是对个人行使权利的配套保障规定；对个人信息处理者而言，系其在《个人信息保护法》项下的法定义务。因此，在立法过程中，曾有意见提出将第 1 款规定移至第五章“个人信息处理者的义务”中。这也体现了申请受理和处理机制的双重属性。

（二）申请受理和处理机制的适用范围

草案征求意见时，有观点认为，对需要建立前述机制的个人信息处理者作出限定，如有条件的个人信息处理者应当建立，以体现差异化。但权利保障机制事关个人权利能否实际落实，并且个人信息处理具有涉众性，因此本条第 1 款对个人信息处理者未做限定，只要是从事个人信息处理的组织或个人，均应当建立便捷的申请受理和处理机制，以保障个人能够有效实现权利，维护信息主体利益。

（三）申请受理和处理机制的具体内容

对申请受理和处理机制的具体内容，应按照《个人信息保护法》第 44 条至第 49 条的规定，参考《个人信息安全规范》等国家标准予以明确，包括向个人提供查询个人信息、获取个人信息副本、转移个人信息的路径；向个人提供查看个人信息处理规则解释说明的路径；向个人提供更正信息的路径；向个人提供删除信息的路径；向个人提供撤回授权同意的路径；向个人提供注销账户的路径等。除了前述模式化、标准化的路径外，还应当包括受理投诉、举报的渠道，以全面涵盖个人各类可能的权利行使需求。

（四）申请受理和处理机制的响应时间

本法关于个人在信息处理活动中的权利的规定，要求个人信息处理者及时提供、及时更正等，未做具体的时间限定。个人信息处理者在建立申请受理和处理机制时，应当参照《个人信息安全规范》等，根据其处理的个人信

息属性、数量等，合理配置人员力量，按照“及时”的要求，在建立的处理机制中明确响应时限或在个人提出申请时，告知相关申请的预计处理时限，以明确个人预期。

二、实践中需要注意的问题

（一）兼顾个人行使权利和维护个人信息处理者利益

在具体适用本条第 1 款时，应注意把握好保障个人行使权利和维护个人信息处理者利益间的平衡。一方面，个人在提出申请时，应当符合相应的条件，不得滥用权利，包括提供其身份信息和联系方式，并按照个人信息处理者要求的申请方式提出。例如，个人信息处理者已建立便捷的网络邮件受理方式，则个人不应强行要求通过信件、电话等方式进行申请，从而节约个人信息处理者的运营成本。另一方面，个人信息处理者应建立“便捷的”申请受理和处理机制，应当明示相关程序，不得为个人行使权利设置不合理的障碍，且拒绝个人行使权利的请求的，应当说明理由。“说明理由”不意味着只要说明理由，个人信息处理者就可以拒绝个人行使权利的请求。对此处的“理由”应做目的性限缩，将其限定为“合法正当的理由”，防止个人信息处理者以任意理由拒绝个人行使权利。个人信息处理者在说明理由时，宜通过书面、在线、录音等可备查的方式告知，这既可以保证个人充分了解个人信息处理者作出相关决定的理由，也可以为个人权利的行使及后续提起诉讼、个人信息处理者义务的履行等留存证据。

（二）个人信息处理者拒绝个人行使权利的请求系提起诉讼的前置条件

在具体适用本条第 2 款时，应注意把握好个人提起诉讼“是否以个人信息处理者拒绝个人行使权利的请求为前置条件”的问题。从体系解释看，本条第 1 款明确了个人信息处理者应当建立个人行使权利的申请受理和处理机制，如个人可以径行向人民法院提起诉讼，在一定程度上会虚置申请受理和处理机制。从权利性质和具体行使看，本章项下的个人权利均属请求权，个人在向个人信息处理者申请行使具体权利被拒绝后，其请求权遭受侵害，方得以提起侵权之诉。从实践效果看，个人向个人信息处理者提出请求成本小、见效快、更有利于维护个人相关权利，而直接向人民法院起诉，既可能导致滥诉、浪费司法资源，也将增加个人信息处理者的成本，不利于促进企业发展。因此，个人原则上应当先向个人信息处理者提出行使权利的请求，被拒绝后再向人民法院提起诉讼。但在一些特定情况下，如个人信息处理者提供的申请受理机制失效，个人通过正常途径无法提交申请，亦无法联系到个人信息处理者，或者个人信息处理者接到申请后逾期不予处理，此时个人也可以直接向人民法院提起诉讼，以切实保障其权益。

（赵晓鲁　撰写）

第五章　个人信息处理者的义务

本章概述

本章总计9条，对个人信息处理者在信息处理活动中应当承担的采取必要安全保护措施、指定专门负责人、设立专门机构或指定代表、合规审计、个人信息保护影响评估、信息泄露及补救等义务以及对大型互联网平台和受托人的义务等作出了详细规定。

本章所规定内容：一是常规性义务，即所有个人信息处理者都应履行的义务，如第51条规定的安全保障义务；第54条规定的合规审计义务。二是特殊情况下应履行的义务，即个人信息处理者在一定情形下应当履行的义务，如第55条和第56条规定的事前个人信息保护影响评估义务；第57条规定的安全事件通知义务。三是特殊主体应履行的义务，即符合特定条件的个人信息处理者应当履行的义务，如第52条规定处理个人信息达到国家网信部门规定数量的个人信息处理者应当指定个人信息保护负责人，负责对个人信息处理活动以及采取的保护措施等进行监督；第53条规定境外个人信息处理者在境内设立专门机构或者指定代表，负责处理个人信息保护相关事务，并将相关信息报送履行个人信息保护职责的部门；第58条规定提供重要互联网平台服务、用户数量巨大、业务类型复杂的个人信息处理者应当履行特殊义务；第59条规定接受委托处理个人信息的受托人履行相应义务。

第五十一条　【采取必要安全保护措施的义务】个人信息处理者应当根据个人信息的处理目的、处理方式、个人信息的种类以及对个人权益的影响、可能存在的安全风险等，采取下列措施确保个人信息处理活动符合法律、行政法规的规定，并防止未经授权的访问以及个人信息泄露、篡改、丢失：

（一）制定内部管理制度和操作规程；

（二）对个人信息实行分类管理；

（三）采取相应的加密、去标识化等安全技术措施；

（四）合理确定个人信息处理的操作权限，并定期对从业人员进行安全教育和培训；

（五）制定并组织实施个人信息安全事件应急预案；

（六）法律、行政法规规定的其他措施。

【立法背景】

个人信息处理者应当对其个人信息处理活动负责，并采取必要措施保护所处理的个人信息的安全。本法设专章明确了个人信息处理者的合规管理和采取必要安全保护措施等义务。本条中对于个人信息处理者应采取的措施进行了列举式规定，包括制度制定、分类管理、技术措施、员工管理、应急预案等，具体可以根据个人信息处理者规模大小、业务性质、技术能力水平等采取适应自身实际情况的相应措施。

在制定过程中，本条款的立法表述经历了一些变动和调整。《个人信息保护法（一审稿）》和《个人信息保护法（二审稿）》中均采用了“对个人的影响”“个人信息泄露或者被窃取、篡改、删除”的表述，本法相应修改为“对个人权益的影响”“个人信息泄露、篡改、丢失”。此外，《个人信息保护法（一审稿）》第 50 条第 2 项规定“对个人信息实行分级分类管理”，至《个人信息保护法（二审稿）》时删除了“分级”一词，调整为“对个人信息实行分类管理”。本条与该表述保持一致。

【条文解读与法律适用】

关于个人信息处理者采取必要安全保护措施的义务，在《民法典》和《网络安全法》中均有所体现。《民法典》第1038条第2款规定了信息处理者应当采取技术措施和其他必要措施，确保其收集、存储的个人信息安全，防止信息泄露、篡改、丢失。《网络安全法》第42条第2款指出网络运营者应当采取技术措施和其他必要措施，确保其收集的个人信息安全，防止信息泄露、毁损、丢失。

在此基础上，本条进一步对“采取技术措施和其他必要措施”作出了具体规定，要求个人信息处理者应从组织、管理、技术、人员、操作等方面入手，建立起以防范个人信息安全风险为核心的管理体系，进一步强化了个人信息处理者的安全保护责任。

一、关于制定内部管理制度和操作规程

结合本法第4条第2款，内部管理制度和操作规程至少应覆盖个人信息的收集、存储、使用、加工、传输、提供、公开、删除等个人信息处理全流程。

二、关于对个人信息实行分类管理

信息分类是信息安全保护的重要方式。在数据层面，《数据安全法》第21条明确规定了国家建立数据分类分级保护制度，根据数据在经济社会发展中的重要程度，以及一旦遭到篡改、破坏、泄露或者非法获取、非法利用，对国家安全、公共利益或者个人、组织合法权益造成的危害程度，对数据实行分类分级保护。落实到个人信息领域，个人信息处理者可以参照《个人信息安全规范》《个人信息安全影响评估指南》等国家标准，基于自身业务实践对所处理的信息作进一步分类。分类的主要目的既是便于根据不同信息类型和内容设置相应的权限，以及采取不同强度、不同形式的保护，也是基于个人信息处理者符合内部管理、操作规程的需要。

三、关于采取安全技术措施

为防范个人信息安全风险，个人信息处理者应根据个人信息分级分类的结果，采取不同的安全技术措施。《网络安全法》第21条第4项指出网络运营者应采取数据分类、重要数据备份和加密等措施。《个人信息安全规范》第6.2条提出了去标识化处理的要求，第6.3条规定传输和存储个人敏感信息时，应采用加密等安全措施。除了本法明确的加密、去标识化技术外，个人信息处理者也可以在实际操作过程中，根据安全保障需要和自身技术能力水平采取更丰富的技术保护措施。

四、关于合理确定操作权限、进行安全教育和培训

在人员管理上，个人信息处理者应明确涉及个人信息处理不同岗位人员的安全管理职责和操作权限。如何进行合理确定，可以参考《个人信息安全规范》第7.1条中关于“建立最小授权的访问控制策略”规定，使被授权访问个人信息的人员只能访问职责所需的最小必要的个人信息，且仅具备完成职责所需的最少的数据操作权限。就从业人员管理而言，结合《网络安全法》《个人信息安全规范》《个人信息保护规定》等相关规定，对工作人员的培训内容应重点包括但不限于个人信息保护相关法律法规、隐私政策、内部制度和相关规程等。

五、关于制定并组织实施个人信息安全事件应急预案

本条将“制定并组织实施个人信息安全事件应急预案”明确为个人信息处理者应采取的措施之一，重点在于健全应急工作机制和安全防护体系。实践中，个人信息处理者可参照《个人信息安全规范》第10条，定期组织内部相关人员进行应急响应培训和应急演练，促使其更好掌握岗位职责和应急处置策略和规程。

此外，考虑到社会经济发展和实践处理活动的复杂性，除上述5项措施外，本条留下了弹性空间，即“法律、行政法规规定的其他措施”。

（张迪　撰写）

第五十二条 【个人信息保护负责人】 处理个人信息达到国家网信部门规定数量的个人信息处理者应当指定个人信息保护负责人，负责对个人信息处理活动以及采取的保护措施等进行监督。

个人信息处理者应当公开个人信息保护负责人的联系方式，并将个人信息保护负责人的姓名、联系方式等报送履行个人信息保护职责的部门。

【立法背景】

这是我国首次在法律层面规定“个人信息保护负责人”制度，欧盟《通用数据保护条例》（GDPR）称之为“数据保护官”（Data Protection Officer，以下简称 DPO），虽表述不一，但功能相似。介于个人、个人信息处理者、履行个人信息保护职责部门等之间，承担着对内负责全面统筹并落实个人信息保护相关工作，对外与监管部门日常联络沟通等多重角色。

1978 年发布的《德国联邦数据保护法》已出现关于 DPO 的强制性要求，若公司长期雇用至少 10 名员工进行自动化数据处理，或者公司进行的数据处理需要经过数据保护影响评估，或者公司商业上处理数据是为了转让（即便是匿名化的转让）或为了市场或舆论调研，则都必须任命 DPO。在亚太地区，菲律宾、新加坡、印度亦有较为成型的 DPO 制度。① 欧盟《通用数据保护条例》（GDPR）对于 DPO 的规定较为系统和全面，要求政府机关、大规模处理敏感个人数据及对社会公众进行大规模监测分析的数据控制者应依法指定 DPO。DPO 制度发展至今，立法宗旨始终围绕平衡好个人信息保护、数字经济发展、维护公共安全等法益，更好协调私人自治与国家干预之间的关系，着眼于构建公私合作治理机制。原则上，尊重自治引导其“未雨绸缪”，但对达到一定规模的个人信息处理者设定与其能力相适应的义务，国家的介入主要通过责任追究等方式进行。

《个人信息保护法》此次规定个人信息保护负责人制度，不仅是借鉴国际

---

① 赵冉冉、洪延青、蒋昕妍：《历史和国际比较视角 DPO 法律制度探源》，载《中国信息安全》2019 年第 2 期。

先进经验，更是结合我国国情以及不断探索完善的自身实践。《网络安全法》第21条明确要求企业设立“网络安全负责人”，落实网络安全保护责任。《个人信息安全规范》规定了个人信息控制者应当设立专职个人信息保护负责人的条件及其工作职责。在总结实践效果的基础上，正式将该项制度上升至法律高度。

【条文解读与法律适用】

一、应当指定个人信息保护负责人的情形

《个人信息保护法》明确了处理个人信息达到一定数量的个人信息处理者，负有履行指定个人信息保护负责人的义务。《个人信息安全规范》分别从主要业务属性及从业人员人数、处理个人信息数量、处理敏感信息数量三个维度界定，只要符合下列情形之一，应设立“专职”个人信息保护负责人和个人信息保护工作机构：（1）主要业务涉及个人信息处理，且从业人员规模大于200人；（2）处理超过100万人的个人信息，或预计在12个月内处理超过100万人的个人信息；（3）处理超过10万人的个人敏感信息的。而2017年发布的标准对于应当设立专职个人信息保护负责人的条件之一为“处理超过50万人的个人信息，或在12个月内预计处理50万人的个人信息”，可见随着数字经济的不断发展，该标准需要适应时代需求灵活调整。故虽然在草案征求意见过程中，有的部门、机构建议明确“处理个人信息达到网信部门规定数量”的具体标准，有的建议按关键信息基础设施和非关键信息基础设施规定不同数量标准，但立法层面最终仅明确以处理个人信息数量为标准，具体数量由国家网信部门进一步细化。

二、个人信息保护负责人的任职要求和工作职责

（一）任职要求

草案征求意见过程中，有的地方、部门建议进一步明确个人信息保护负责人的任职资格、权利和义务。考虑到个人信息保护负责人角色和职责的多重性，《个人信息保护法》此次暂未明确任职要求，以留有更多开放空间。《个人信息安全规范》规定的任职要求为“具有相关管理工作经历和个人信息保护专业知识的人员”。

（二）工作职责

《个人信息保护法》对个人信息保护负责人职责作了原则性规定，即“负责对个人信息处理活动以及采取的保护措施等进行监督”，落脚点在于监督。可以结合《个人信息安全规范》具体理解，2017 年发布的《个人信息安全规范》规定其职责应包括但不限于：（1）全面统筹实施组织内部的个人信息安全工作，对个人信息安全负直接责任；（2）制定、签发、实施、定期更新隐私政策和相关规程；（3）应建立、维护和更新组织所持有的个人信息清单（包括个人信息的类型、数量、来源、接收方等）和授权访问策略；（4）开展个人信息安全影响评估；（5）组织开展个人信息安全培训；（6）在产品或服务上线发布前进行检测，避免未知的个人信息收集、使用、共享等处理行为；（7）进行安全审计。2020 年在此基础上进行了修订，增加了“组织制定个人信息保护工作计划并督促落实”“公布投诉、举报方式等信息并及时受理投诉举报”“与监督、管理部门保持沟通，通报或报告个人信息保护和事件处置等情况”的职责，同时在“开展个人信息安全影响评估”职责中增加了“提出个人信息保护的对策建议，督促整改安全隐患”的要求。另外，为督促其依法履行职责，《个人信息保护法》第 66 条对个人信息保护负责人的违法行为根据不同情节规定了罚款、禁业处罚等法律责任。

三、个人信息处理者的公示和报送义务

（一）公示义务

《个人信息保护法（一审稿）》第 51 条第 2 款规定，“个人信息处理者应当公开个人信息保护负责人的姓名、联系方式等，并报送履行个人信息保护职责的部门”。在草案征求意见过程中，有的地方、部门建议仅需公开相关机构及联系方式，部分企业建议删去公开个人信息保护负责人“姓名”的规定。《个人信息保护法》最终对公开与报送的内容进行了区分，要求公开“个人信息保护负责人的联系方式”，报送“个人信息保护负责人的姓名、联系方式等”，以兼顾为公众提供监督救济途径与政府监管等需求。值得关注的是，公开主体是个人信息处理者，而非履行个人信息保护职责的部门。

（二）报送义务

草案征求意见过程中，有的高校建议增加个人信息保护负责人定期向有关部门提交个人信息处理情况的义务，有的地方、部门建议增加个人信息保

护负责人备案规定，有的机构建议将“报送”改为“自愿报送”。《个人信息保护法》最终规定“报送履行个人信息保护职责的部门”，并未采用“备案”“审查”等措辞，体现了个人信息保护负责人制度侧重于促进信息处理者内部治理机制的完善。

（朱秀华　撰写）

第五十三条 【境内设立专门机构或指定代表】本法第三条第二款规定的中华人民共和国境外的个人信息处理者，应当在中华人民共和国境内设立专门机构或者指定代表，负责处理个人信息保护相关事务，并将有关机构的名称或者代表的姓名、联系方式等报送履行个人信息保护职责的部门。

【立法背景】

本条规定境外个人信息处理者应当在境内设立专门机构或指定代表，并概述了相关职责及境外个人信息处理者的报送义务，目的在于通过对境内设立的专门机构或指定代表更好地实现对个人信息权益的维护。我国类似规定曾见于《个人信息出境安全评估办法（征求意见稿）》第20条。欧盟《通用数据保护条例》（GDPR）及其域外适用指南的“目标指向”标准下也存在委任代表的要求，即不在欧盟境内设立的数据控制者或处理者，为欧盟境内的数据主体提供商品或服务，或监控欧盟境内的数据主体的行为的，应在欧盟境内委任一名代表。在欧盟《数字服务法》草案中也规定，要求在欧盟没有营业场所但向欧盟提供服务的中介服务提供者应以书面形式指定一个法人或自然人作为其在欧盟的法律代表。本条的规定符合国际关于数据管辖权的冲突和数据治理规则主导权的竞争趋势，切实维护国家主权、安全和发展利益。

本条在历次审议过程中均未作修改。立法过程中的主要争议点围绕具体资格要求及相关操作细则，或因相关细则较为复杂多变，立法过程中未予规定，有待相关部门综合研判后进一步予以明确。

【条文解读与法律适用】

一、应当设立专门机构或者指定代表的情形

本条适用范围与本法第3条第2款保持一致，即在中华人民共和国境外处理中华人民共和国境内自然人个人信息的活动，有下列情形之一的：（1）以向境内自然人提供产品或者服务为目的；（2）分析、评估境内自然人

的行为；（3）法律、行政法规规定的其他情形。需要注意的是，本条规定与欧盟《通用数据保护条例》（GDPR）第27条有所不同，并未排除特定类型数据的大规模处理、与违法犯罪相关的偶尔性处理、不太可能对自然人的权利与自由带来风险的处理。在草案征求意见过程中，也有部分意见认为，境外信息处理者临时处理或者处理少量非敏感个人信息，不可能侵害其他自然人的权益，可以不设专门机构或指定代表，但该意见并未被立法者接受。此外，对比本法第52条的规定，本条对境外个人信息处理者提出了更高的合规要求。相较于境内个人信息处理者，对境外个人信息处理者不设置处理个人信息的数量门槛，只要符合本法第3条第2款的规定，均需履行该项合规义务。

二、专门机构或指定代表的资质要求

本条未对具体细则作出规定。草案征求意见过程中，多方对细则规定提出意见，譬如该专门机构是否需在中国注册，指定代表是否需为中国国籍，指定代表是否可以为律师，是否可将境内的关联公司作为专门机构，境外个人信息处理者在境内不同地区有多个实体的是否可以只设立或指定一个专门机构或代表，以及在设立的专门机构、指定代表备案前能否跨境接收个人信息等。有观点认为，在当前实践中，欧盟外实体委任欧盟境内律师事务所作为其代表的情况比较多见，本条所指的专门机构及指定代表的资格、组织形式等要求，可能也会参考欧盟《通用数据保护条例》（GDPR）及其域外适用指南的相关设计，有待履行个人信息保护职责的部门在配套规定或执法实务中予以明确。

三、专门机构或指定代表的工作职责

对比本法第52条，本条对境外个人信息处理者在境内的专门机构或指定代表要求的职责有所不同。第52条要求个人信息保护负责人负责对个人信息处理活动以及采取的保护措施等进行监督，职责重点在于监督义务，而本条中要求专门机构或指定代表负责处理个人信息保护相关事务，实际上较第52条所规定的监督职责留有更加广泛的解释空间，便于履行个人信息保护职责的部门更好地对境外个人信息处理者建立沟通联系渠道、开展规范引导与执法等工作。欧盟《通用数据保护条例》（GDPR）及其域外适用指南规定，境内指定代表的主要义务是保存数据处理活动的记录、执行数据控制者或数据处理者的指令（包括与数据保护监管机构的合作），欧盟《数字服务法》草案规定境内法律代表负责处理接收、遵守和执行欧盟和成员国监管机构发布的决定，此类域外相关规定界定的职责义务范围也会成为本法后续细则制定的参考。

四、境外个人信息处理者的报送义务

与本法第52条对比，本条对境外个人信息处理者仅规定了报送义务，未规定公示义务。境外个人信息处理者无需将其在境内的专门机构或指定代表进行公示，仅需将有关机构的名称或者代表的姓名、联系方式等报送履行个人信息保护职责的部门。相较欧盟《数字服务法》草案中要求境外中介机构报送法律代表最新姓名、地址、电邮和电话号码规定，本条并未细化对报送联系方式的要求，实践中可由履行个人信息保护职责的部门根据工作需要明确联系方式包含的具体条目。

（戴敏敏 撰写）

第五十四条　【合规审计义务】个人信息处理者应当定期对其处理个人信息遵守法律、行政法规的情况进行合规审计。

【立法背景】

本条是关于个人信息处理者应当定期进行合规审计的规定。本条在起草过程中有过较大变动。《个人信息保护法（一审稿）》第53条同时规定了个人信息处理者的自律性合规审计和监管性合规审计。《个人信息保护法（二审稿）》将本条进行了分拆，保留自律性合规审计并精简了表述；将监管性合规审计规定调整至二审稿第63条，并最终成为本法第64条。因此，本条的自律性合规审计与本法第64条的监管性合规审计紧密联系，共同构建起完整的合规审计制度，在法律层面对个人信息处理者设定了合规审计义务。这意味着个人信息处理者必须将自身处理个人信息行为的合法性纳入审计范围，对完善合规审计相关法律制度、推动企业健全合规体系、促进个人信息保护有着重要意义。

从国外立法例看，美国《加利福尼亚州消费者隐私法案》（CCPA）未规定类似制度。欧盟《通用数据保护条例》（GDPR）第28条规定，"处理者应提供给控制者所有必要的信息，以证明符合在本条中规定的义务，并允许和促进审计，包括检查，由控制者或者由控制者授权的另一核数师进行"，但未明确个人信息处理者自身需履行合规审计义务。本条根据我国国情和发展实际设定的合规审计义务，体现了我国个人信息保护立法的特色。由于本条规定较为原则，需要相应配套的操作细则在实践中推动规定落地。

【条文解读与法律适用】

一、关于合规审计的理解

合规审计是指对企业履行义务行为是否符合法律、行政法规进行审查的监督活动。① 本法与《民法典》《数据安全法》《网络安全法》《消费者权益

① 郑石桥、鲍思慧、周敏李：《企业合规审计：一个理论框架》，载《会计之友》2019年第9期。

保护法》等法律对于个人信息处理活动作出的规定要求，以及国务院相关行政法规的规定要求均是开展合规审计的规范依据。从本法的具体规定看，个人信息处理活动包括个人信息收集、存储、使用、加工、传输、提供、公开、删除等，个人信息处理者可能从事以上单项或者数项活动，应根据业务的特点开展合规审计，具体包括安全风险识别与评估，在风险评估的基础上评价所采取的保护措施是否与风险程度相匹配、是否合法有效，并制定内部专项合规管理制度和操作规程。处理个人信息达到国家网信部门规定数量的个人信息处理者应当指定个人信息保护负责人，负责对个人信息处理活动以及采取的保护措施等进行监督。

此外，《个人信息安全规范》规定了个人信息控制者应进行安全审计并规定了6项具体内容，包括：（1）审计个人信息保护政策、相关流程和安全措施的有效性；（2）建立自动化审计系统，监测记录个人信息处理活动；（3）支撑安全事件处置、应急响应和事后调查；（4）防止非授权访问、篡改、删除审计记录；（5）及时处理审计过程中发现的个人信息违规使用、滥用情况；（6）审计记录和留存时间符合法律法规要求。《个人信息安全规范》虽然规定的是“安全审计”，但其“重点审查个人信息安全，通过存储、访问、调用等个人信息处理和日常安全管理，来确定个人信息安全性和利用合规性”①。因此，前述安全审计的规定内容对开展合规审计可资借鉴。

二、关于“定期”的理解

个人信息处理者应当定期对其处理个人信息遵守法律、行政法规的情况进行合规审计，但本条并未明确“定期”的期限要求，具体仍有待相关行政主管部门的细化规定。在此，可以参照国家标准《个人信息安全规范》第7.7条、第10.1条和第11.6条中有关“定期”的规定。第7.7条规定，“个人信息控制者业务运营所使用的信息系统，具备自动决策机制且能对个人信息主体权益造成显著影响的（例如，自动决定个人征信及贷款额度，或用于面试人员的自动化筛选等），应：……b）在使用过程中定期（至少每年一次）开展个人信息安全影响评估，并依评估结果改进保护个人信息主体的措施……”第10.1条规定，“对个人信息控制者的要求包括：……b）应定期（至

① 高富平：《个人信息保护立法研究》，光明日报出版社2021年版，第180页。

少每年一次）组织内部相关人员进行应急响应培训和应急演练，使其掌握岗位职责和应急处置策略和规程……”第 11.6 条规定，“对个人信息控制者的要求包括：……f）应定期（至少每年一次）或在个人信息保护政策发生重大变化时，对个人信息处理岗位上的相关人员开展个人信息安全专业化培训和考核，确保相关人员熟练掌握个人信息保护政策和相关规程”。《个人信息安全规范》中所称“定期”均为至少每年一次，可予以借鉴。我们认为，对于合规审计的期限要求宜采取分级分类方式。首先，对于一般的个人信息处理者可以按照至少每年一次的标准。该频次既可以促使个人信息处理者较为规律地开展合规审计，切实保障个人信息安全，同时也不至于过于频繁，避免个人信息处理者负担过重，在保护个人信息的同时兼顾促进企业发展。其次，对于提供重要互联网平台服务、用户数量巨大、业务类型复杂的个人信息处理者，由于其掌握了海量个人信息，一旦在处理活动中出现违法违规行为，将带来巨大的风险和挑战。对此类主体应当强化治理，较一般个人信息处理者开展更为频繁的合规审计。

三、实践中需要注意的问题

第一，对于不同类型的个人信息处理者，其合规审计义务履行程度不同。如前文所述，合规审计应采用分级分类的方式，对一般个人信息处理者和本法第 58 条规定的个人信息处理者宜确定不同的频次甚至标准。本法第 62 条专门授权国家网信部门针对小型个人信息处理者制定专门的个人信息保护规则、标准。因此，对于小型个人信息处理者的合规审计义务可以较一般个人信息处理者进一步放宽要求，以符合小型个人信息处理者处理信息数量少、处理活动简单、风险较小的业务实际。

第二，本条规定表明在未来对企业的合规审计将会成为常态，不仅是事后对违法的个人信息处理活动进行调查处理，更重要的是事前的预防机制，从源头阻止个人信息被侵害的情形发生。而一旦发生侵害个人信息的行为，将对个人信息处理者实行过错推定原则，不能证明自己没有过错的就应当承担损害赔偿等侵权责任，在一定程度上减轻了个人维权的难度，也给个人信息处理者的合规审计带来了压力和动力。

（赵晓鲁　撰写）

第五十五条 【个人信息保护影响评估】 有下列情形之一的，个人信息处理者应当事前进行个人信息保护影响评估，并对处理情况进行记录：

（一）处理敏感个人信息；

（二）利用个人信息进行自动化决策；

（三）委托处理个人信息、向其他个人信息处理者提供个人信息、公开个人信息；

（四）向境外提供个人信息；

（五）其他对个人权益有重大影响的个人信息处理活动。

【立法背景】

本条是关于个人信息保护影响评估制度的规定，对于所有的个人信息处理者，不论其规模大小，凡是实施具有高风险性、对个人权益有重大影响的特定类型信息处理活动，均应当按照“一事一评”的要求，事先开展影响评估。在本法制定前，个人信息保护影响评估制度仅见于《个人信息安全规范》《个人信息安全影响评估指南》等国家标准中。本条与本法第 56 条首次在立法层面建立起较为完整统一的个人信息保护影响评估机制。

在《个人信息保护法（一审稿）》《个人信息保护法（二审稿）》中，本条与第 56 条规定的个人信息保护影响评估内容属于同一条文中的第 1 款和第 2 款，在最终审议通过的法律文本中分拆为两条。并且表述上也作了调整，从一审稿及二审稿采用的“风险评估”改为“影响评估”。

从国外立法例看，美国《加利福尼亚州消费者隐私法案》（CCPA）中未规定类似制度。欧盟《通用数据保护条例》（GDPR）规定了类似评估制度，相较而言，本条的适用情形更广。总体上，本条借鉴了域外国家的相关经验和立法实践，在《个人信息安全规范》《个人信息安全影响评估指南》的基础上，结合我国实际，建立了具有我国特色的个人信息保护影响评估制度，对个人信息处理者的行为进行事先引导和规范，充分体现了风险预先防范理念，有利于更好应对日趋复杂多变的个人信息安全环境带来的挑战，具有鲜明的现实意义。

【条文解读与法律适用】

一、关于个人信息保护影响评估的理解

个人信息保护影响评估制度是对特定类型的可能对个人权益造成重大影响的高风险信息处理活动进行合规及风险等评估，以实现对侵害个人信息行为的事先预防，提前消除危险，预防侵害个人权益后果的发生。本条最终采用了“个人信息保护影响评估”的表述，而非“风险评估”，虽然从相关审议稿看，评估制度的具体内容无实质性变化，但“影响评估”的内涵和外延更为丰富，表述更为精准，更能体现本制度的特点和要求。

与本条“个人信息保护影响评估”概念类似的，是《个人信息安全影响评估指南》《个人信息安全规范》规定的“安全影响评估”。其中，《个人信息安全影响评估指南》对“个人信息安全影响评估”的定义为“针对个人信息处理活动，检验其合法合规程度，判断其对个人信息主体合法权益造成损害的各种风险，以及评估用于保护个人信息主体的各项措施有效性的过程”。该定义可以帮助理解个人信息保护影响评估制度。本制度的出发点和落脚点是维护个人权益，目的在于在开展个人信息处理前，准确识别、处置、持续监控风险，并采取适当安全控制措施，尽可能减少对个人权益的不利影响。同时，对个人信息处理者而言，规范的个人信息保护影响评估，能够向公众证明其有能力保护好用户的个人信息，有助于树立品牌、打造形象，展示核心竞争力。

二、关于个人信息保护影响评估的具体情形

个人信息处理者不需要对其实施的全部个人信息处理活动进行事前评估，但对个人权益有重大影响的特定个人信息处理活动，必须严格依法进行事前评估，分别为处理敏感个人信息，利用个人信息进行自动化决策，委托处理个人信息、向其他个人信息处理者提供个人信息、公开个人信息，向境外提供个人信息，以及其他对个人权益有重大影响的个人信息处理活动等五种情形。

前面四种情形均属于在信息处理中存在高风险或者对个人权益可能造成重大影响的。本法第二章“个人信息处理规则”对处理敏感个人信息、向其他个人信息处理者提供个人信息、公开个人信息、向境外提供个人信息的情

形，均要求个人信息处理者取得个人的单独同意；对利用个人信息进行自动化决策、委托处理个人信息也规定了详细的处理规则。因此，本法通过建立严格的处理规则和事前个人信息保护影响评估的双重保障，尽可能防范化解风险。

最后一种情形为兜底规定。随着实践和科技的发展，必然存在本法列举具体情形之外、需要事前进行影响评估以防控风险的个人信息处理活动。立法时，就有社会公众建议将大规模处理个人信息、系统性监控、使用新技术处理个人信息等列为应进行评估的情形。因此通过“对个人权益有重大影响”的概括表述，为法律适用留出空间。

对于前述特定的个人信息处理活动，个人信息处理者除了开展事前影响评估外，还必须对处理情况进行记录，存档备查。

三、实践中需要注意的问题

第一，对于“向其他个人信息处理者提供个人信息”情形。个人信息处理者向关联企业转让、共享个人信息的，无论关联企业内部关系如何，彼此仍为不同法律主体，属于“向其他个人信息处理者提供个人信息”，应进行事前影响评估。但因合并、分立、解散、被宣告破产等原因导致个人信息转让、共享的，属于本法第 22 条规定情形，并非第 23 条规定的“向其他个人信息处理者提供其处理的个人信息”，不适用本条规定。

第二，对于“向境外提供个人信息”情形。本法第 38 条规定了特定个人信息处理者通过国家网信部门组织的安全评估，可以向境外提供个人信息。该安全评估与本条影响评估不同：一是在主体上，前者是国家网信部门组织进行，具有公法属性，不能转交他人；后者是个人信息处理者自行实施，属于私法行为，既可以安排内设责任部门开展，也可以委托外部专业机构开展。二是在适用范围上，前者适用于本法第 40 条规定的关键信息基础设施运营者和处理个人信息达到国家网信部门规定数量的个人信息处理者向境外提供个人信息；后者适用于所有个人信息处理者向境外提供个人信息，均必须事前做好个人信息保护影响评估，以最大限度保护个人利益，遏制数据跨境流动对个人隐私和数据安全带来的威胁和挑战。

（江宇奇　撰写）

第五十六条　【影响评估的内容和保存期限】个人信息保护影响评估应当包括下列内容：

（一）个人信息的处理目的、处理方式等是否合法、正当、必要；

（二）对个人权益的影响及安全风险；

（三）所采取的保护措施是否合法、有效并与风险程度相适应。

个人信息保护影响评估报告和处理情况记录应当至少保存三年。

【立法背景】

本条规定了个人信息保护影响评估的内容和保存期限。在《个人信息保护法（一审稿）》《个人信息保护法（二审稿）》中，本条与第55条规定的个人信息保护影响评估制度属于同一法条中的第2款和第1款，在最终审议通过的法律文本中分拆为两条。本条独立成文，凸显了个人信息保护影响评估内容的重要性。关于个人信息保护影响评估的内容，《个人信息安全规范》第11.4条中有相关规定，本条与之较为相似，但更为简练地概括了评估内容，并且首次明确个人信息保护影响评估报告和处理情况记录应当至少保存三年。

从域外立法例看，美国《加利福尼亚州消费者隐私法案》（CCPA）并未规定类似的制度，欧盟《通用数据保护条例》（GDPR）规定了个人信息保护影响评估内容，与本条规定类似，但未规定记录保存期限。因此，本条规定借鉴了域外立法经验，并在《个人信息安全规范》《个人信息安全影响评估指南》基础上，结合我国实际，作出创新发展，完善了个人信息保护影响评估的内容，为个人信息处理者开展个人信息保护影响评估提供明确指引。

【条文解读与法律适用】

一、关于个人信息保护影响评估内容的理解

本条规定的评估内容第1项是“个人信息的处理目的、处理方式等是否合法、正当、必要”。合法、正当、必要既是个人信息处理活动必须遵循的基本原则，同时也与个人信息处理的具体规则紧密联系。个人信息保护影响评

估时应当针对本法第 55 条规定的需要评估情形，全面审查处理目的和处理方式等是否符合与该情形有关的规定、规则，做到合法、正当、必要。与本法第 54 条规定的合规审计不同，合规审计是针对个人信息处理者遵守法律、行政法规情况，是个人信息处理者必须达到的最低要求。而个人信息保护影响评估旨在发现、处置和持续监控个人信息处理过程中对个人信息权益造成不利影响的风险，不仅以法律、行政法规为依据，还应当运用相关国家标准、行业推荐性规范等，全面查漏补缺、事先防控风险。例如，金融机构需将收集的个人金融信息委托给第三方机构处理，按本法规定必须事前进行影响评估。评估时，除了依据本法关于委托处理个人信息的第 21 条、第 59 条规定外，还应当适用中国人民银行《个人金融信息保护技术规范》规定，[①] 判断处理目的、处理方式等是否合法、正当、必要。

第 2 项是“对个人权益的影响及安全风险”。评估时，应当根据特定高风险个人信息处理活动的特点、信息性质、所处行业等，有针对性地研判处理行为对个人权益的影响以及安全风险。从通用规则的角度，《个人信息安全影响评估指南》为本项的适用提供了重要参考。《个人信息安全影响评估指南》第 5.5 条“个人权益影响分析”将个人信息处理活动对个人合法权益产生或者可能产生的影响分成四个维度：第一，限制个人自主决定权，例如被强迫执行不愿执行的操作、无法选择拒绝个性化广告的推送等；第二，引发差别性待遇，例如因疾病、婚史、学籍等信息泄露造成的针对个人权利的歧视等；第三，个人名誉受损或遭受精神压力，例如被频繁骚扰、监视追踪等；第四，人身财产受损，例如引发人身伤害、账户被盗等。第 5.4 条及第 5.6 条对“风险源识别”和“安全风险综合分析”作出指引，列举了可能导致个人信息安全事件发生的要素以及安全风险的具体分析过程，并在附录 B 中收录了“高风险的个人信息处理活动示范”，将场景进一步明确化。

第 3 项是“所采取的保护措施是否合法、有效并与风险程度相适应”。该项

---

① 《个人金融信息保护技术规范》第 6.1.4.4 条对委托处理提出了具体技术要求：委托行为不应超出已征得个人金融信息主体授权同意的范围或遵循 7.1 中对于征得授权同意的例外所规定的情形，并准确记录和保存委托处理个人金融信息的情况；C3 以及 C2 类别信息中的用户鉴别辅助信息，不应委托给第三方机构进行处理；对委托处理的信息应采用去标识化等方式进行脱敏处理等，强化风险识别和监控，保障个人金融信息主体合法权益等。

重在评估个人信息处理者是否依照法律、行政法规等规定采取必要措施，采取的措施有无实际效果且符合比例原则。例如，个人信息处理者对于可能发生的个人信息泄露等安全事件有无提前制订处置方案，制订的方案是否考虑到了个人信息的类型、数量、敏感程度，采取的措施能否有效控制事态、消除隐患等。《个人信息安全影响评估指南》给出了个人信息出境、个人信息委托处理或公开披露、使用自动化决策方式处理个人信息等评估要点，并且采用定性定量的方式制定个人信息安全影响评估常用工具表，是开展评估的有力工具。

二、关于报告和记录的保存期限

《个人信息安全规范》第 11.4 条规定，“妥善留存个人信息安全影响评估报告，确保可供相关方查阅，并以适宜的形式对外公开”。该规定较为原则，刚性指引不足。本条规定个人信息保护影响评估报告和处理情况记录应当至少保存三年。立法过程中，针对保存期限长短，曾有不同意见。有意见建议将三年改为一年，也有意见建议将三年改为五年，甚至有意见建议延长至十年。最终文本对保存期限仍按一审稿时规定的三年，未作调整。

本条规定的保存期限是至少三年，这是法定最低期限。由于本法对于个人信息权益侵权责任适用过错推定的归责原则，在侵权诉讼中个人信息处理者需要举证证明自己处理个人信息行为不存在过错，因此从防范法律风险的角度，相关保存期限宜长不宜短。一旦发生信息安全事件等纠纷时，准确、完整的评估报告和处理情况记录可以作为证明个人信息处理者遵守法律法规、采取措施、履行义务的证据，有助于减轻或免除其法律责任。

三、实践中需要注意的问题

开展个人信息保护影响评估，既可以保护个人信息权益，也可以降低个人信息处理者的管理成本、消解潜在风险。因此，个人信息保护影响评估是本法第 55 条、第 56 条规定的个人信息处理者在特定情形下的义务，具有强制性。同时，个人信息处理者也可以用好本法提供的这一创新工具，对法定评估情形以外的个人信息处理活动，主动开展个人信息保护影响评估，分析存在的风险，采取有效应对措施，建立完善的评估报告和处理情况记录留存制度，实现维护个人信息权益和保障自身发展的有机统一。

（江宇奇　撰写）

第五十七条 【安全事件补救及通知义务】 发生或者可能发生个人信息泄露、篡改、丢失的，个人信息处理者应当立即采取补救措施，并通知履行个人信息保护职责的部门和个人。通知应当包括下列事项：

（一）发生或者可能发生个人信息泄露、篡改、丢失的信息种类、原因和可能造成的危害；

（二）个人信息处理者采取的补救措施和个人可以采取的减轻危害的措施；

（三）个人信息处理者的联系方式。

个人信息处理者采取措施能够有效避免信息泄露、篡改、丢失造成危害的，个人信息处理者可以不通知个人；履行个人信息保护职责的部门认为可能造成危害的，有权要求个人信息处理者通知个人。

【立法背景】

本条规定的是安全事件可能发生或实际发生时，个人信息处理者应主动履行的补救及通知义务，属于事中、事后安全保护义务，与本法第 51 条规定的事前安全保护义务，共同构建起完整的个人信息处理者安全保护义务体系。

《加强网络信息保护的决定》第 4 条规定，网络服务提供者和其他企业事业单位，在发生或者可能发生信息泄露、毁损、丢失的情况时，应当立即采取补救措施。《消费者权益保护法》第 29 条也规定了在发生或者可能发生信息泄露、丢失的情况时，经营者应当立即采取补救措施。《个人信息保护规定》第 14 条在补救义务的基础上，规定了电信业务经营者、互联网信息服务提供者还应向准予其许可或者备案的电信管理机构履行报告义务。

个人向信息处理者交出信息后，对其个人信息的控制力极其有限。实践中，当发生个人信息泄露、篡改、丢失的安全事件时，用户往往难以及时知晓，更无从采取进一步的减损措施。因此，《网络安全法》第 42 条、《民法典》第 1038 条除补救、报告义务外，还规定应当及时向用户（自然人）履行告知义务。

在前述立法成果的基础上，本法对个人信息处理者履行通知义务的情形、对象、内容及豁免等作了进一步明确。既是相关职能部门履行个人信息保护职责、提升监管效能的必然要求，也是保障自然人知情权、减少个人损失的必然要求。鉴于通知必要性及衡平个人信息处理者负担的考量，本条规定了安全事件通知义务的豁免情形。为了防止通知豁免被滥用，同时规定了履行个人信息保护职责的部门认为可能造成危害的，有权要求个人信息处理者通知个人。

【条文解读与法律适用】

一、关于补救义务的理解

本法第9条规定，个人信息处理者应当对其个人信息处理活动负责，并采取必要措施保障所处理的个人信息安全。因此，发生或者可能发生个人信息泄露、篡改、丢失的情况下，个人信息处理者应立即采取补救措施，属于保障个人信息安全的必要止损义务。补救措施，是指针对信息泄露、篡改、丢失而采取的修补和挽救办法，包括技术措施和其他必要措施。

二、关于通知义务的理解

（一）个人信息处理者履行通知义务的情形

本条规定，发生或者可能发生个人信息泄露、篡改、丢失时，个人信息处理者应履行通知义务。将可能发生个人信息泄露、篡改、丢失的安全事件、存在安全风险的情形，也纳入通知义务范围，对个人信息处理者的注意识别、应急响应及保障机制提出了更高要求。客观上，有助于履行个人信息保护职责的部门及时介入，有助于被影响或可能被影响的个人及时防御，从源头上防范发生安全事件的概率。

（二）个人信息处理者履行通知义务的对象

个人信息处理者履行通知义务的对象包括履行个人信息保护职责的部门和个人。履行个人信息保护职责部门的具体指向，本法第60条作了专门规定，在此不予赘述。个人指的是受到或可能受到安全事件、风险影响的自然人，具体可参照上文对本法第3条适用范围的解读。

（三）个人信息处理者履行通知义务的内容

本条规定，通知应当包括发生或者可能发生个人信息泄露、篡改、丢失的信息种类、原因和可能造成的危害；个人信息处理者采取的补救措施和个人可以采取的减轻危害的措施；个人信息处理者的联系方式。该规定与《个人信息安全规范》第10.2条规定的告知内容基本一致，但进一步明确信息种类及发生原因也应及时通知。个人信息的种类包括自然人的姓名、年龄、性别、身份证件号码、生物识别信息、住址、电话号码、电子邮箱、健康信息、地理位置信息等。细化通知事项，可以使得通知对象及时跟踪、掌握安全事件或安全风险的详情，从而慎重作出相应决定，采取有针对性的措施，尽量减轻或挽回损失。

（四）个人信息处理者履行通知义务的豁免

本条第2款规定，个人信息处理者采取措施能够有效避免信息泄露、篡改、丢失造成危害的，个人信息处理者可以不通知个人。需要注意的是，符合该条件时，因对个人不产生实际危害，可豁免个人信息处理者向个人的通知义务。但是，根据监管职责，个人信息处理者仍应及时通知履行个人信息保护职责的部门。安全事件往往存在隐蔽性，补救措施存在复杂性，个人信息处理者采取措施能否有效避免危害，个人信息处理者与履行个人信息保护职责的部门可能认识不一。为了防止该豁免情形被滥用，及时保障个人合法权益，本条进一步规定，履行个人信息保护职责的部门认为个人信息泄露可能对个人造成损害的，有权要求个人信息处理者通知个人。

三、实践中需要注意的问题

本条对通知义务的时限、方式未作进一步规定。主要考虑到技术发展迅猛，如对时间、方式规定过于具体，可能反而不利于权益保护。实践中，应根据安全事件、安全风险的紧迫程度、危害程度、影响范围以及通知便利性等综合判断。如个人信息处理者在通知时间和方式上做到不拖延、无疏失，一般应认定其履行了通知义务。补救及通知义务属于个人信息保护的法定义务，个人信息处理者不履行或不当履行补救及通知义务的，应当按照本法第七章承担相应法律责任。

（陈肖　撰写）

第五十八条　【特定个人信息处理者的义务】 提供重要互联网平台服务、用户数量巨大、业务类型复杂的个人信息处理者，应当履行下列义务：

（一）按照国家规定建立健全个人信息保护合规制度体系，成立主要由外部成员组成的独立机构对个人信息保护情况进行监督；

（二）遵循公开、公平、公正的原则，制定平台规则，明确平台内产品或者服务提供者处理个人信息的规范和保护个人信息的义务；

（三）对严重违反法律、行政法规处理个人信息的平台内的产品或者服务提供者，停止提供服务；

（四）定期发布个人信息保护社会责任报告，接受社会监督。

【立法背景】

本条是关于特定个人信息处理者义务的特殊规定。在本法的制定过程中，相较于《个人信息保护法（一审稿）》，《个人信息保护法（二审稿）》增加了本条相关内容，并经审议后最终确定为本条。作为与国际接轨的特色创新之一，本条内容合理借鉴欧盟《数字市场法（草案）》的思路引入针对特定个人信息处理者的特殊义务，即“守门人条款”①，旨在完善个人信息保护相关原则，特别强调对“大型互联网平台”的监督，以维护市场的公平与开放。

目前，我国平台经济在高速发展过程中存在着诸多问题，社会公众在受益于大型互联网平台带来生活便利的同时，也经常面临着个人信息被不当收集、使用甚至泄露的风险。鉴于大型互联网平台等特定个人信息处理者掌握海量用户数据，一旦发生信息泄露或滥用，可能导致严重后果，因此专门要求其履行“守门人”角色，承担更多责任和义务，包括应按照国家规定建立

---

① 欧盟认为“守门人”通常控制着至少一种核心平台服务（如搜索引擎、社交网络服务、某些信息服务、操作系统和在线中介服务等），充当着企业用户连接消费者的重要门户，拥有持久、庞大的用户基础，在欧洲数字市场占据或预期占据稳固而持久的地位，因而在事实上拥有规则制定的“权力”。通过加强对守门人平台的规制与监管，防止科技巨头对企业和消费者施加不公平条件，从而确保重要数字服务市场的公平性和开放性。

健全个人信息保护合规制度体系，成立主要由外部成员组成的独立机构进行监督，遵循公开、公平、公正的原则制定平台规则，对严重违法处理个人信息的平台内产品或服务提供者停止提供服务，定期发布个人信息保护社会责任报告并接受社会监督等，以平衡互联网平台、平台上的用户以及社会公众的利益关系，更好地促进数字经济健康有序发展。

【条文解读与法律适用】

一、特定个人信息处理者的认定

并非所有的个人信息处理者都需要承担“守门人”的职责，“守门人”应是在整个生态系统中的特定领域具有主导地位乃至控制权的，同时具有极大的经济规模和极强的网络效应的组织。具体而言，“守门人”是指控制移动互联网生态关键环节（技术环境和运营环境）、有资源或有能力影响其他个人信息处理者处理个人信息能力的互联网营运者。实践中，移动互联网生态中个人信息保护领域的“守门人”，现阶段较为突出的是移动终端操作系统、应用分发平台、平台型的超级 App。在欧盟语境中，公共信息空间中的“守门人”是指用户量超过一定数量的超大型在线平台和影响、掌握消费者通道以及经营地位特殊的在线中介服务、在线搜索引擎、社交网络、视频共享平台服务等。

结合当前平台经济发展的现状来看，“守门人”主要包括以下三类：一是应用程序分发平台，通过提供应用分发服务影响海量用户进而进行个人信息处理活动；二是移动终端操作系统，通过为移动 App 提供可调用的系统权限等，影响移动 App 的个人信息处理能力；三是平台型 App，平台型 App 能够在技术资源、运营环境两个方面显著便利和提升第三方小程序等移动 App 的个人信息处理能力。在类型化分析的基础上，本条从社会大众容易理解的角度将“守门人”界定为：提供重要互联网平台服务、用户数量巨大、业务类型复杂的个人信息处理者，实务界更多地将其表述为大型互联网平台。

但同时需要注意的是，鉴于数字行业在不断地变化发展，对哪些平台企业应承担“守门人”的职责也应结合技术条件和商业形势的变化而作出相应调整。

二、特定个人信息处理者应履行的具体义务

个人信息处理者的义务在本法中进行了专章规定，而由于大型互联网平台等特定个人信息处理者在经济社会发展中占据重要地位，具有重要的社会影响，为此，本条对大型互联网平台类的个人信息处理者进行了特别规定，赋予其更大的责任和更多的义务。具体包括：

一是按照国家规定建立健全个人信息保护合规制度体系，成立主要由外部成员组成的独立机构对个人信息保护情况进行监督。该规定强调大型互联网平台等“守门人”应在企业内部加强自身管理，自行制定个人信息保护合规制度体系，并且成立专门的独立机构对个人信息保护情况进行监督。具体独立机构的人员和个人信息处理者不能有隶属关系，独立机构不对个人信息处理者负责。

二是遵循公开、公平、公正的原则，制定平台规则，明确平台内产品或者服务提供者处理个人信息的规范和保护个人信息的义务。该规定是针对大型平台上的产品或者服务提供者在处理个人信息应遵循的个人信息保护义务。大型互联网企业平台在平台经济发展中一定程度上起到了控制、制约产品或者服务提供者的作用，应当承担更大的行业管理责任，承担更多的安全保障义务。因此，本条通过“授权性”规定，赋予大型互联网平台企业制定规则的权利，这也符合平台经济发展的客观需要。

三是对严重违反法律、行政法规处理个人信息的平台内的产品或者服务提供者，停止提供服务。该规定是赋予大型互联网企业平台行业管理权限的延伸，针对严重违反法律、行政法规处理个人信息的平台内的产品或者服务提供者，法律赋予其可以通过断开链接、下架等方式停止服务的权利，从而保护个人信息，规制违法行为。其中在认定是否存在“严重”违法行为的主体和“权力”行使上，结合电子商务的实践，对于明显违反法律、行政法规的产品或服务提供者，从形式上就可以判断出属于严重违法情形，大型互联网平台就可以停止提供服务；在具体程序上，可以借鉴《电子商务法》中的“通知＋删除”规则，给予平台用户一定的解释权，以达到公平合理的效果。对于一些专业性较强、疑难复杂的情形，大型互联网平台从形式上难以判断是否严重违法的，还可以辅之以专业的第三方测评机构，并按照法定程序进

行评断。

四是定期发布个人信息保护社会责任报告，接受社会监督。该规定也是赋予大型互联网企业平台更大的社会责任，大型互联网企业在享受平台经济高速发展的便利的同时，也要定期发布个人信息保护社会责任报告，不断加强自我监督，接受社会监督，从而更好地保护个人信息，促进平台经济健康有序发展。

三、实践中需要注意的问题

本条既是规定大型互联网平台等特定个人信息处理者的义务，但同时在一定程度上也是“赋权”，进一步扩大了大型互联网平台制定规则、展开治理、采取措施方面的实质性“权力”。实践中，如果没有相应的制约性配套制度，则有可能造成平台地位在个人信息保护领域的强化，并且带来“滥用”的可能性。因此，在实践中，如何防止“守门人”机制在个人信息保护领域被滥用也是应当注意的问题。

第一，事先应明确个人信息审核的具体标准和规范，经营者可以自行对照防范，尤其在不同执法部门、不同执法行动之间，应当尽量进行标准的统一、明确，公布检测具体标准、合格的第三方测评机构名单，给经营者创造具有确定性的自行测评机会。

第二，需要规定“守门人”平台的保密义务和责任。“守门人”对于监管机构、社会公众而言是“义务遵守者”，但对于大型互联网平台中的产品或者服务提供者而言，其又是“权力”者。作为“守门人”的大型互联网平台通常会比平台内经营者更知悉执法情况，而执法行动会对经营者构成重要影响，这意味着平台掌握产品或者服务提供者的商业秘密，因此，需要强调平台的保密义务和责任，防止大型互联网平台的“权力”滥用，以维护公平合理、竞争有序的市场环境。

（杨治　撰写）

第五十九条　【受托处理者义务】接受委托处理个人信息的受托人，应当依照本法和有关法律、行政法规的规定，采取必要措施保障所处理的个人信息的安全，并协助个人信息处理者履行本法规定的义务。

【立法背景】

在本法调整范围中，调整的法律关系主体主要有个人信息主体、个人信息处理者与接受委托处理个人信息的受托人等。本法颁布之前，虽然在立法层面没有明确个人信息处理法律关系，对个人信息处理法律关系涉及的主体也没有进行专门的界定，但陆续出台了保护个人信息权益相关的法律规范，其中对法律关系主体也进行了有限的界分，主要是《网络安全法》规定的网络运营者、《电子商务法》规定的平台经营者及《消费者权益保护法》规定的经营者等。因此，针对前《个人信息保护法》时代在法律关系主体范围不明确与较为限定的问题，本法从多个方面、多个层次对个人信息处理法律关系主体进行了界分，有效解决了上述问题，并明确了相关法律关系主体各自享有的权利和应尽的义务。

本条的相关规定，就是从参与个人信息处理活动的角度，对个人信息处理者、接受委托处理个人信息的受托人、共同个人信息处理者等进行区分，并界定了何为接受委托处理个人信息的受托人及其相关的安全保护义务和协助义务。需要特别注意的是，在《个人信息保护法（一审稿）》中未对个人信息受委托者在处理个人信息活动中的义务作出明确的规定，草案在审议过程中，有委员提出，须明确个人信息受托处理者在违规情况下应承担的责任问题，后在《个人信息保护法（二审稿）》中新增了本条规定，并最终确定。

【条文解读及法律适用】

一、个人信息受托处理者的立法定位

本法规定的个人信息受托处理者与个人信息处理者是相互对应、角色衔

接的两个主体，对个人信息受托处理者立法定位的准确理解，离不开对个人信息处理者的界定。本法第 69 条第 1 款对个人信息处理者做出了界定，与之对应，个人信息受托处理者是接受个人信息处理者的委托，为个人信息处理者提供涉及个人信息处理的技术服务或其他服务，实现个人信息处理者目的的主体。简而言之，个人信息受托处理者是接受个人信息处理者的委托，在个人信息处理者的监督下，代表个人信息处理者按照双方协议的约定进行个人信息处理。基于前述理解，个人信息处理者在立法定位上至少具有以下特点：（1）个人信息受托处理者在处理个人信息的活动中，不具有自己独立的意志；（2）个人信息受托处理者不以自己的名义对外发生法律关系，其行为代表个人信息处理者；（3）个人信息受托处理者直接从事个人信息的处理行为，其在处理个人信息过程中应遵守相关法定义务。

二、个人信息受托处理者的安全保护义务

安全保护义务，是指采取积极措施保护他人利益免受危险侵害，或在侵害发生时采取积极救助措施的义务。它在大陆法系通常被称为“一般安全注意义务”，在英美法系则大致对应过失侵权中的“有限义务”。安全保护义务要求义务人采取各种积极措施（包括各种预防、排除、警示危险的措施等）保护他人利益免受危险侵害，或在侵害发生时采取积极救助措施防止损害的扩大。安全保护义务是一种法定义务，概因委托处理者作为个人信息的实际处理方，即便是受信息处理者的委托从事行为，但对个人信息的处理行为足以引发危险、保有危险，或者为危险的产生创造条件，故应履行相关法律对个人信息处理行为的安全保护规定。

本条规定，个人信息受托处理者，应当依照本法和有关法律、行政法规的规定，采取必要措施保障所处理的个人信息的安全，实质上确定了个人信息委托处理者的安全保护义务。立法者考虑到个人信息受托处理者接受个人信息处理者的委托从事个人信息处理活动，实际控制着海量的个人信息，是可能导致个人信息被泄露、滥用，进而侵害信息主体权益的重要危险源。个人信息受托处理者应该按照法律、行政法规对个人信息权益保护的规定，积极采取措施，以保障其所处理的个人信息安全。当然，基于“责权利相统一”的原则，个人信息受托处理者的安全保护义务与个人信息处理者对信息主体应履行的主体责任应该存在区别。例如，个人信息处理者的知情告知义务等

就不在受托者的安全保障义务范围内，而个人信息处理者的安全保障义务更多集中在本法第五章之中。例如，制定内部管理制度和操作规程、采取相应的加密、去标识化等安全技术措施等。

三、个人信息受托处理者的协助义务

个人信息处理者作为个人信息的控制者、持有者，对个人信息处理行为承担最终责任，本法对其设定了众多义务，但个人信息处理者并非实际参与了个人信息处理的每个环节，其可能将个人信息处理的一个或多个环节通过协议方式委托由第三方进行处理，即个人信息受托处理者，在这个意义上，个人信息处理者履行其法定义务不能没有个人信息受托处理者的协助，这种协助既来源双方之间的协议约定（或附随义务），也来源于法律的直接规定。

四、个人信息受托处理者的责任承担问题

个人信息处理者是使用个人信息、对个人信息处理行为负责的主体，个人信息受托处理者对信息的处理是按照个人信息处理者的意志进行的，相关的处理结果也是由个人信息处理者来承担。通常个人信息受托处理者不以自己的名义对外发生法律关系，个人信息处理者的被监管义务、法定义务或约定义务不因其内部关系而发生转移，但在特定情况下，个人信息受托处理者应承担相应责任。例如，个人信息受托处理者未经指令擅自越权处理信息，导致信息主体权益受到损害，个人信息受托处理者应对其行为承担相应后果；个人信息受托处理者接受个人信息处理者的指令从事信息处理活动，但未尽到法定的安全保护义务，导致信息主体权益受到损害，应与信息处理者承担连带责任；个人信息受托处理者明知个人信息处理者的指令明显侵害信息主体的权益，而未采取必要措施，应承担相应的责任；个人信息受托处理者在处理个人信息的过程中，违反个人信息保护法及相关法律、行政法规的规定，还可能承担本法第七章规定的相关行政责任及刑事责任等。

（肖芄　撰写）

第六章　履行个人信息保护职责的部门

本章概述

本章共6条，对履行个人信息保护职责的部门作出了具体规定。第60条、第61条规定，履行个人信息保护职责的部门包括国家网信部门，依照本法和有关法律、行政法规的规定有相关职责的国务院有关部门，以及按照国家有关规定确定的县级以上地方政府有关部门。履行个人信息保护职责的部门的主要职责有开展宣传教育，指导、监督个人信息保护工作；接受、处理投诉、举报；组织测评个人信息保护情况，并公布测评结果；调查、处理违法处理活动；法律、行政法规规定的其他职责。

为厘清有关部门的职责，充分发挥国家网信部门的统筹协调作用，推进配套规定制定等工作，第62条明确规定由国家网信部门统筹推进个人信息保护有关工作，包括：制定个人信息保护具体规则、标准；针对有关新技术、新应用，制定专门的个人信息保护规则、标准；支持研究开发和推广应用安全、方便的电子身份认证技术，推进网络身份认证公共服务建设；推进个人信息保护社会化服务体系建设，支持有关机构开展个人信息保护评估、认证服务；完善投诉、举报工作机制等。

为有效保障履行个人信息保护职责的部门履行个人信息保护职责，第63条规定了履行个人信息保护职责的部门可以依法采取询问、调查、查阅、复制、检查、查封、扣押等措施，当事人对此应当予以协助、配合，不得拒绝、阻挠。第 64 条进一步规定，对于发现个人信息处理活动存在较大风险或者发生个人信息安全事件的，履行个人信息保护职责的部门可以按照规定的权限和程序采取约谈、要求进行合规审计等措施；违法处理个人信息涉嫌犯罪的，应当及时移送公安机关依法处理。

第 65 条对个人信息保护投诉、举报制度作出明确规定，要求履行个人信息保护职责的部门公布接受投诉、举报的途径，应当依法及时处理投诉、举报，并将处理结果告知投诉、举报人。

第六十条 【行政监管体制】 国家网信部门负责统筹协调个人信息保护工作和相关监督管理工作。国务院有关部门依照本法和有关法律、行政法规的规定，在各自职责范围内负责个人信息保护和监督管理工作。

县级以上地方人民政府有关部门的个人信息保护和监督管理职责，按照国家有关规定确定。

前两款规定的部门统称为履行个人信息保护职责的部门。

【立法背景】

本条明确了个人信息保护的行政监管体制，确立了“国家网信部门统筹协调＋各主管部门分工配合”的监管模式。

关于个人信息保护行政监管，从各国和地区的立法实践来看，机构设置主要分为三种模式：（1）成立独立的个人信息保护专门机构，欧盟及其成员国、日本、韩国以及我国香港和澳门特别行政区采取此种模式[①]；（2）指定由政府某一部门作为个人信息保护机构或在部门下设个人信息保护机构，俄罗斯和新加坡采取此种模式[②]；（3）实行跨领域的执法机构加各行业监管部门的执法体制，美国采取此种模式[③]。

我国的个人信息保护经历了从无到有、不断丰富完善的过程。建立合理、高效的监管制度，通过综合运用风险管理、调查、处罚等多种手段，将行政监管贯穿事前预防、事中监督、事后处理全过程，既是维护公民权利的必然要求，也是社会发展的现实需要。2011 年，国家互联网信息办公室成立，与

---

① 以欧盟为例，早在 1995 年《欧盟数据保护指令》即要求在欧盟层面和各成员国层面均设立专门、独立的监管部门进行执法监管。2016 年，欧盟通过《通用数据保护条例》（简称 GDPR，2018 年 5 月 25 日生效），在欧盟层面成立由各成员国数据监管机构负责人及欧洲数据保护监督机构负责人或其代表组成的欧洲数据保护委员会，确保 GDPR 在欧盟境内的统一适用。

② 俄罗斯由作为联邦政府组成部门之一的联邦通信和大众传媒部负责个人信息保护工作，下设俄罗斯联邦通信、信息技术与大众传媒监督局。新加坡成立了个人数据保护委员会，设在信息媒体发展局下，是通信信息部的分支机构。

③ 美国并未设立统一的个人信息保护机构，而是根据其分散式行业立法的特点，实行各领域分散监管，重视个人信息保护的执法实践，采取灵活多样的执法手段。

工业和信息化部、公安部共同成为我国互联网管理体制的“三驾马车”：国家网信办负责内容管理，工信部负责互联网行业管理，公安部负责防范和打击互联网上违法犯罪活动。2014 年成立中央网络安全和信息化领导小组，2018 年领导小组改为中央网络安全和信息化委员会，中央网信办为办事机构，与国家网信办“一个机构两块牌子”。2017 年《网络安全法》正式施行，明确：“国家网信部门负责统筹协调网络安全工作和相关监督管理工作。国务院电信主管部门、公安部门和其他有关机关依照本法和有关法律、行政法规的规定，在各自职责范围内负责网络安全保护和监督管理工作。”由此确立了我国网络安全工作统一管理和分工协作相结合的一轴（国家网信办）两翼（工信部、公安部）多极格局（其他有关机关）管理体制。

在各行业分散立法的背景下，部分行业或领域多头监管问题突出。在《个人信息保护法》立法过程中，对于监管主体有不同看法，有的建议设立专门的个人信息保护监管机构，并根据需要在主要区域设立分支机构，统一处理投诉和纠纷；有的建议对强化监管协同、建立联动机制作出规定；有的建议厘清相关监管部门的职责，对无明确行业监管的领域确立相应的监管部门；有的建议增加地方网信部门统筹协调和监督管理的职责等。考虑到个人信息保护及监管事项的层级性和复杂多样性，本条沿用了《网络安全法》确立的统一管理和分工协作相结合的管理体制，既避免了监管力量分散、推诿、低效等弊端，也符合立法经济原则。

【条文解读与法律适用】

本条第 1 款规定了中央国家机关层面的横向职责分工，构建起跨部门、跨行业、跨领域的统筹协调、协抓共管的监管体制。第 2 款规定了管理层级上的纵向职责分工，构建起个人信息保护的国家、省（自治区、直辖市）、地级市、县四级管理体系。

一、关于网信部门的理解

网信部门主要指国家网信办及县级以上地方人民政府网信办。

关于网信办是否可独立承担法律责任的问题。《国务院关于授权国家互联网信息办公室负责互联网信息内容管理工作的通知》授权国家网信办负责全国互联网信息内容管理工作，并负责监督管理执法。结合《个人信息保护法》及《行政诉讼法》第 2 条的规定，国家网信办因行政授权而有权独立行使个人信息保护监管职权并承担相应法律责任。

关于不同级别网信办的监管权限问题。《互联网信息内容管理行政执法程序规定》第 6 条规定，行政处罚由违法行为发生地的互联网信息内容管理部门管辖。违法行为发生地包括实施违法行为的网站备案地，工商登记地（工商登记地与主营业地不一致的，应按主营业地），网站建立者、管理者、使用者所在地，网络接入地，计算机等终端设备所在地等。第 7 条规定，市（地、州）级以下互联网信息内容管理部门依职权管辖本行政区域内的互联网信息内容行政处罚案件。省、自治区、直辖市互联网信息内容管理部门依职权管辖本行政区域内重大、复杂的互联网信息内容行政处罚案件。国家互联网信息内容管理部门依职权管辖应当由自己实施行政处罚的案件及全国范围内发生的重大、复杂的互联网信息内容行政处罚案件。省、自治区、直辖市互联网信息内容管理部门可以依据法律法规规章，结合本地区实际，制定本行政区域内级别管辖的具体规定。第 8 条规定，对当事人的同一违法行为，两个以上互联网信息内容管理部门均有管辖权的，由先行立案的互联网信息内容管理部门管辖。必要时，可以移送主要违法行为发生地的互联网信息内容管理部门管辖。两个以上的互联网信息内容管理部门对管辖权有争议的，应当协商解决；协商不成的，报请共同的上一级互联网信息内容管理部门指定管辖。综合上述规定，各地网信办根据相应层级，履行不同范围内的个人信息保护监管职责。

二、关于工信部门的理解

工信部门负责互联网准入及产业发展促进。根据《个人信息保护规定》第 3 条的规定，工业和信息化部和各省、自治区、直辖市通信管理局依法对电信和互联网用户个人信息保护工作实施监督管理。

三、关于公安部门的理解

公安部门负责网络联网备案、网络安全等级保护、涉网刑事案件侦查等工作。根据《公安机关互联网安全监督检查规定》第 3 条的规定，互联网安全监督检查工作由县级以上地方人民政府公安机关网络安全保卫部门组织实施。上级公安机关应当对下级公安机关开展互联网安全监督检查工作情况进行指导和监督。

四、关于市场监管部门的理解

市场监管部门主要负责互联网企业设立、消费者权益保护、广告与竞争合规等工作。《网络安全法》《消费者权益保护法》《电子商务法》《广告法》等法律均对个人信息保护监管作出规定，国务院市场监督管理部门及县级以上地方市场监督管理部门根据规定负有相应的个人信息保护监管职责。

五、关于邮政管理部门的理解

根据《邮政法》《快递暂行条例》《邮政业寄递安全监督管理办法》等法律法规和部门规章规定，邮政管理部门履行对快递企业涉个人信息保护方面的行政监管职责。

六、关于中国人民银行的理解

根据《征信业管理条例》《中国人民银行金融消费者权益保护实施办法》等规定，中国人民银行及其分支机构在职责范围内依法开展金融机构金融消费者个人信息保护监管。

此外，中国银行保险监督管理委员会、卫生主管部门、教育主管部门等均在法律法规及部门规章授予的权限范围内负有个人信息行政监管职责。

（李竺娉　撰写）

第六十一条 【个人信息保护主管部门的职责范围】 履行个人信息保护职责的部门履行下列个人信息保护职责：

（一）开展个人信息保护宣传教育，指导、监督个人信息处理者开展个人信息保护工作；

（二）接受、处理与个人信息保护有关的投诉、举报；

（三）组织对应用程序等个人信息保护情况进行测评，并公布测评结果；

（四）调查、处理违法个人信息处理活动；

（五）法律、行政法规规定的其他职责。

【立法背景】

职权法定是行政机关必须遵循的法治原则。行政机关所行使的职权必须有法律规定，任何机关不得超越法律的授权。本条即依据上述原则对履行个人信息保护职责的部门的法定职责范围进行列举，具体包括五个方面的职责：一是教育、宣传以及监督个人信息处理者开展个人信息保护工作，即对个人信息保护工作进行教育、宣传的职责；二是接受、处理与个人信息保护有关的投诉、举报，即依照本法有关个人信息保护的内容对相关投诉事项进行处理的职责；三是组织对应用程序等个人信息保护情况进行测评，并公布测评结果，即对相关应用程序等进行检测和评价的职责；四是对个人信息违法行为的查处职责，该项职责系个人信息保护主管部门依职权主动行使的职权，区别于第 2 项依当事人申请而进行的相关处理；五是法律、行政法规规定的其他职责。该项系兜底条款，为今后的立法扩大个人信息保护主管部门职责范围留下空间。

上述条文内容在立法过程中有一些变化。《个人信息保护法（一审稿）》在第 57 条作出规定："履行个人信息保护职责的部门履行下列个人信息保护职责：（一）开展个人信息保护宣传教育，指导、监督个人信息处理者开展个人信息保护工作；（二）接受、处理与个人信息保护有关的投诉、举报；（三）调查、处理违法个人信息处理活动；（四）法律、行政法规规定的其他职责。”上述《个人信息保护法（一审稿）》在向社会征求意见过程中，有单位提出建议增加有关部门管理个人信息处理者登记簿的职责，也有单位建议将第3项中的“违法”改为“违法和涉嫌违法”。还有意见建议明确第3项中的调查权不包括境外处理活动，但根据国际惯例，为满足有限域外监管必需的除外。《个人信息保护法（二审稿）》在第60条对上述内容进行了规定，但主要内容与《个人信息保护法（一审稿）》比较，并无明显改动。本条最终稿相较于一、二审稿增加了对应用程序等个人信息保护情况进行测评的职责。此处增加的内容系基于现行法律的已有相关规定，即《网络安全法》等，以及参考了域外的相关立法例而作出的必要修正。

【条文解读与法律适用】

职权法定原则是行政法的基本原则，行政机关要做到依法行政，首先必须有法律明确授予的行政职权，在法律规定的职权范围内活动。非经法律授权，行政机关不得作出行政管理行为；超出法律授权范围，行政机关不享有对有关事务的管理权，否则都属于行政违法。本条规定是对履行个人信息保护职责的部门法定职责具体列举，无论是在行政程序中还是在行政复议、行政诉讼过程中，本条列举的职权范围均系判断相关行政机关是否具备职权的重要依据。

关于个人信息保护主管部门的职责范围，世界各国的规定并不一致。欧盟1995年《个人数据保护指令》规定，欧洲数据保护监督机构的主要职责包括：负责数据保护指令在欧盟相关机构内实施；向欧洲议会、欧盟理事会、欧盟委员会提供咨询；对外交流与合作。美国没有设立统一的个人信息保护机构，其主要通过消费者保护局下成立的隐私和身份保护部，通过政策、规则制定，采取多种执法手段来保护消费者个人信息。日本根据2015年修改后的《个人信息保护法》的规定，成立专门的个人信息保护委员会，作为独立的个人信息保护机构对商业经营者的个人信息处理活动实施统一监管。其主要职责包括：制定个人信息保护基本方针；监督个人信息和匿名化信息的处理，包括进行指导、提出建议，要求企业提交报告，或者进行现场调查等；对个人信息保护的民间团体进行认证；对可能存在个人信息泄露风险、需要进行自我评估的政府机关，规定评估内容和程序并批准评估报告；接受用户投诉并进行调解；向国会报告委员会工作情况，进行必要的调查、研究等。韩国根据其《个人信息保护法》的规定，设立了直属于总统的个人信息保护委员会，其主要职责包括：制定和实施与个人信息保护相关的基础计划；制定个人信息保护相关的政策、法规、制度；协调公共机构、非公共机构对个人信息的管理；解释法规等。从上述域外法律的规定看，涉及个人信息保护的行政管理事项非常广泛，各国的具体规定也不尽相同。因此，实务中，在判断相关行政机关是否具备相应的职权时，必须严格按照本条的规定，即现阶段个人信息保护主管部门履行以下四方面的职责：一是对个人信息保护的教育、宣传、指导职责；二是接受、处理相关的投诉、举报的职责；三是对相关个人信息保护情况进行测评的职责；四是对违法的个人信息处理活动进行调查、处理的职责。但本条第 5 项也为行政机关履行其他类型的职责留下空间，例如，类似于日本《个人信息保护法》规定的对个人信息保护的民间团体进行认证的职责，亦有可能成为未来我国个人信息保护主管部门的职责范围，但上述情况的出现必须基于法律法规的明确授权和规定。

（马良骥　撰写）

第六十二条 【国家网信部门统筹协调职责】国家网信部门统筹协调有关部门依据本法推进下列个人信息保护工作：

（一）制定个人信息保护具体规则、标准；

（二）针对小型个人信息处理者、处理敏感个人信息以及人脸识别、人工智能等新技术、新应用，制定专门的个人信息保护规则、标准；

（三）支持研究开发和推广应用安全、方便的电子身份认证技术，推进网络身份认证公共服务建设；

（四）推进个人信息保护社会化服务体系建设，支持有关机构开展个人信息保护评估、认证服务；

（五）完善个人信息保护投诉、举报工作机制。

【立法背景】

本条承接本法第60条规定，就国家网信部门的统筹协调个人信息保护及其监管工作的具体内容，进一步作出相对全面、明确的规定。

本条5项内容是经过三次审议逐步增加而来，较为全面系统地梳理规定了国家网信部门的统筹协调职责。《个人信息保护法（一审稿）》虽规定"国家网信部门负责统筹协调个人信息保护工作和相关监督管理工作"，但未能就国家网信部门的统筹协调的具体内容单独分条作进一步规定，仅规定"国家网信部门和国务院有关部门按照职责权限组织制定个人信息保护相关规则、标准，推进个人信息保护社会化服务体系建设，支持有关机构开展个人信息保护评估、认证服务"。对此，有的部门、专家提出，应当充分发挥国家网信部门的统筹协调作用，推进配套规定制定等工作，保证本法有效贯彻实施。全国人大宪法和法律委员会经研究，建议在有关条款中明确由国家网信部门统筹推进个人信息保护有关工作，包括：制定个人信息保护具体规则、标准；针对敏感个人信息以及人脸识别、人工智能等新技术、新应用制定专门的个人信息保护规则、标准；支持研究开发安全、方便的电子身份认证技术等。由此形成《个人信息保护法（二审稿）》后，有的常委委员和部门、社会公众提出，有关部门应完善个人信息保护投诉、举报机制，并在案件查处方面加强协同配合。全国人大宪法和法律委员会经研究，建议增加规定，国家网信部门统筹协调有关部门完善个人信息保护投诉、举报工作机制。[①] 此后审议中还有部门提出，为减少网络身份认证中对个人信息的过度采集，有关方面遵循自愿原则正在试点应用网络身份认证公共服务，建议在草案中增加相应规定。全国人大宪法和法律委员会经研究，建议在《个人信息保护法（三审稿）》中增加规定，国家网信部门统筹协调有关部门“推进网络身份认证公共服务建设”。[②] 最终，经多次扩充后形成本条共5项国家网信部门的统筹协调职能。

《网络安全法》第8条、第39条及第51条，共同构成了“国家网信部门负责统筹协调网络安全工作和相关监督管理工作”及其具体内容；《数据安全法》第6条原则性地规定“国家网信部门依照本法和有关法律、行政法规的规定，负责统筹协调网络数据安全和相关监管工作”。

从比较法角度观察，欧盟数据保护委员会代表整个欧盟层面发布有关个人数据保护的相关意见、指南，协调一站式监管机制并促进交流等。美国没有单独设立专门的个人信息保护机构，执法机构包括联邦贸易委员会、联邦通讯委员会、证券交易委员会、消费者金融保护局等，其中联邦贸易委员会是隐私权和数据保护领域最有影响力的执法机构，可发布具有强制执行力的“规则”及关于法律行政解释的“指南”，联邦贸易委员会可直接行政执法。

【条文解读与法律适用】

一、关于统筹协调推进制定个人信息保护的规则标准

本法构建起个人信息保护的基本制度框架。在具体适用中针对云计算、移动互联网、大数据等新技术、新业态、新情况等，需要遵循个人信息保护法的基本原则与框架，制定更为具体的规则、标准。这也是各国的普遍做法。

---

① 《全国人民代表大会宪法和法律委员会关于〈中华人民共和国个人信息保护法（草案）〉审议结果的报告》。

② 《全国人民代表大会宪法和法律委员会关于〈中华人民共和国个人信息保护法（草案三次审议稿）〉修改意见的报告》。

自2014年8月国务院授权重新组建的国家网信办负责全国互联网信息内容管理工作，并负责监督管理执法以来，国家网信办从事了大量涉个人信息保护的统筹协调工作，包括参与制定规则、标准。如2019年8月发布《儿童个人信息网络保护规定》，同年11月与有关部门联合印发《App违法违规收集使用个人信息行为认定办法》等。

2016年8月，中央网络安全和信息化领导小组办公室、国家质量监督检验检疫总局、国家标准化管理委员会联合发布《关于加强国家网络安全标准化工作的若干意见》，提出“推进急需重点标准制定”，并明确将制定“个人信息保护”方面的标准列为近期工作重点之一。此后，相关标准体系日趋完善，如《个人信息去标识化指南》《个人信息安全规范》《个人信息安全影响评估指南》等国家标准，相继发布。

人脸识别是近年来广泛运用于各领域并迅速发展的一项生物特征识别技术，主要是通过人脸的面部特征进行身份确认或者身份查找的技术；还包括人脸图像采集、人脸定位、人脸识别预处理等。人脸识别技术可广泛运用于安防、商业、金融、娱乐等领域。人脸识别让身份识别更加便捷，并带来一系列技术革新和生活方式改变，但人脸信息具有敏感性、特殊性，对个人信息保护带来的问题日益显现。人工智能是研究解决如何使计算机具有能听、会说、能看、会写、能思维、会学习、能适应环境变化、能解决各种实际问题的学科。某种意义上，“人工智能=大数据+机器学习”。2017年7月国务院印发《新一代人工智能发展规划》，旨在大力发展五大人工智能2.0技术，用以解决技术、产业、社会和国防四大领域的问题。

考虑到小型个人信息处理者、处理敏感个人信息以及人脸识别、人工智能等新技术、新应用具有的特殊性，本法要求制定专门的个人信息保护规则、标准。应当注意，此处应为不完全列举。

二、关于统筹协调推进身份认证工作机制

电子身份认证利用现代信息技术将标识信息固化并能对其识别、确认。当前，第二代身份证、银行卡、生物特征（如人脸、指纹、虹膜等）、数字证书等多种身份认证技术，各具特点，认证强度也有不同。《网络安全法》第24条已规定，国家实施网络可信身份战略，支持研究开发安全、方便的电子身份认证技术，推动不同电子身份认证之间的互认。本法进一步明确要求，国家网信部门不仅需要统筹协调有关部门支持研究开发和推广具有安全、方便特点的电子身份认证技术，同时，还需要推进网络身份认证公共服务建设。

为解决网络应用中确认真实、唯一主体需求，需相应配套网络注册实名制。《加强网络信息保护的决定》第 6 条规定："网络服务提供者为用户办理网站接入服务，办理固定电话、移动电话等入网手续，或者为用户提供信息发布服务，应当在与用户签订协议或者确认提供服务时，要求用户提供真实身份信息。"《互联网用户账号名称管理规定》等均明确互联网信息服务提供者应当按照"后台实名、前台自愿"原则，要求互联网信息服务使用者通过真实身份信息认证后注册账号。

三、关于统筹协调推进个人信息保护的社会化服务建设

囿于知识、技能等多方面限制，单一主体即便是个人信息保护监管部门也无法独立完成诸多专业性事项，有必要依托个人信息保护社会化服务体系建设，包括但不限于个人信息保护的评估、认证。个人信息保护的评估重在解决合规性的评价、估量；而认证则系指由认证机构证明产品、服务或管理符合相关技术规范的要求标准，进行合格性评定。

本法第 55 条、第 56 条规定了个人信息保护影响评估的情形及其内容。本法颁布前，《个人信息安全影响评估指南》已出台，针对个人信息处理活动检验其合法合规程度，判断其对个人信息主体合法权益造成损害的各种风险，以及评估保护个人信息主体的各项措施的有效性；《个人信息出境安全评估办法》仍在制定过程中。

四、关于统筹协调推进完善个人信息保护救济机制

本条与第 61 条、第 65 条均涉及投诉举报，不同于开展具体行政执法活动，本条侧重于规定国家网信部门具有完善投诉举报工作机制的职责，如制定出台执行本法的规章。类似情形如国家网信办依据《网络安全法》等制定并于 2017 年 6 月 1 日起施行《互联网信息内容管理行政执法程序规定》，对违反有关互联网信息内容管理法律法规规章的行为实施行政处罚作出具体规定。

（管征 撰写）

第六十三条　【监管部门的行政措施】履行个人信息保护职责的部门履行个人信息保护职责，可以采取下列措施：

（一）询问有关当事人，调查与个人信息处理活动有关的情况；

（二）查阅、复制当事人与个人信息处理活动有关的合同、记录、账簿以及其他有关资料；

（三）实施现场检查，对涉嫌违法的个人信息处理活动进行调查；

（四）检查与个人信息处理活动有关的设备、物品；对有证据证明是用于违法个人信息处理活动的设备、物品，向本部门主要负责人书面报告并经批准，可以查封或者扣押。

履行个人信息保护职责的部门依法履行职责，当事人应当予以协助、配合，不得拒绝、阻挠。

【立法背景】

本条是关于履行个人信息保护职责的部门可以采取何种监督检查措施的规定。根据本条的规定，履行个人信息保护职责的部门履行个人信息保护职责，可以采取询问、调查、查阅、复制、现场检查以及查封、扣押等措施，同时规定了当事人应当予以协助、配合的义务。

目前，《网络安全法》《数据安全法》仅规定了约谈制度，这种“行政约谈”手段，其主要功能在于警示、告诫或指导，缺乏相应的强制力。从我国实践的情况来看，往往是发生网络安全事件时，监督管理部门才采取约谈措施，无法真正起到对侵害行为的预防和制止作用。一些学者认为，由于企业内部或信息行业规范的自觉发展尚不充分，个人信息处理者存在实施侵害个人信息行为的可能，与此同时，行业自律机制同样离不开外部的行政监管，故行政监管需要行之有效的具体监督管理措施。[①] 在域外立法中，很多国家或地区也规定了个人信息保护职责部门具有调查、检查等职权。

《个人信息保护法（一审稿）》对本条第4项规定为“检查与个人信息处理活

① 邓辉：《我国个人信息保护行政监管的立法选择》，载《交大法学》2020年第2期。

动有关的设备、物品；对有证据证明是用于违法个人信息处理活动的设备、物品，可以查封或者扣押”，部分部门及企业对此提出意见，有的建议删去可以查封或者扣押有关设备、物品的规定，有的建议对查封扣押的设备、物品范围作出必要限制，有的建议明确查封、扣押应当依照行政强制措施法规定的程序和职权，并经单位负责人批准。《个人信息保护法（二审稿）》对本条第 4 项查封、扣押作出一定的程序限制，增加需要“向本部门主要负责人书面报告并经批准”的内容。

【条文解读与法律适用】

本条规定的履行个人信息保护职责的部门履行个人信息保护职责，可以采取询问、调查、查阅、复制、现场检查等措施，但总体上多属于行政调查或检查的具体形式。启动调查处理程序，既可以来源于单位或个人对违法个人信息处理活动的投诉、举报，也可以是履行个人信息保护职责的部门为履行个人信息保护职责而进行的日常监管。

一、行政调查应当遵循的原则

（一）依法调查原则

这是行政合法性原则在行政调查领域的体现，具体表现为：（1）职权法定。调查、现场检查、查封、扣押等属于具有一定强制性的措施，故其实施必须严格依法进行，具有法律所设定的职权。本条规定，可以采取行政调查具体措施的职权主体是履行个人信息保护职责的部门，按照本法第 60 条的规定，既包括国家网信部门，也包括依照本法和有关法律、法规在相应职责范围内负责个人信息保护和监督管理工作的国务院有关部门，还包括县级以上地方人民政府有关部门。（2）方式法定。履行个人信息保护职责的部门在进行调查时，应当采取且不能超出本条规定的具体措施范畴。（3）程序法定。履行个人信息保护职责的部门在进行调查时，必须程序合法，可以适用有关法律、法规关于行政调查程序规定。

（二）全面、客观、公正原则

《行政处罚法》第 54 条对行政机关调查和取证作了明确规定，要求行政机关“必须全面、客观、公正地调查，收集有关证据”，履行个人信息保护职责的部门在调查时，也应当遵循全面、客观、公正原则，既要收集当事人实施违法行为的证据，也要收集对当事人有利的证据；既要收集书证、物证，也要注意收集视听资料、电子数据等证据材料，必要时可以进行现场检查等。

（三）关联性原则

由于个人信息的特殊性，履行个人信息保护职责的部门在调查时，应当围绕调查的目的进行，不得对与调查目的无关的内容进行检查，且调查的结果应当作为履行个人信息保护职责的部门作出后续处理决定的事实根据。

（四）维护公益和尊重个人权益原则

为实现监督管理的职责或为维护公共利益的需要，履行个人信息保护职责的部门可以行使行政调查权，但在调查时应当尊重个人权益，按照本法第6条的规定，采取对个人权益影响最小的方式。换言之，为了避免对个人信息保护造成二次不利影响，在行政调查时应坚持比例原则，当有多种调查方式可以选择时，应当选择对个人权益影响最小的方式；对于经行政调查而获取的信息使用时，要充分尊重和保护个人的隐私权利。

二、行政调查应当适用的程序

（一）一般程序

从有关法律法规对行政调查程序所作的规定来看，履行个人信息保护职责的部门在进行行政调查时，应做到以下基本程序要求：一是通知，在实施行政调查前，原则上应当通知被调查对象将要实施调查的内容、依据及协助、配合义务；二是须有两名或两名以上工作人员参加，这是保证调查客观公正的需要；三是工作人员应当在实施调查前主动出示执法证件或工作证件等，以证明身份的合法性；四是应当听取被调查对象的意见，这是正当程序的要求；五是询问有关当事人或现场检查时，应当依法制作笔录或视频录像等。

（二）其他应当注意的程序问题

1. 关于行政调查涉及本法第28条规定的敏感个人信息时，是否应当取得个人的单独同意或书面同意。我们认为，行政调查系履行个人信息保护职责的部门在履行个人信息保护职责时所采取的必要行政措施，并非本法第4条规定的个人信息的处理行为；即使行政调查涉及个人信息的收集、存储、使用等，根据本法第13条第1款第3项及第2款的规定，也不需取得个人同意。

2. 对于行政调查涉及未成年人时，应当有其监护人在场。《治安管理处罚法》第84条第3款规定："询问不满十六周岁的违反治安管理行为人，应当通知其父母或者其他监护人到场。”从保障未成年人身心健康角度，对不满十六周岁的未成年人进行调查时，应通知其父母或其他监护人在场。

3. 对有证据证明用于违法个人信息处理活动的设备、物品进行查封或者扣押时，应注意其适用条件：（1）需要有证据证明相关设备、物品用于违法个人信息处理，即查封或者扣押具有证据支撑和事实根据；（2）被查封或者扣押的设备、物品仅限于用于违法个人信息处理的，不包括其他无关设备、物品；（3）采取查封或者扣押措施前，必须向履行个人信息保护职责的部门主要负责人书面报告并经批准，这是本条明确规定的限制性要求。除此之外，履行个人信息保护职责的部门在进行查封或者扣押时，还应当适用《行政强制法》第三章第二节的“查封、扣押”的有关规定。

三、当事人的协助义务

本条规定的行政调查明显区别于《网络安全法》第56条、《数据安全法》第44条及本法第64条规定的监管约谈制度，约谈制度虽属于有关行政部门的监督管理举措，但本质系一种行政指导行为，仅发挥警示告诫、敦促作用。为了避免外部监督管理手段乏力，本条第2款规定了当事人对行政调查的协助义务。在工作人员进行调查或检查时，当事人应当予以协助和配合，如实回答询问，不作虚假陈述，配合提供查阅、复制的有关资料，对需要查封或者扣押的设备、物品应及时上交，不得拒绝或阻扰工作人员的调查工作。如果当事人拒不履行协助义务的，履行个人信息保护职责的部门可以适用本法第七章的相关规定，依法追究当事人相应的法律责任。

四、实践中需要注意的问题

总体上，对履行个人信息保护职责的部门行政调查的合法性判断，应注意把握以下几个方面：一是实施行政调查的主体是否具有履行个人信息保护的法定职责，依据本法及有关法律、行政法规的规定，审查该主体的职责范围是否包括个人信息保护和监督管理；二是工作人员应否具备相应资格，即是否具有有效的执法证件，有无向被调查对象主动出示执法证件；三是工作人员采取的行政调查方式是否合法合理，有无超过保护个人信息和查处违法行为的必要限度；四是当事人拒绝履行协助、配合义务的理由是否正当；五是行政调查时是否保障了当事人的陈述、申辩权利或其他重要程序性权利。

（俞朝风 撰写）

第六十四条　【约谈与合规审计】履行个人信息保护职责的部门在履行职责中，发现个人信息处理活动存在较大风险或者发生个人信息安全事件的，可以按照规定的权限和程序对该个人信息处理者的法定代表人或者主要负责人进行约谈，或者要求个人信息处理者委托专业机构对其个人信息处理活动进行合规审计。个人信息处理者应当按照要求采取措施，进行整改，消除隐患。

履行个人信息保护职责的部门在履行职责中，发现违法处理个人信息涉嫌犯罪的，应当及时移送公安机关依法处理。

【立法背景】

《网络安全法》第56条规定了通过网络开展的个人信息处理活动适用约谈制度，但尚无法触及线下个人信息处理活动所造成的风险或者个人信息安全事件。《个人信息保护法》将约谈制度法定化，为针对个人信息处理活动的约谈提供了相应的法律依据。《个人信息保护法（一审稿）》关于“个人信息处理者应当定期对其个人信息处理活动、采取的保护措施等是否符合法律、行政法规的规定进行审计。履行个人信息保护职责的部门有权要求个人信息处理者委托专业机构进行审计”的规定，包含两类合规审计，一是自律性合规审计，二是监管性合规审计。《个人信息保护法（二审稿）》分开作了规定，第54条修改为：“个人信息处理者应当定期对其个人信息处理活动遵守法律、行政法规的情况进行合规审计。”同时，本条在《个人信息保护法（一审稿）》第60条的基础上增加了“要求个人信息处理者委托专业机构对其个人信息处理活动进行合规审计”，实现以自律为主、自律与他律相结合的管理方式创新。

本条第2款是关于行政执法与刑事司法衔接的规定。该规定与《行政处罚法》第27条对于“涉嫌犯罪”“应当及时移送”的规定保持一致。实践中，判断某一违法行为是否构成犯罪是一个复杂的刑事司法过程，在行政程序中，行政执法主体对是否构成犯罪所作的判断很难与刑事司法程序的判断标准相统一。因此，本法规定了“涉嫌犯罪”的应当及时移送，更为科学合理。

【条文解读与法律适用】

一、关于约谈的理解

行政约谈，是指行政主体针对监管的行政相对人可能存在或发生的问题，在约定的时间、地点与其进行沟通、协商，并给予警示、告诫的非强制性行政指导行为。行政约谈是执法部门在个人信息保护监督工作中较为典型和常见的事中监督措施，其主要功能在于警示、告诫，通过约谈督促约谈对象履行个人信息保护责任，落实个人信息安全风险监测预警与应急处置的相关制度，促使被约谈对象准确理解约谈者关切的问题和重点，采取更有针对性和更加符合监管要求的措施。[①]

本条约谈的适用应当把握以下几点：

1. 约谈的主体。本条规定有权进行个人信息保护监管约谈的主体是履行个人信息保护职责的部门，这是与本法第 60 条规定的主体相衔接的。

2. 约谈的对象。被约谈的对象是个人信息处理者内部承担个人信息保护管理主要责任的人，包括其法定代表人或者主要负责人。

3. 约谈的情形和法定条件。采取约谈措施的情形：一是发现存在较大风险的，如个人信息处理者处理个人信息的过程中，可能发生个人信息泄露、篡改、毁损、丢失的；二是发生个人信息安全事件的，如网络攻击事件、有害程序事件、信息泄密事件和信息内容安全事件等。约谈方应听取约谈对象关于个人信息保护管理制度执行、个人信息安全风险防范、个人信息安全事件处置等情况汇报，指出约谈对象在个人信息保护管理中存在的问题，对个人信息处理者进一步加强个人信息保护管理提出具体要求，明确整改责任，督促个人信息处理者及时消除个人信息安全风险或者妥善处置个人信息安全事件。

4. 约谈的程序。履行个人信息保护职责的部门约谈前，应当提前告知个人信息处理者约谈事由，并约定时间、地点和参加人员等。约谈时，应当由两名以上执法人员参加，主动出示证件，并记录约谈情况。约谈后，应当加

① 杨合庆主编：《中华人民共和国网络安全法解读》，中国法制出版社 2017 年版，第 117—118 页。

强对个人信息处理者的监督检查，并对个人信息处理者整改情况进行综合评估，综合评估可以委托第三方开展。

5. 约谈的法律效力。被约谈对象应当按照约谈方的要求采取措施，及时消除个人信息安全风险或者妥善处置个人信息安全事件；同时弥补个人信息安全漏洞，加强和改进个人信息安全维护工作，防范类似的个人信息安全风险和个人信息安全事件再次发生。被约谈对象无正当理由不接受约谈、不接受整改意见或者不落实整改承诺的，约谈部门应当采取进一步的监管和追责措施。行政约谈不能代替刑事处罚，如在约谈中发现违法处理个人信息涉嫌犯罪的，应当及时移送公安机关依法处理。

二、关于合规审计的理解

合规审计是专业机构或者部门对个人信息处理活动遵守法律、行政法规的情况进行审计。本法第 54 条和本条均规定了合规审计，分别对应自律性合规审计和监管性合规审计，两者存在较大的区别。自律性审计，主要是个人信息处理者为了预防和避免个人信息被侵害或不合规事件发生，在日常个人信息处理活动中自行启动的定期、有规律的审计，既可以由个人信息处理者内部设立的审计部门进行内审，也可以委托第三方专业机构外审。本条规定的监管性合规审计突出外部监管，具有下列特点：一是启动主体外部性，由履行个人信息保护职责的部门要求个人信息处理者启动审计；二是审计主体外部性，只能由个人信息处理者负责委托专业机构对其个人信息处理活动进行合规审计；三是启动原因事后性，当发现个人信息处理活动存在较大风险或者发生个人信息安全事件的时候，才会启动合规审计；四是启动目的的监督性，合规审计的目的是对涉嫌违法处理活动是否遵守法律、行政法规进行调查处理，以视情况采取相应规制措施。

无论是对个人信息处理者的法定代表人或者主要负责人进行约谈，还是要求个人信息处理者委托专业机构对个人信息处理活动进行合规审计，个人信息处理者都必须按照相关法律、法规、规范的要求，如《个人信息安全规范》规定的个人信息安全事件处置内容等要求，采取措施，进行整改，消除隐患。

三、关于行政执法和刑事司法衔接的理解

为促进个人信息保护领域的行刑衔接，本法规定了相关执法机关与公安机关之间的案件移送制度。《刑法》第 253 条之一规定了侵犯公民个人信息罪，包括向他人出售或者提供公民个人信息罪、窃取或者以其他方法非法获取公民个人信息罪等。《侵犯公民个人信息刑事案件解释》第 5 条对非法获取、出售或者提供公民个人信息的“情节严重”“情节特别严重”情形进行了详细规定。履行个人信息保护职责的部门在履行职责中，发现违法处理个人信息涉嫌以上犯罪的，应当及时移送公安机关，由公安机关依法进行处理。

关于移送需要把握：一是移送的条件。违法处理个人信息的行为涉嫌犯罪是行政案件由相关执法机关向公安机关移送的前提条件。若该违法行为不涉嫌犯罪，则不论后果、情节如何，执法机关都不必把案件移送公安机关。二是移送的对象。《刑事诉讼法》第 3 条第 1 款规定，对刑事案件的侦查、拘留、执行逮捕、预审，由公安机关负责。因此，本法规定涉嫌犯罪的，向公安机关移送。三是移送的目的。相关执法机关将案件移送公安机关的主要目的是依法追究犯罪行为人的刑事责任，防止执法机关以罚代刑。四是移送的内容。执法机关在移送案件时应当全案移送，同时将所收集的证据材料全部移交，提高证据的合理高效使用和办案效率。

实践中，行刑衔接则需要在具体的个案中去实现，需要相关执法机关与公安机关加强沟通协调和配合协作，从而让这一制度真正发挥实效。①

（俞朝凤　撰写）

---

① 江必新、夏道虎主编：《中华人民共和国行政处罚法条文解读与法律适用》，中国法制出版社 2021 年版，第 89—91 页。

第六十五条　【投诉、举报及处理】任何组织、个人有权对违法个人信息处理活动向履行个人信息保护职责的部门进行投诉、举报。收到投诉、举报的部门应当依法及时处理，并将处理结果告知投诉、举报人。

履行个人信息保护职责的部门应当公布接受投诉、举报的联系方式。

【立法背景】

本条第 1 款规定了各类组织、个人对违法个人信息处理活动所享有的投诉、举报的权利，同时还规定了履行个人信息保护职责的部门在收到投诉、举报后处理的时间要求及程序义务。本条第 2 款规定了履行个人信息保护职责的部门公布接受投诉、举报的联系方式的义务。

在立法过程中，本条内容在历次审议稿中未作变动。

【条文解读与法律适用】

个人信息保护关系到全体公民的切身利益，除人大监督、行政监督外，还应当充分发挥社会监督的作用，鼓励社会组织、个人对违法个人信息处理活动进行广泛的监督，以弥补人大监督、行政监督的不足。社会组织和个人对违法个人信息处理活动举报、投诉是社会监督的重要内容。依法行政需要强化社会监督，依法保护公众实施监督的权利，拓宽监督渠道，完善监督机制，为公众实施监督创造条件，完善群众举报违法行为的制度。因此，及时对举报、投诉进行处理不仅是加强个人信息保护的需要，也是推进依法行政的要求。

一、关于投诉、举报及处理的相关规定

本法第 60 条规定，履行个人信息保护职责的部门包括国家网信部门、国务院有关部门以及县级以上地方人民政府有关部门，其中国家网信部门负责统筹协调个人信息保护工作和相关监管工作，国务院有关部门依照本法和有关法律、行政法规的规定，在各自职责范围内负责个人信息保护和监督管理

工作，县级以上地方人民政府有关部门按照国家有关规定确定个人信息保护和监督管理职责。本法第 61 条规定，履行个人信息保护职责的部门履行的个人信息保护职责中包括“接受、处理与个人信息保护有关的投诉、举报”。因此，就目前而言，履行个人信息保护职责的部门各自负责接受、处理与个人信息保护有关的投诉、举报。

（一）相关法律的规定

实际上，自 2012 年全国人大常委会发布《加强网络信息保护的决定》起，我国即开始构建以个人控制为基础的个人信息保护制度，并散见于《消费者权益保护法》《网络安全法》《数据安全法》等法律之中，其中也有部分条款对个人信息保护有关的投诉、举报及处理作了相应规定。《消费者权益保护法》第 46 条规定：“消费者向有关行政部门投诉的，该部门应当自收到投诉之日起七个工作日内，予以处理并告知消费者。”《网络安全法》第 49 条第 1 款规定：“网络运营者应当建立网络信息安全投诉、举报制度，公布投诉、举报方式等信息，及时受理并处理有关网络信息安全的投诉和举报。”《数据安全法》第 12 条规定：“任何个人、组织都有权对违反本法规定的行为向有关主管部门投诉、举报。收到投诉、举报的部门应当及时依法处理。有关主管部门应当对投诉、举报人的相关信息予以保密，保护投诉、举报人的合法权益。”

（二）相关行政法规、部门规章、部门规范性文件的规定

另外，《征信业管理条例》《个人信息保护规定》《寄递服务用户个人信息安全管理规定》也有部分条款对个人信息保护有关的投诉、举报及处理作了相应规定。《征信业管理条例》第 26 条规定：“信息主体认为征信机构或者信息提供者、信息使用者侵害其合法权益的，可以向所在地的国务院征信业监督管理部门派出机构投诉。受理投诉的机构应当及时进行核查和处理，自受理之日起 30 日内书面答复投诉人。信息主体认为征信机构或者信息提供者、信息使用者侵害其合法权益的，可以直接向人民法院起诉。”《个人信息保护规定》第 12 条规定：“电信业务经营者、互联网信息服务提供者应当建立用户投诉处理机制，公布有效的联系方式，接受与用户个人信息保护有关的投诉，并自接到投诉之日起十五日内答复投诉人。”《寄递服务用户个人信息安全管理规定》第 12 条规定：“邮政企业、快递企业应当建立寄递用户信息安全投诉处理机制，公布有效联系方式，接受并及时处理有关投诉。”

二、处理的时间要求及程序要求

（一）时间要求

履行个人信息保护职责的部门，法律、行政法规、部门规章、部门规范性文件对接受投诉、举报及处理有相应法定履行期限规定的，从其规定。比如《消费者权益保护法》规定，应当自收到投诉之日起 7 个工作日内，予以处理并告知消费者。《征信业管理条例》规定，受理投诉的机构应当及时进行核查和处理，自受理之日起 30 日内书面答复投诉人。无法定履行期限的，统一以 2 个月作为行政机关的履行期限，此为《行政诉讼法》第 47 条规定的行政机关履行法定职责的期限。

（二）程序要求

收到投诉、举报的部门应当依法及时处理，并将处理结果告知投诉、举报人。对属于本部门职责范围的，应当依法、及时处理并将处理结果告知投诉、举报人；对不属于本部门职责范围的，应当书面通知并告知投诉、举报人正确的处理机构。

三、接受投诉、举报的联系方式

一般情况下，有关行政部门都会设置相应的受理投诉、举报的渠道，如接待场所、信箱、投诉举报网站等。对于上述渠道，都应向社会公众公布。各类组织、个人向有关行政部门投诉、举报，可以通过电话、信函、面谈、互联网等多种形式。

四、实践中需要注意的问题

虽然本条规定任何组织、个人有权对违法个人信息处理活动向履行个人信息保护职责的部门进行投诉、举报并获知处理结果，此乃法律对社会公众履行监督权、知情权的保障，但依照《行政复议法》《行政诉讼法》的有关规定，行政复议的申请人或行政诉讼的原告必须是认为自己的合法权益被侵犯的公民、法人或者其他组织，其复议或起诉是为了保护自己的权益，而不是为了他人的利益或者公共利益。具体到个人信息保护的投诉、举报机制，仅涉及切身合法权益的投诉人享有行政复议、行政诉讼的主体资格，与自身合法权益无关的违法行为的举报人，则不具备相应资格。

（王珺　撰写）

第七章　法律责任

本章概述

本章共6条，规定了违反本法规定所应承担的法律责任。法律责任是指有责主体因违反法律义务，按照法律规定应当承担的不利后果。本法规定的法律责任包括行政责任、民事责任和刑事责任，分述如下：

1. 行政责任。行政责任是指行政法律关系主体违反行政法律规范应承担的不利后果，对行政相对人主要表现为行政处罚，对行政主体主要表现为处分。第66条、第67条规定，对违反本法规定的行为，有关履行个人信息保护职责的部门可予以警告、罚款、没收违法所得、责令暂停或终止提供服务、责令暂停相关业务或者停业整顿、通报有关主管部门吊销相关业务许可或者吊销营业执照、限制从业等行政处罚，并可依照有关法律、行政法规的规定记入信用档案，并予以公示。第71条还规定，违反本法规定，构成违反治安管理行为的，依法给予治安管理处罚。

第68条规定，对于不履行本法义务的国家机关，由其上级机关或者履行个人信息保护职责的部门责令改正；对直接负责的主管人员和其他直接责任人员依法给予处分；履行个人信息保护职责的部门的工作人员玩忽职守、滥用职权、徇私舞弊，尚不构成犯罪的，依法给予处分。

2. 民事责任。民事责任是指法律关系主体违反民事法律规范所应承担的不利后果。第69条规定，处理个人信息侵害个人信息权益造成损害，个人信息处理者不能证明自己没有过错的，应当承担损害赔偿等侵权责任，以及确定赔偿数额的方式。第70条规定，人民检察院、法律规定的消费者组织和由国家网信部门确定的组织可以就个人信息保护提起公益诉讼。

3. 刑事责任。第71条规定，违反本法规定，构成犯罪的，依法追究刑事责任。比如，有关违法行为构成侵犯公民个人信息罪、非法利用信息网络罪、拒不履行信息网络安全管理义务罪的，应当依照《刑法》有关规定追究刑事责任。

第六十六条 【违反本法的行政处罚】违反本法规定处理个人信息，或者处理个人信息未履行本法规定的个人信息保护义务的，由履行个人信息保护职责的部门责令改正，给予警告，没收违法所得，对违法处理个人信息的应用程序，责令暂停或者终止提供服务；拒不改正的，并处一百万元以下罚款；对直接负责的主管人员和其他直接责任人员处一万元以上十万元以下罚款。

有前款规定的违法行为，情节严重的，由省级以上履行个人信息保护职责的部门责令改正，没收违法所得，并处五千万元以下或者上一年度营业额百分之五以下罚款，并可以责令暂停相关业务或者停业整顿、通报有关主管部门吊销相关业务许可或者吊销营业执照；对直接负责的主管人员和其他直接责任人员处十万元以上一百万元以下罚款，并可以决定禁止其在一定期限内担任相关企业的董事、监事、高级管理人员和个人信息保护负责人。

【立法背景】

本条系对处理个人信息违法行为的行政责任规定。“对违法处理个人信息的应用程序，责令暂停或者终止提供服务”和“禁止直接负责的主管人员和其他责任人员在一定期限内担任相关企业的董事、监事、高级管理人员和个人信息保护负责人”的规定，与本法第五章个人信息处理者的义务相呼应；明确违法行为情节严重的情形下，必须由“省级以上履行个人信息保护职责的部门”作为执法主体。

为更好实现“预防和惩治侵害个人信息权益的行为”的制度初衷，本条对行政责任作出了全面而严格的规定，并呈现明显的递进梯次。首先，设置了全面的行政处罚措施，包括申诫罚、财产罚、资格罚、行为罚等，处罚对象涵盖直接负责的主管人员和其他直接责任人员。其次，加大了特定情形下的惩处力度。对于一般违法情形，处罚幅度与《网络安全法》等相当。对于情节严重的，规定了五千万元以下或上一年度营业额百分之五以下罚款的高额罚款上限，并增设相关人员的从业禁止规定，大幅提高行为人违法成本，强化警示作用。

【条文解读与法律适用】

一、关于“对违法处理个人信息的应用程序，责令暂停或者终止提供服务”的理解

该规定对公众反映强烈的信息骚扰、“大数据杀熟”等问题，通过源头处理的方式给予直接回应。“应用程序”是处理个人信息的主要技术载体，一般应理解为互联网应用程序（App），根据《常见类型移动互联网应用程序必要个人信息范围规定》，App包括移动智能终端预置、下载安装的应用软件，基于应用软件开放平台接口开发的、用户无需安装即可使用的小程序，如地图导航类、网络约车类、即时通信类、网络支付类等App。其中的“个人信息”指消费侧用户的个人信息，不包括服务供给侧用户个人信息。“责令暂停或者终止”特定活动是一种较为严厉的处罚措施，如《上市公司重大资产重组管理办法》第54条规定“情节严重的，可以责令暂停或者终止重组活动”。该处罚具有一定的行为罚属性，即行政机关对违法行为当事人，在一定期限内或永久剥夺其继续从事特定活动的权利，如网上购物类App在收集必要个人信息的同时，违法收集消费者车辆信息并出售给第三方的，行政机关可责令其暂停或者终止提供所有网上购物服务。

二、“情节严重”的具体认定问题

本条第2款对于“情节严重”具体情形未予明确。《行政处罚法》第34条规定，行政机关可以依法制定行政裁量基准，规范行使行政处罚裁量权。行政处罚裁量权基准应当向社会公布。因本法所指的“履行个人信息保护职责的部门”需根据相关法律、行政法规等规定明确，故相关部门可参照其领域中的具体裁量基准予以审查认定。对于没有明确基准的，参照国外立法例，可从以下几方面综合考量：

第一，信息的类型和数量。如违法处理生物识别、行踪轨迹、不满十四周岁未成年人的个人信息等敏感个人信息，或处理信息数量巨大的。

第二，违法所得数额。个人信息违法处理行为往往受经济利益驱动，违法所得数额是认定行为人主观恶性和行为严重程度的重要依据。关于“违法”

与“所得”的相关性，可结合银行交易记录、第三方支付平台交易记录、聊天记录、违法行为人供述、证人证言等综合认定。对于违法行为人无法说明合法来源的用于专门实施侵犯个人信息的银行账户或第三方支付平台账户内资金收入，可综合全案证据认定为违法所得。

第三，行为类型、手段、次数。如违反个人信息跨境提供的规则而向境外提供个人信息；拒绝配合或服从监管机构的调查和执法命令；多次从事违法处理个人信息行为；等等。

三、关于“违法所得”与“营业额”的认定问题

对于违法处理个人信息行为人，无论其情节是否严重，均应没收违法所得。关于“违法所得”的认定，理论上存在“净额说”和“总额说”两种观点，二者的主要分歧在于是否应当扣除违法相关的成本、税费等必要开支。“总额说”主张，以违法行为直接获得的收入作为违法所得，不扣除投资成本、纳税、人力资源成本等间接费用。“净额说”主张，不法利益的计算应扣除行为人取得该不法利益所缴纳的法定规费和合理支出等必要成本，以实现过罚相当。[①] 两种观点在实践中均有体现。[②] 对此，《行政处罚法》第 28 条明确规定：“违法所得是指实施违法行为所取得的款项。法律、行政法规、部门规章对违法所得的计算另有规定的，从其规定。”故在法律、行政法规和部门规章未作另行规定的情况下，违法所得认定时不能扣除所谓的成本，应将违法行为直接获得的收入扣除当事人已经缴纳的税费，作为违法所得的数额较

① 参见马怀德：《〈行政处罚法〉修改中的几个争议问题》，载《华东政法大学学报》2020 年第 4 期。

② 采用“净额说”的如《工商行政管理机关行政处罚案件违法所得认定办法》，该办法规定工商行政管理机关认定违法所得的基本原则是：以当事人违法生产、销售商品或者提供服务所获得的全部收入扣除当事人直接用于经营活动的适当的合理支出，为违法所得。在违法所得认定时，对当事人在工商行政管理机关作出行政处罚前依据法律、法规和省级以上人民政府的规定已经支出的税费，应予扣除。《国家能源局行政处罚案件违法所得认定办法》规定，能源行业市场主体因违法行为所获得的全部收入扣除直接用于生产、经营等活动的合理支出，为违法所得。在违法所得认定时，对当事人在行政处罚决定作出前，依据法律、法规和省级以上人民政府的规定已经支出的税费，应当予以扣除。采用“总额说”的如《农业农村部办公厅关于〈农药管理条例〉中认定“违法所得”“货值金额”问题的函》，该函规定农药行政违法案件中的“违法所得”，是指违反《农药管理条例》（国务院令第 677 号）的规定，从事农药生产、经营等活动所取得的销售收入。

为适宜。[①]

基于“营业额”确定处罚数额并不多见。《反垄断法》作出类似规定，在依据该法制定的《经营者集中审查暂行规定》中，将“营业额”界定为“相关经营者上一会计年度内销售产品和提供服务所获得的收入，扣除相关税金及附加。”

（范卓娅　撰写）

① 参见江必新、夏道虎主编：《中华人民共和国行政处罚法条文解读与法律适用》，中国法制出版社 2021 年版，第 93 页。

第六十七条 【失信公示】 有本法规定的违法行为的，依照有关法律、行政法规的规定记入信用档案，并予以公示。

【立法背景】

本条系对违法行为人的失信公示规定。在《个人信息保护法（一审稿）》征求意见过程中，有单位建议明确信用档案的建立和公示主体，还有单位提出将“违法行为记入信用档案”的规定可能导致信用泛化，建议删去。本条在历次审议中均未作调整。类似的规定散见于其他部门法，如《广告法》第66条规定，有本法规定的违法行为的，由市场监督管理部门记入信用档案，并依照有关法律、行政法规规定予以公示。《反不正当竞争法》第26条规定，经营者违反本法规定从事不正当竞争，受到行政处罚的，由监督检查部门记入信用记录，并依照有关法律、行政法规的规定予以公示。本条中将“依照有关法律、行政法规的规定”置于“记入信用档案”之前，强调记入、公示等行为均应严格依法作出。

【条文解读与法律适用】

一、对违法行为进行失信公示的依据

失信公示是失信惩戒制度的重要内容，其依据仅包括“法律”和“行政法规”。2018年社会信用立法作为第三类立法项目，被纳入十三届人大常委会立法规划，在国家层面社会信用法律尚缺失的情况下，我国在部分领域制定了专门的信用行政法规，如国务院制定的《企业信息公示暂行条例》，规定政府应当统一企业信息数据标准，通过国家企业信用信息公示系统实现企业信息统一归集公示和互联共享，记于企业名下，形成企业信用档案，并明确政府部门应当公示其在履行职责过程中产生的行政处罚等信息。实践中，各地纷纷出台失信规制相关的地方性法规、规章和规范性文件。需要注意的是，在个人信息保护领域，地方性立法不得自行创设记入信用档案和公示的依据，应当严格与法律、行政法规相关规定保持一致。

二、关于“公示”基本内涵的理解

“公示”意为公开出示，相较于“公开”而言，具有更强的主动性和目的性，要求对信息进行全面准确的整理、筛选、归纳和突出，公示者的主观意图体现得更为明显。公示处罚信息应当遵循合法、客观、及时、规范的原则，公示内容包括行政处罚决定书和行政处罚信息摘要，摘要应当包括行政处罚决定书文号、行政处罚当事人基本情况、违法行为类型、行政处罚内容、作出行政处罚决定的行政机关名称和日期。公示具有时效性，涉及一般失信行为的行政处罚信息自行政处罚决定之日起，在信用网站最短公示期限为三个月，最长公示期限为一年。涉及严重失信行为的行政处罚信息自行政决定之日起，在信用网站最短公示期限为六个月，最长公示期限为三年。对涉及特别严重失信行为的行政处罚信息严格按最长公示期限予以公示。最长公示期限届满的，信用网站将撤下相关信息，不再对外公示。法律、法规、规章明确规定情节严重的行政处罚信息，属于涉及严重失信行为的行政处罚信息范围。

三、实践中需要注意的问题

（一）“公示”中的注意义务

1. 对信息是否准确的注意义务。政府部门发现其公示的信息不准确的，应当及时更正。公民、法人或者其他组织有证据证明政府部门公示的信息不准确的，有权要求该政府部门予以更正。

2. 对信息是否真实的注意义务。公民、法人或者其他组织发现企业公示的信息虚假的，可以向相关职能部门举报，接到举报的职能部门应当予以核查，并将处理情况告知举报人。

3. 对信息保护的注意义务。公示行政处罚信息，应当遵守法律法规关于商业秘密和个人信息保护的有关规定，对信息进行必要的处理。

4. 对撤回信息的注意义务。行政处罚决定被依法变更、撤销、确认违法或者确认无效的，相关职能部门应当及时撤回行政处罚信息并说明理由。“失信公示”行为虽依附于行政处罚决定，不直接设定权利义务内容，但扩大了处罚决定影响面，一定程度上对声誉甚至财产性利益造成直接或间接损失，故公示不当也可能对公民、法人或者其他组织产生不利影响。公民、法人或者其他组织认为政府部门在公示中未尽到前述合理注意义务，侵犯合法权益的，有权依法申请行政复议或者提起行政诉讼。

（二）“失信公示”与“行政处罚信息公示”的区分

《行政处罚法》第39条规定，行政处罚的实施机关、立案依据、实施程序和救济渠道等信息应当公示。本条中的“公示”是执法领域的专项公开规定，公示的是行政执法主体的权责清单，具体包括行政处罚的主体、人员、职责、权限、依据、程序、救济渠道和随机抽查事项清单等信息，体现的是事前公开，公开渠道包括政府公报、政府网站或者其他互联网政务媒体、新闻发布会以及报刊、广播、电视等。[①] 而本法中所指的“失信公示”针对的是具体的行政处罚信息，体现的是事中事后监管，公开渠道主要为国家企业信用信息公示系统等特定网站。

（范卓娅 撰写）

① 江必新、夏道虎主编：《中华人民共和国行政处罚法条文解读与法律适用》，中国法制出版社2021年版，第134—136页。

第六十八条　【国家机关及其工作人员的行政责任】 国家机关不履行本法规定的个人信息保护义务的，由其上级机关或者履行个人信息保护职责的部门责令改正；对直接负责的主管人员和其他直接责任人员依法给予处分。

履行个人信息保护职责的部门的工作人员玩忽职守、滥用职权、徇私舞弊，尚不构成犯罪的，依法给予处分。

【立法背景】

在本法立法过程中，《个人信息保护法（一审稿）》第 64 条、《个人信息保护法（二审稿）》第 67 条仅规定了国家机关及其工作人员履行个人信息保护义务的责任。正式发布的《个人信息保护法》区分 2 款，分别规定了一般国家机关及其工作人员不履行个人信息保护义务的行政责任，以及履行个人信息保护职责的部门的工作人员未依法履职的行政责任。本条第 1 款主要对应本法第二章第三节"国家机关处理个人信息的特别规定"；国家机关及其工作人员处理个人信息时未依照前述条款履行个人信息保护义务的，应当依照本条第 1 款规定承担行政责任。本条第 2 款对应本法第六章"履行个人信息保护职责的部门"即第 60 条至第 65 条；若履行个人信息保护职责的部门中的工作人员玩忽职守、滥用职权、徇私舞弊导致未尽个人信息保护义务的，尚未构成犯罪的，相关工作人员应当依照本条第 2 款规定承担行政责任，已经构成犯罪的，依法追究刑事责任。法律、法规授权的具有管理公共事务职能的组织适用本条规定。

【条文解读与法律适用】

一、关于国家机关不履行个人信息保护义务的情形

金融、教育、医疗、社会保障等各个领域都已形成"数据依赖"，大数据一方面增进了个人生活便利和社会福祉，另一方面也导致了社会权力结构的变化。以国家机关、其他履行公共职能的组织、国内外大型平台等机构为代

表的数据权力主体大规模地集聚，并利用个人信息来塑造与调整个人的行为，成为最主要的风险源。国家机构应避免在个人信息处理的过程中侵害私人生活，并严格限定基于公共利益需要收集和使用个人信息的范围。因此，国家机关处理个人信息的活动需要受到法律保留原则、法律明确性原则、比例原则等原则的拘束。①

结合本法第二章尤其是第三节相关规定，本条第 1 款规定的国家机关不履行个人信息保护义务的情形主要包括：第一，目的不当，即国家机关非为履行法定职责、非基于公共利益处理个人信息；第二，超越职权，包括超越部门管辖权、层级管辖权、地域管辖权、事务管辖权等；第三，违反法律、行政法规规定的程序；第四，违反比例原则，即超出履行法定职责所必需的范围和限度处理个人信息；第五，未依法履行告知义务，即除法律、行政法规规定应当保密或者不需要告知的情形，以及告知将妨碍国家机关履行法定职责外，在处理个人信息前未显著、清晰、真实、准确、完整地进行告知；第六，国家机关将个人信息存储于境外，或未进行安全评估向境外提供个人信息；第七，未履行敏感个人信息特别保护义务；第八，泄露或向他人非法提供在履行职责过程中知悉的个人信息等。

二、关于国家机关及其工作人员不履行个人信息保护义务的行政责任

根据本条第 1 款规定，国家机关不履行个人信息保护义务的，由其上级机关或者履行个人信息保护职责的部门责令改正。第一，根据行政组织法原则，本条中的履行个人信息保护职责的部门一般是同级部门，如果是下级履行个人信息保护职责的部门或者是其他行政机关发现存在此种情形的，可以函告该国家机关同级履行个人信息保护职责的部门进行处理。第二，本条中的“责令改正”，包括要求不履行个人信息保护义务的国家机关立即停止侵害个人信息的行为，采取补救措施依法保护个人信息，进行整改以消除已经存在的或潜在的可能侵害个人信息的制度隐患等。对于不履行个人信息保护义务的国家机关的直接负责的主管人员和其他直接责任人员，依照《公务员法》《监察法》《行政机关公务员处分条例》等依法给予处分；违法违纪涉嫌犯罪的，应当移送司法机关依法追究刑事责任。单行立法有特别规定的，从其规

① 王锡锌：《个人信息国家保护义务及展开》，载《中国法学》2021 年第 1 期。

定，如《网络安全法》第 72 条、《数据安全法》第 49 条、《征信业管理条例》第 43 条等。

三、履行个人信息保护职责的部门的工作人员的行政责任

个人信息保护法律规范散见于各行政部门法中，层级涵盖法律、行政法规和部门规章等。根据本法第 60 条规定，国家网信部门负责统筹协调个人信息保护工作和相关监督管理工作，其他涉及履行个人信息保护职责的行政机关包括工信、公安、市场监管、人民银行、银保监会、证监会、商务、邮政、文化与旅游等多个部门。此外，监察机关、司法机关等国家机关也负有相应的个人信息保护职责。

本条第 2 款规定了履行个人信息保护职责的部门的工作人员因玩忽职守、滥用职权、徇私舞弊，未依法履行个人信息保护职责，客观上致使公共财产、国家利益、社会公共利益或者私主体合法权益遭受损失，但尚未达到渎职侵权犯罪案件立案标准的，应当依照《公务员法》《监察法》《行政机关公务员处分条例》等给予相应的行政处分。对于“玩忽职守、滥用职权、徇私舞弊”的认定和追诉标准，可以参照刑法相关规定。

（方园　撰写）

第六十九条　【归责原则及损害赔偿】处理个人信息侵害个人信息权益造成损害，个人信息处理者不能证明自己没有过错的，应当承担损害赔偿等侵权责任。

前款规定的损害赔偿责任按照个人因此受到的损失或者个人信息处理者因此获得的利益确定；个人因此受到的损失和个人信息处理者因此获得的利益难以确定的，根据实际情况确定赔偿数额。

【立法背景】

本条明确了个人信息侵权行为的归责原则为过错推定原则，并对损害赔偿责任的确定方式进行了具体规定。

互联网时代，个人信息处理活动具有技术性、隐蔽性、规模性。尽管本法实施之前的相关法律要求个人信息侵权纠纷适用过错原则，但考虑到个人的举证能力有限，司法实践中，已有法院做出在一定程度上减轻个人证明责任的探索。[①] 在立法过程中，围绕个人信息侵权行为的归责原则展开了激烈的争论。有意见认为应明确由个人信息处理者承担举证责任；也有意见认为应区分不同的信息类型适用不同的归责原则，即对敏感个人信息适用无过错责任，非敏感个人信息适用过错或者过错推定责任；还有意见认为应根据不同的个人信息的应用场景适用不同的归责原则，即对私人领域个人信息侵权适用过错责任，商业领域适用过错推定责任，国家机关适用无过错责任。

从本法草案的历次审议情况来看，《个人信息保护法（一审稿）》第65条规定“个人信息处理者能够证明自己没有过错的，可以减轻或者免除责任”；《个人信息保护法（二审稿）》第68条修改为“个人信息权益因个人信息处理活动受到侵害，个人信息处理者不能证明自己没有过错的，应当承担损害赔偿等侵权责任”。本条沿用了二审稿的内容，规定过错推定的归责原则，体现了通过举证责任的转移实现对个人的倾向性保护。

---

① 参见北京市第一中级人民法院（2017）京01民终509号庞某鹏与北京某信息技术有限公司等隐私权纠纷案。

【条文解读与法律适用】

一、过错推定原则的适用

本条第 1 款明确个人信息侵权行为的归责原则为过错推定原则，即个人信息处理者无法证明自己没有过错的，推定其有过错，应当承担侵权责任。

在个人信息侵权领域，适用过错推定归责原则有其特殊的法价值考量，即在程序公正的价值目标指引下通过举证责任倒置的方式，消除双方当事人举证能力的差异，以实现个案的实体正义。作为过错责任原则的一种特殊形式，在适用过错推定原则确定侵害个人信息权益的赔偿责任时，仍需具备过错、违法行为、因果关系、损害事实四个要件，只是在过错的认定上采取推定个人信息处理者有过错而由其证明自己没有过错以免责的做法。本条责令个人信息处理者承担举证责任，可以免除个人举证困难（优于过错责任原则），同时也使得个人信息处理者有抗辩机会，不至于仅因损害结果而负赔偿责任（不同于无过错责任原则）。

准确适用本条第 1 款的核心在于如何判定个人信息处理者不能证明自己没有过错。过错，是指侵权人在实施侵权行为时对于损害后果的主观心理状态，包括故意和过失。故意，是侵权人预见自己行为的损害结果，仍然希望这一损害后果发生或者放任这一后果发生的主观心理状态；过失，是侵权人对被侵权人应负注意义务的疏忽或懈怠。[①] 基于个人信息侵权的特殊性，对过错要件的认定宜采取客观化标准。法律、行政法规等对信息处理者处理个人信息行为规定了明确的条件，如个人信息处理者未按照法律、行政法规和双方约定处理个人信息，即可认定个人信息处理者主观存在过错。反之，如个人信息处理者能够证明充分履行了个人信息保护义务，则应当认定其满足“证明自己没有过错”的情形。在判断是否履行适当性义务时，可参照本法关于个人信息处理规则的一般规定、第五章关于个人信息处理者义务的专章规定以及其他相关法律法规、司法解释的规定。同时，在证明标准上应适用

① 最高人民法院民法典贯彻实施工作领导小组主编：《中华人民共和国民法典侵权责任编理解与适用》，人民法院出版社 2020 年版，第 27 页。

《民诉解释》第108条确立的“高度盖然性”标准。

另需注意的是,《民法典》对隐私权侵权采取过错责任原则,本法对个人信息保护采用过错推定原则。但隐私与个人信息在“私密信息”等方面存在交叉和重叠,实践中,关于涉及二者交叉部分的侵权行为适用何种归责原则存在争议,该问题涉及本法与《民法典》如何衔接的问题,有待进一步探讨。我们认为,本法对个人信息的保护与《民法典》对隐私权的保护系平行适用的关系,在立法未予进一步明确的情况下,允许当事人做出选择,并依据其确定的请求权基础适用不同的归责原则。

二、个人信息侵权的责任承担

在个人信息权益受到侵害之时,人格权法与侵权法是最为基本与最为有效的救济方式。[①] 关于个人信息侵权的责任承担,本条采用“侵权责任”的表述,与《民法典》“侵权责任编”所采用的“侵权责任”之表述相同,而《民法典》“人格权编”则使用了“民事责任”的表述,实际上三者共同指向《民法典》第179条规定的民事责任,即停止侵害、排除妨碍、消除危险、恢复原状、赔偿损失、消除影响、恢复名誉、赔礼道歉等责任承担方式。

本条第1款在表述侵害个人信息权益的侵权责任时,专门列明损害赔偿责任,一是考虑了损害赔偿作为适用最广泛的一种民事责任承担方式,是针对所有民事权益的救济方法;二是为了与第2款具体细化损害赔偿数额的认定方式相呼应。但我们也注意到,《民法典》在第四编“人格权编”内设置第六章“隐私权和个人信息保护”,明确了个人信息的法律性质为具体人格权下的法律权益。这就意味着,处理个人信息导致个人信息权益受到侵害,在适用侵权损害赔偿责任之余,也可通过停止侵害、排除妨碍、消除影响、恢复名誉、赔礼道歉等人格权请求权获得救济。故本条第1款又以“等”字表明了其他责任承担方式的适用空间。需要指出的是,侵权造成的损害赔偿请求权与人格权请求权在内容和责任承担上存在重大区别,人格权请求权属于绝对权,不以过错和造成实际损害后果为必要条件,只要有妨害之虞,即可请求停止侵害、排除妨碍、消除危险等。而侵权损害赔偿请求权以填平损失为基本原则,需要由被侵权人举证证明实际损失或侵权人的获益。

---

① 陈吉栋:《个人信息的侵权救济》,载《交大法学》2019年第4期。

三、认定损害赔偿责任的考量因素

由于个人信息兼具人格性和财产性，个人信息侵权损害赔偿存在权利性质的特殊性和损失难以计算的属性。《民法典》第 1182 条确立了侵害人身权益造成财产损失赔偿的认定规则，该条对《侵权责任法》第 20 条的规定予以修改完善，不再强调以所受损害优先赔偿后再以侵权人获得利益的标准进行赔偿的规则，而是将所获利益标准提升到与所受损失并列的高度，赋予受害人以选择权，同时保留了法院根据审理情况确定应返还数额的适当裁量权。本条第 2 款在吸纳《民法典》第 1182 条规定的基础上，明确了个人信息侵权损害赔偿数额的计算方式及其顺位，即可证明损失或获益的，以具体损失或获益承担赔偿责任（当事人可以自行选择更有利于其自身权利保护的方式）；难以计算损失或获益的，根据实际情况确定赔偿数额。

需要注意的是，对于个人依据侵权获利主张损害赔偿，由于个人难以全面、准确掌握个人信息处理者违法处理信息的数量及其非法获利的情况，故在该类事实的举证中，对个人不应设定过高的证明标准。在个人已尽其所能就侵权损害赔偿积极举证，且基于其所提交的证据可以合理推算出侵权获利，应当认定个人已经完成其举证责任。

同时，本条第 2 款并未对“实际情况”的含义进一步解释，对此，我们认为，结合《民法典》第 998 条之规定，认定侵害个人信息权益的民事责任，应当考虑行为人和受害人的职业、影响范围、过错程度，以及行为的目的、方式、后果等因素。司法实践中，根据“实际情况”确定个人信息侵权的损害赔偿数额主要考虑以下方面：

一是涉案个人信息的类型。敏感个人信息与一般个人信息适用不同的认定标准。敏感个人信息是一旦泄露或者非法使用，容易导致自然人的人格尊严受到侵害或者人身、财产安全受到危害的个人信息。本法对敏感个人信息的处理要求更加严格，相应地，对侵犯敏感个人信息的认定，也应当采取更低标准，并适当加大损害赔偿力度。

二是涉案个人信息的处理场景。个人信息侵权的损害程度与个人信息处理的场景密切相关。发生在网络空间的个人信息侵权，因信息传播速度快、损害后果可预见性低，影响范围往往更大，在责任认定上显然不能与现实社会中的侵权行为等同视之，应当将网络平台的开放性程度作为判断影响程度的依据之一，适当扩大对损害范围的认定。

三是涉案个人信息的侵权情节。个人信息侵权形式复杂多样，个人信息处理者在收集、存储、使用、加工、传输、提供、删除和公开等活动过程中都可能存在侵害个人信息的行为。比如，未经个人同意获取身份信息并提供给他人使用，在损害后果的认定上不宜将获取信息与提供信息简单地累加计算，而应基于行为人本质上只实施了一个连续性侵权行为，酌情加大赔偿力度。

（韩圣超　撰写）

第七十条　【公益诉讼】个人信息处理者违反本法规定处理个人信息，侵害众多个人的权益的，人民检察院、法律规定的消费者组织和由国家网信部门确定的组织可以依法向人民法院提起诉讼。

【立法背景】

本条是关于个人信息保护公益诉讼的规定，包括两方面内容：一是规定了可以对哪些行为提起诉讼，即对可提起公益诉讼案件的类型、范围作出了界定；二是规定了谁有权提起民事公益诉讼，即解决了个人信息保护公益诉讼原告的主体资格问题。本条建立了个人信息保护公益诉讼制度，既是对公益诉讼案件范围的突破，也是完善个人信息保护的重要路径，体现了国家对于个人信息安全的重视。由于个人信息获取、储存和利用的环节众多，高技术手段使得侵权隐蔽、处理迅速、极易删改，个人存在举证能力有限、维权成本高等困境，而公益诉讼制度恰好能够有效弥补这一不足。

公益诉讼制度经2017年修改《民事诉讼法》和《行政诉讼法》正式确立以来，目前受案范围包括生态环境和资源保护、食品药品安全、国有财产保护、国有土地使用权出让以及英烈名誉保护等领域。党的十九届四中全会强调要“拓展公益诉讼案件范围”，2020年9月最高人民检察院出台《关于积极稳妥拓展公益诉讼案件范围的指导意见》，明确将个人信息保护纳入公益诉讼检察工作新领域，[①] 并于2021年4月发布了11起检察机关提起个人信息保护公益诉讼的典型案例。上述探索为在个人信息保护领域引入公益诉讼提供了制度契机和实践样本。

同时，从域外立法例看，被喻为“史上最严的保护用户数据安全的法律”的欧盟《通用数据保护条例》（GDPR），在第80条建立了个人信息权利保护公益诉讼制度，即不论数据主体是否委托，欧盟成员国都可以规定授予某些公益组织代表信息主体向信息保护局以及信息控制者、处理者主张合法权益，

---

① 《回应群众关切 净化网络环境 为公民个人信息保护提供更加优质的公益诉讼检察产品——最高检第八检察厅负责人就检察机关个人信息保护公益诉讼典型案例答记者问》，载最高人民检察院网站，https：//www. spp. gov. cn/xwfbh/wsfbt/202104/t20210422_ 516357. shtml#3，最后访问时间：2021年10月18日。

并在必要时提起诉讼，可资我国借鉴。

【条文解读与法律适用】

一、关于“侵害众多个人的权益”的理解

公益诉讼系为保护社会公共利益提起的诉讼，相对于代表个体利益的私益诉讼而言，其典型特点在于超越个体利益的代表，而致力于通过诉讼推动公共利益的实现。依照公益诉讼制度安排的价值考量，社会公共利益受损为提起公益诉讼的必要条件。本条“侵害众多个人的权益”的表述，借鉴了《民事诉讼法》第 55 条“侵害众多消费者合法权益”的表述方式，但并未冠以“损害社会公共利益”的后缀。这是因为，个人信息属于人格权保护的范畴，本法设专章规定了“个人在个人信息处理活动中的权利”，由此可知，个人既是个人信息处理者履行义务的相对方，也是个人信息权益的享有者。在侵害众多个人信息权益的大规模侵权行为中，侵权对象即个人信息所关联辐射的信息主体的范围是不特定的，可以理解为侵害众多不特定个人的共同利益，加之个人信息具有较为明显的公共性特征与外部性特征，上述共同利益亦天然具有社会公共利益属性。

“侵害众多个人的权益”是提起个人信息保护公益诉讼的诉讼事由。从文义上看，这其中包含着量的衡量，换言之，若个人信息处理者实施了侵权行为，但没有达到侵害“众多个人”权益的规模要求，则不满足提起个人信息保护公益诉讼的后果要件。① 但对“众多”如何予以界定，目前立法并未明确，在实际适用时需要结合应用场景并根据个案情况进行判断。以网络信息侵权为例，一次侵权行为往往涉及上千万乃至上亿条个人信息，此时认定标准应适当就高。

二、关于起诉主体的界定

从本法规定的责任主体以及《民法典》《网络安全法》规定的个人信息保护方式来看，个人信息保护公益诉讼的路径应当既有民事公益诉讼也有行政公益诉讼。根据《民事诉讼法》第 55 条之规定，有权提起民事公益诉讼的

---

① 薛天涵：《个人信息保护公益诉讼制度的法理展开》，载《法律适用》2021 年第 8 期。

是法律规定的机关和有关组织；根据《行政诉讼法》第25条之规定，有权提起行政公益诉讼的是人民检察院。

在立法过程中，对如何确定个人信息保护公益诉讼的起诉主体范围曾有过不同意见。《个人信息保护法（一审稿）》《个人信息保护法（二审稿）》均将起诉主体规定为人民检察院、履行个人信息保护职责的部门和国家网信部门确定的组织。在公开征询意见时，有观点认为不宜将“履行个人信息保护职责的部门和国家网信部门确定的组织”作为提起公益诉讼的主体，也有意见提出为与消费者权益保护法有关规定相衔接，在本法中明确法律规定的消费者组织可以对违法处理个人信息侵害众多个人权益的行为提起诉讼。在吸纳相关合理意见的基础上，本条在三审时对起诉主体增加了“法律规定的消费者组织”，删除了“履行个人信息保护职责的部门”。[①]

根据既有的立法及司法实践，我国在公益诉讼的适格原告范围上秉持严格限制的原则，本条限定了三类起诉主体：（1）人民检察院。在本法出台之前，检察机关已将个人信息保护公益诉讼作为等外领域进行了积极、稳妥的探索，本条赋予其原告资格是加强个人信息保护的题中应有之义。（2）法律规定的消费者组织。结合《消费者权益保护法》的相关规定，应当是指消费者协会和其他消费者组织，前者包括了中国消费者协会以及在省、自治区、直辖市设立的消费者协会。实践中，省级消费者协会组织名称不一致，有的称为“消费者委员会”，有的称为“保护消费者权益委员会”。名称不一致不影响该协会属于上述法律规定的保护消费者合法权益的社会组织性质，亦不影响该协会履行法定公益职能。[②]（3）由国家网信部门确定的组织。虽然目前具体指向并不明确，有待在立法与司法中具体规定，但由此可以反映立法者对个人信息保护公益诉讼的原告主体资格保持了适度开放性。

本条将人民检察院、法律规定的消费者组织和由国家网信部门确定的组织作为并列的起诉主体，并未区分先后顺位。而根据《检察公益诉讼案件解

---

① 《全国人民代表大会宪法和法律委员会关于〈中华人民共和国个人信息保护法（草案三次审议稿）〉修改意见的报告》，载中国人大网，http://www.npc.gov.cn/npc/c30834/202108/5e507c650-c4147f6a600d9935868b2c5.shtml，最后访问时间：2021年8月25日。

② 杜万华主编：《最高人民法院消费民事公益诉讼司法解释理解与适用》，人民法院出版社2016年版，第12页。

释》的相关规定，检察机关在民事公益诉讼领域在其他机关和组织不提起诉讼时，承担公益诉讼人身份；其他机关和组织提起诉讼的，检察机关起支持起诉作用。

三、关于本条与其他法律条文的衔接

第一，本条将个人信息保护公益诉讼的侵权行为界定为个人信息处理者违反本法规定处理个人信息，应当一并适用本法其他条款关于“个人信息处理者”的概念（第 73 条）、“个人信息处理”的范围（第 4 条）、个人信息处理的规则（第二章）、个人信息处理者的义务（第五章）的规定。

第二，本条是关于个人信息保护公益诉讼的概括性规定，个人信息保护公益诉讼属于公益诉讼的子类型，在司法实践中，还应遵守《民事诉讼法》《行政诉讼法》《民诉解释》《检察公益诉讼案件解释》等法律及相关司法解释中关于公益诉讼的共性规定。

（韩圣超　撰写）

第七十一条 【个人信息保护的行刑衔接】违反本法规定，构成违反治安管理行为的，依法给予治安管理处罚；构成犯罪的，依法追究刑事责任。

【立法背景】

我国公法领域对违法行为的法律责任采取行政违法责任和刑事违法责任二元分立体系，两者的界分标准一般是数量、情节和社会危害后果等。本条是关于违反个人信息保护义务的治安行政处罚和刑事责任的衔接问题。

《加强网络信息保护的决定》第11条规定："对有违反本决定行为的，依法给予警告、罚款、没收违法所得、吊销许可证或者取消备案、关闭网站、禁止有关责任人员从事网络服务业务等处罚，记入社会信用档案并予以公布；构成违反治安管理行为的，依法给予治安管理处罚。构成犯罪的，依法追究刑事责任。侵害他人民事权益的，依法承担民事责任。"从本法立法过程看，立法机关及社会各界对于个人信息保护领域应当建立行政执法与刑事司法衔接制度的意见是统一的。单行法律对于个人信息保护行政处罚与刑事责任衔接制度有特别规定的，从其规定。

【条文解读与法律适用】

一、关于违反个人信息保护规定的治安管理处罚

根据本法及《行政处罚法》《治安管理处罚法》的规定，违反个人信息保护法律规范，同时构成扰乱公共秩序、妨害公共安全、侵犯人身权利及财产权利、妨害社会管理，具有社会危害性，尚不够刑事处罚的，由公安机关依法给予治安管理处罚。

目前，行政执法及司法实践中常见的主要违法情形包括：第一，违反个人信息保护规定并扰乱公共秩序的，依照本法及《治安管理处罚法》有关规定予以行政处罚。如散布谣言，泄露或非法使用个人信息尤其是敏感个人信息，谎报险情、疫情、警情或者以其他方法故意扰乱公共秩序的，依照《治

安管理处罚法》第25条予以处罚。第二，违反个人信息保护规定并妨害公共安全的，依照本法及《治安管理处罚法》第三章第二节相关规定予以行政处罚。第三，违反个人信息保护规定并侵犯人身权利及财产权利的，依照本法及《治安管理处罚法》第三章第三节相关规定予以行政处罚。第四，违反个人信息保护规定并妨害社会管理的，依照本法及《治安管理处罚法》第三章第四节相关规定予以行政处罚。如阻碍履行个人信息保护职责的部门依法执行职务的，可适用《治安管理处罚法》第50条规定进行行政处罚。如利用非法获取的个人信息伪造、变造、倒卖车船票等其他有价票证、凭证及国家机关公文证件的，依照《治安管理处罚法》第52条进行行政处罚。如侵害个人信息并制作、运输、复制、出售、出租淫秽物品的，适用《治安管理处罚法》第68条予以处罚。单行法律对于违反个人信息保护的行政处罚有特别规定的，从其规定，如《居民身份证法》第19条。关于行政处罚的原则和程序，适用《行政处罚法》《治安管理处罚法》等相关法律规定。

个人信息保护需要加强行政执法与刑事司法的衔接，履行个人信息保护职责的部门严禁"以罚代刑"，在履职过程中发现涉嫌刑事犯罪的，应当及时移送公安机关依法处理；公安机关立案侦查后发现尚不构成犯罪的，但违反治安管理处罚规定的，依法给予治安管理处罚。

二、关于侵害个人信息犯罪的刑事责任

从个人信息保护刑事司法立法沿革看，从《刑法修正案（五)》新增窃取、收买或者非法提供他人信用卡信息资料构成妨害信用卡管理罪的规定开始，到《刑法修正案（七)》增设侵犯公民个人信息罪、破坏计算机信息系统罪，再到《刑法修正案（九)》修改侵犯公民个人信息罪，增加拒不履行信息网络安全管理义务罪、非法利用信息网络罪、泄露不应公开的案件信息罪，我国刑事立法和司法实践顺应个人信息保护需求而不断发展。《刑法》第253条之一是关于一般主体违规出售、提供公民个人信息犯罪和窃取或者以其他方法非法获取公民个人信息的犯罪及其刑罚的规定。《刑法》第286条之一是关于网络服务提供者拒不履行信息网络安全管理义务罪及其刑罚的规定。《刑法》第287条之二是关于网络犯罪提供帮助的犯罪及其刑罚的规定。《刑法》第308条之一是关于司法工作人员、辩护人、诉讼代理人或者其他诉讼参与人泄露不应公开的案件信息犯罪及其刑法的规定。实践中需要注意，《刑法》和其他法律、法规还有一些规定可能涉及侵犯公民个人信息的行为。如《刑法》第 252 条规定的隐匿、毁弃或者非法开拆他人信件，侵犯公民通信自由权利犯罪；第 253 条规定的邮政工作人员私自开拆或者隐匿、毁弃邮件、电报犯罪；第 177 条之一规定的窃取、收买或者非法提供他人信用卡信息资料的犯罪；第 284 条规定的非法使用窃听、窃照专用器材的犯罪；第 397 条规定的滥用职权罪、玩忽职守罪；等等。如果行为人为非法获取公民个人信息而采用了侵犯公民通信自由权利、通信秘密、非法使用窃听、窃照专用器材的手段或者是在实施上述犯罪的过程中同时窃取、获取了公民个人信息的，则可能同时构成侵犯公民个人信息罪和其他罪名，应当根据案件的具体情况从一重罪处罚或者是数罪并罚。[1]

（方园　撰写）

---

① 全国人大常委会法制工作委员会刑法室编著：《〈中华人民共和国刑法〉释义及实用指南》，中国民主法制出版社 2016 年版。

第八章　附　　则

本章概述

本章总计3条，是关于附则的规定，包括本法适用范围、本法相关用语的含义，以及本法实施日期。

附则是本法的重要组成部分，与其他部分具有相同的法律效力。

第七十二条　【法律适用豁免与衔接】自然人因个人或者家庭事务处理个人信息的，不适用本法。

法律对各级人民政府及其有关部门组织实施的统计、档案管理活动中的个人信息处理有规定的，适用其规定。

【立法背景】

本条对自然人因个人或者家庭事务处理个人信息的法律适用豁免，以及统计、档案管理活动中的法律适用衔接作出了规定。在本法的制定过程中，有关部门、企业、个人分别建议，户籍管理，司法活动，国家安全机关为维护国家安全处理个人信息，小微企业的处理活动，证券期货交易所、登记结算机构等依法处理个人信息，个人在商务联络活动中提供个人信息，亦不适用本法。还有观点建议，增加"法律、法规对未成年人个人信息保护有规定的，适用其规定"的内容，在本条第 2 款中增加"行政法规"的规定与劳动关系法律适用衔接规定。

【条文解读与法律适用】

一、自然人因个人或者家庭事务处理个人信息不适用本法

自然人因个人或家庭事务处理个人信息的，大多数国家和地区的个人信息保护立法都将其作为个人信息保护法律适用的豁免情形。比如，欧盟《一般数据保护条例》在"鉴于条款"第 18 条中指出，该条例"不适用于自然人在不涉及任何职业或商业的纯个人或家庭活动中对个人数据的处理活动。个人或家庭活动可以包括通信、保存地址，或者社交活动以及在类似活动背景下进行的线上活动。但本条例适用于为上述个人日常活动提供个人数据处理方法的控制者或处理者"。该条例第 2 条"适用范围"的第 2 款 C 规定，本条例不适用于"自然人在纯粹的个人或家庭生活中进行的处理活动"。[①] 德国

---

① 程啸：《论我国个人信息保护法中的个人信息处理规则》，载《清华法学》2021 年第 3 期。

《联邦数据保护法》规定："仅为个人和家庭活动之目的收集、处理或使用数据不受本法管辖。"荷兰、瑞典等国也将"供个人和家庭使用的个人数据处理""自然人进行的完全私人的个人资料处理"作为个人信息保护立法的适用例外。[①]

现代社会涉及大量的个人信息处理活动，无论是国家有关部门、公司企业处理个人信息，还是个人因日常生活需要而处理个人信息，均可纳入个人信息处理的范畴。但如对个人信息处理活动不加区分地全部予以规制，则执法成本巨大，也会影响人们的日常社会生活。[②] 比如，自然人因为朋友之间的介绍，将其掌握的友人的联系方式转发给他人的行为，仅系一般之社会交往活动而已。如果此类活动亦受个人信息保护制度的规制，显然会给人们的日常生活带来过度的负担。

本法未对"自然人因个人或者家庭事务处理个人信息"的具体范围作进一步的规定。从个人信息保护的起源看，其权利保护所针对的对象并非日常生活中的个体，而是具有专业性或商业性信息收集特征的主体，尤其是利用数据库等现代科技手段大规模收集个人信息的主体。因此，本法规定的个人信息权利保护制度应适用于具有持续性信息不平等的关系，个人信息权利所针对的是商业性或专业性收集个人信息的主体。[③] 对于自然人因个人或者家庭事务处理个人信息的行为，虽不适用本法，但《民法典》第 1035 条、第 1036 条的相关规定未对个人信息处理的范围进行任何限定，故相关行为仍受《民法典》姓名权、肖像权、隐私权、个人信息等条款的调整。

二、与统计、档案管理活动法律适用衔接

法律规定的统计的基本任务是对经济社会发展情况进行统计调查、统计分析，提供统计资料和统计咨询意见，实行统计监督。《统计法》对统计调查管理、统计资料的管理和公布、统计机构和统计人员的职责等内容作出了规定。

法律规定的档案是指过去和现在的机关、团体、企业事业单位和其他组

---

① 杨咏婕：《个人信息的私法保护研究》，吉林大学 2013 年博士学位论文。

② 周汉华：《中华人民共和国个人信息保护法（专家建议稿）及立法研究报告》，法律出版社 2006 年版，第 57 页。

③ 丁晓东：《个人信息权利的反思与重塑》，载《中外法学》2020 年第 2 期。

织以及个人从事经济、政治、文化、社会、生态文明、军事、外事、科技等方面活动直接形成的对国家和社会具有保存价值的各种文字、图表、声像等不同形式的历史记录。《档案法》对档案的收集、整理、保护、利用及其监督管理活动作出了规定。

《统计法》《档案法》等法律规定的各级人民政府及其有关部门组织实施的统计、档案管理活动，亦会涉及个人信息的处理，相关行为应当优先适用《统计法》《档案法》等法律规定。需要注意的是，优先适用的是法律作出的特殊规定，不包含行政法规、地方性法规、规章和其他规范性文件对有关统计、档案管理活动作出的特殊规定。

（郑宇　撰写）

第七十三条 【术语含义】 本法下列用语的含义：

（一）个人信息处理者，是指在个人信息处理活动中自主决定处理目的、处理方式的组织、个人。

（二）自动化决策，是指通过计算机程序自动分析、评估个人的行为习惯、兴趣爱好或者经济、健康、信用状况等，并进行决策的活动。

（三）去标识化，是指个人信息经过处理，使其在不借助额外信息的情况下无法识别特定自然人的过程。

（四）匿名化，是指个人信息经过处理无法识别特定自然人且不能复原的过程。

【立法背景】

《个人信息保护法》是立法者对现代信息科技迅猛发展改变社会生产方式的一次最新回应，该部法律所调整的行为与现代信息科技技术及运用高度融合，法律条文中涉及很多技术性、专业化程度颇高的概念，如个人信息、个人敏感信息、个人信息安全影响评估、个性化展示、自动化决策、去标识化等，非专业人士一般难以理解，需要立法者对其用语含义做出较为清晰的界定，以便于更好地理解、适用法律。同时，考虑到整个法律体例的一贯性、简明性，立法者将《个人信息保护法》中几个非常重要但又不易理解的专业术语纳入附则专门进行解释说明。

【条文解读及法律适用】

一、关于“个人信息处理者”的理解

个人信息处理者，既是《个人信息保护法》中极为重要的概念之一，也是个人信息处理相关法律关系中最为重要的主体，还是《个人信息保护法》相关制度重点规制的对象。应该说，《个人信息保护法》中规定的个人信息处理者的概念与域外法制相比具有独特性。欧盟《通用数据保护条例》（GDPR）与之对应的概念是“信息控制者”，而欧盟《通用数据保护条例》（GDPR）中

的“信息处理者”概念可能更多对应的是我国《个人信息保护法》中“个人信息受托处理者”的概念。虽然《个人信息保护法》没有使用“信息控制者”的概念，但从本条对“个人信息处理者”的用语说明分析，我国的“个人信息处理者”与欧盟《通用数据保护条例》（GDPR）的“信息控制者”在内涵、意蕴上有本质的相似之处，都是指持有或控制个人信息，能够做出处理个人信息决定并对个人信息最终负责的主体。由于个人信息的产生、传递与流动等特征，当信息流动到与个体相对的主体，并由该主体进行“控制”之时，由于个体享有“信息自决”而并未丧失自己对信息的“延伸控制”，“控制”理念贯穿始终。比如，个人享有知情权，即“可以在一定程度上控制关于收集到的他们的数据的去向”。个人信息保护立法以“控制”为核心贯穿以个人信息为客体的一系列行为，当个人信息“脱逸”个体之后，能够控制信息的主体则是事实上占有信息的“控制者”。[①] 这也就意味着，我国《个人信息保护法》规定的“信息处理者”是与个人信息主体直接相对的义务主体，是从对个人信息主体负责的角度对处理者进行规范，因而更强调其义务，而不涉及处理者的权利。

二、关于“自动化决策”的理解

随着大数据时代的来临，基于算法的“自动化决策”迅速融入每个人的日常生活之中。例如，在阅读新闻时，“自动化决策”能为我们推荐感兴趣的话题；出行时，“自动化决策”能迅速为我们规划好行进路线；检索信息时，“自动化决策”能根据输入的文字自动补充我们想搜索的问题。到底什么是“自动化决策”，立法者在本条规定中做出了简明扼要的说明：自动化决策，是指通过计算机程序自动分析、评估个人的行为习惯、兴趣爱好或者经济、健康、信用状况等，并进行决策的活动。“自动化决策”需要算法、算力和数据三者的有机结合。算法本质是通过一系列步骤，将输入的数据转化为输出的结果；算力简单说就是处理数据的能力；大数据（个人信息）则是保障算法输出结果准确性及不断推进算法深度学习改善的根本。在日常生活中，自动化决策既可以根据信息主体输入的事实数据做出决策，也可以是基于衍生数据做出决策。前者如，我们在电商平台挑选服饰，可以对服饰的款式、价

① 姚佳：《论个人信息处理者的民事责任》，载《清华法学》2021 年第 3 期。

格、颜色、适用人群等提出具体要求，平台基于算法将最为相关的服饰进行展示。后者如，平台通过获取信息主体在网络中留存的行为痕迹信息，基于算法进行大数据分析，以此精准推断出信息主体的服饰偏好进行展示，通过获取的常用终端设备型号来判断信息主体的价位承受能力，通过获取社交媒体发布的即时信息来判断信息主体购买服装的用途，通过获取过往浏览、购买服饰的信息来判断信息主体对服饰类型、款式的偏好。总之，能够收集到的个人信息越多，自动化决策就会越贴近用户的期望。

三、关于“去标识化”和“匿名化”的理解

本条中规定的“去标识化”也称“去身份化”（De－identification），是指删除个人信息中可直接识别信息主体身份的标识的行为。去标识化后的个人信息是不能再实际识别到特定个人的信息，但任何去标识化的处理只是增加信息处理特别是利用信息识别个人的难度，而不能改变大数据环境下对个人的识别。去标识化本质上是根据个人信息应用的场景、目的、方式等进行决定，而不存在适用于任何场景的去标识化。去标识化的基本目的在于实现利用个人信息的同时尽可能地保护个人隐私，但是去掉哪些个人标识能达到保护隐私的目的，在不同的应用场景、不同的利用目的下是极不相同的，需要个人信息处理者根据具体情形加以判断。同时需要明确的是，去标识化是信息处理者处理个人信息应遵循的义务，并不是免除或减轻其责任的条件。

匿名化（Anonymization），关于匿名化的定义可见本书对本法第 4 条的解读内容。去标识化和匿名化都是个人隐私安全的技术防护手段，主要区别是去标识化后的信息也属于个人信息，如果与其他额外信息结合，可以识别个人信息主体，通常也称为重标识（Re－identification）；匿名化后的信息不属于个人信息，且无法与额外信息结合识别出个人信息主体。大数据利用和个人信息保护是一个硬币的两面，匿名化信息处理手段可以极大地平衡数据利用和个人信息保护，鉴于个人信息匿名化处理后不再属于个人信息，匿名化处理后的信息不再属于《个人信息保护法》调整的客体对象，知情同意原则、目的限制原则、最小化原则等对匿名化处理后的信息不具有约束力，个人信息处理者也无须回应个人信息主体对此类信息的访问、更正、删除等请求。

（肖芄　撰写）

第七十四条 【施行日期】本法自2021年11月1日起施行。

【条文解读与法律适用】

法的时间效力，是指法律何时生效、何时终止生效及法律对其颁布实施前的事件和行为是否具有溯及力的问题。法律的施行时间问题，属于法律的时间效力的重要内容。

一、法律的施行时间

法律的施行时间即生效时间，是法律效力的起点。法的生效时间，一般是根据法律的具体性质和实际需要来决定的。主要有以下几种形式：（1）自法律颁布之日起生效；（2）在法律条文中明确规定具体生效时间；（3）由另外的专门法规定具体生效时间；（4）规定法律颁布后到达一定期限开始生效。本法采取了上述第二种情形。这种方式一般是为了预留一段准备期，使得需要适用法律的有关方面做好必要的学习、掌握和准备，以便于法律的顺利实施。个人信息保护关乎广大人民群众的切身利益，事关平台经济与数字发展，《个人信息保护法》的实施不只是法律问题，还是经济问题、社会问题，需要相关行政部门根据本法研究制定具体的配套措施，需要社会各个行业领域学习、消化、吸收。

二、法律的溯及力

法的溯及力是关于法是否有溯及既往的效力的问题。即法对它生效前所发生的事件和行为是否适用的问题，如果适用，就是有溯及力，如果不适用，就是没有溯及力。法的溯及力是法的效力的一个重要方面。法作为社会的行为规范，它通过对违反者的惩戒来促使人们遵守执行。不论是法律、行政法规、地方性法规、自治条例和单行条例还是规章，不论其效力等级是高还是低，原则上没有溯及既往的效力；但特殊情形下除外。如《立法法》第93条规定："法律、行政法规、地方性法规、自治条例和单行条例、规章不溯及既往，但为了更好地保护公民、法人和其他组织的权利和利益而作的特别规定除外。"

（王珺　撰写）

附 录

中华人民共和国个人信息保护法

（2021 年 8 月 20 日第十三届全国人民代表大会常务委员会第三十次会议通过　2021 年 8 月 20 日中华人民共和国主席令第 91 号公布　自 2021 年 11 月 1 日起施行）

目　录

第一章　总　　则

第一条　为了保护个人信息权益，规范个人信息处理活动，促进个人信息合理利用，根据宪法，制定本法。

第二条　自然人的个人信息受法律保护，任何组织、个人不得侵害自然人的个人信息权益。

第三条　在中华人民共和国境内处理自然人个人信息的活动，适用本法。

在中华人民共和国境外处理中华人民共和国境内自然人个人信息的活动，有下列情形之一的，也适用本法：

（一）以向境内自然人提供产品或者服务为目的；

（二）分析、评估境内自然人的行为；

（三）法律、行政法规规定的其他情形。

第四条 个人信息是以电子或者其他方式记录的与已识别或者可识别的自然人有关的各种信息，不包括匿名化处理后的信息。

个人信息的处理包括个人信息的收集、存储、使用、加工、传输、提供、公开、删除等。

第五条 处理个人信息应当遵循合法、正当、必要和诚信原则，不得通过误导、欺诈、胁迫等方式处理个人信息。

第六条 处理个人信息应当具有明确、合理的目的，并应当与处理目的直接相关，采取对个人权益影响最小的方式。

收集个人信息，应当限于实现处理目的的最小范围，不得过度收集个人信息。

第七条 处理个人信息应当遵循公开、透明原则，公开个人信息处理规则，明示处理的目的、方式和范围。

第八条 处理个人信息应当保证个人信息的质量，避免因个人信息不准确、不完整对个人权益造成不利影响。

第九条 个人信息处理者应当对其个人信息处理活动负责，并采取必要措施保障所处理的个人信息的安全。

第十条 任何组织、个人不得非法收集、使用、加工、传输他人个人信息，不得非法买卖、提供或者公开他人个人信息；不得从事危害国家安全、公共利益的个人信息处理活动。

第十一条 国家建立健全个人信息保护制度，预防和惩治侵害个人信息权益的行为，加强个人信息保护宣传教育，推动形成政府、企业、相关社会组织、公众共同参与个人信息保护的良好环境。

第十二条 国家积极参与个人信息保护国际规则的制定，促进个人信息保护方面的国际交流与合作，推动与其他国家、地区、国际组织之间的个人信息保护规则、标准等互认。

第二章 个人信息处理规则

第一节 一般规定

第十三条 符合下列情形之一的，个人信息处理者方可处理个人信息：

（一）取得个人的同意；

（二）为订立、履行个人作为一方当事人的合同所必需，或者按照依法制定的劳动规章制度和依法签订的集体合同实施人力资源管理所必需；

（三）为履行法定职责或者法定义务所必需；

（四）为应对突发公共卫生事件，或者紧急情况下为保护自然人的生命健康和财产安全所必需；

（五）为公共利益实施新闻报道、舆论监督等行为，在合理的范围内处理个人信息；

（六）依照本法规定在合理的范围内处理个人自行公开或者其他已经合法公开的个人信息；

（七）法律、行政法规规定的其他情形。

依照本法其他有关规定，处理个人信息应当取得个人同意，但是有前款第二项至第七项规定情形的，不需取得个人同意。

第十四条 基于个人同意处理个人信息的，该同意应当由个人在充分知情的前提下自愿、明确作出。法律、行政法规规定处理个人信息应当取得个人单独同意或者书面同意的，从其规定。

个人信息的处理目的、处理方式和处理的个人信息种类发生变更的，应当重新取得个人同意。

第十五条 基于个人同意处理个人信息的，个人有权撤回其同意。个人信息处理者应当提供便捷的撤回同意的方式。

个人撤回同意，不影响撤回前基于个人同意已进行的个人信息处理活动的效力。

第十六条 个人信息处理者不得以个人不同意处理其个人信息或者撤回同意为由，拒绝提供产品或者服务；处理个人信息属于提供产品或者服务所必需的除外。

第十七条 个人信息处理者在处理个人信息前，应当以显著方式、清晰易懂的语言真实、准确、完整地向个人告知下列事项：

（一）个人信息处理者的名称或者姓名和联系方式；

（二）个人信息的处理目的、处理方式，处理的个人信息种类、保存期限；

（三）个人行使本法规定权利的方式和程序；

（四）法律、行政法规规定应当告知的其他事项。

前款规定事项发生变更的，应当将变更部分告知个人。

个人信息处理者通过制定个人信息处理规则的方式告知第一款规定事项的，处理规则应当公开，并且便于查阅和保存。

第十八条 个人信息处理者处理个人信息，有法律、行政法规规定应当保密或者不需要告知的情形的，可以不向个人告知前条第一款规定的事项。

紧急情况下为保护自然人的生命健康和财产安全无法及时向个人告知的，个人信息处理者应当在紧急情况消除后及时告知。

第十九条 除法律、行政法规另有规定外，个人信息的保存期限应当为实现处理目的所必要的最短时间。

第二十条 两个以上的个人信息处理者共同决定个人信息的处理目的和处理方式的，应当约定各自的权利和义务。但是，该约定不影响个人向其中任何一个个人信息处理者要求行使本法规定的权利。

个人信息处理者共同处理个人信息，侵害个人信息权益造成损害的，应当依法承担连带责任。

第二十一条 个人信息处理者委托处理个人信息的，应当与受托人约定委托处理的目的、期限、处理方式、个人信息的种类、保护措施以及双方的权利和义务等，并对受托人的个人信息处理活动进行监督。

受托人应当按照约定处理个人信息，不得超出约定的处理目的、处理方式等处理个人信息；委托合同不生效、无效、被撤销或者终止的，受托人应当将个人信息返还个人信息处理者或者予以删除，不得保留。

未经个人信息处理者同意，受托人不得转委托他人处理个人信息。

第二十二条 个人信息处理者因合并、分立、解散、被宣告破产等原因需要转移个人信息的，应当向个人告知接收方的名称或者姓名和联系方式。接收方应当继续履行个人信息处理者的义务。接收方变更原先的处理目的、处理方式的，应当依照本法规定重新取得个人同意。

第二十三条 个人信息处理者向其他个人信息处理者提供其处理的个人信息的，应当向个人告知接收方的名称或者姓名、联系方式、处理目的、处理方式和个人信息的种类，并取得个人的单独同意。接收方应当在上述处理目的、处理方式和个人信息的种类等范围内处理个人信息。接收方变更原先的处理目的、处理方式的，应当依照本法规定重新取得个人同意。

第二十四条 个人信息处理者利用个人信息进行自动化决策，应当保证决策的透明度和结果公平、公正，不得对个人在交易价格等交易条件上实行不合理的差别待遇。

通过自动化决策方式向个人进行信息推送、商业营销，应当同时提供不针对其个人特征的选项，或者向个人提供便捷的拒绝方式。

通过自动化决策方式作出对个人权益有重大影响的决定，个人有权要求个人信息处理者予以说明，并有权拒绝个人信息处理者仅通过自动化决策的方式作出决定。

第二十五条 个人信息处理者不得公开其处理的个人信息，取得个人单独同意的除外。

第二十六条 在公共场所安装图像采集、个人身份识别设备，应当为维护公共安全所必需，遵守国家有关规定，并设置显著的提示标识。所收集的个人图像、身份识别信息只能用于维护公共安全的目的，不得用于其他目的；取得个人单独同意的除外。

第二十七条 个人信息处理者可以在合理的范围内处理个人自行公开或者其他已经合法公开的个人信息；个人明确拒绝的除外。个人信息处理者处理已公开的个人信息，对个人权益有重大影响的，应当依照本法规定取得个人同意。

第二节 敏感个人信息的处理规则

第二十八条 敏感个人信息是一旦泄露或者非法使用，容易导致自然人的人格尊严受到侵害或者人身、财产安全受到危害的个人信息，包括生物识别、宗教信仰、特定身份、医疗健康、金融账户、行踪轨迹等信息，以及不满十四周岁未成年人的个人信息。

只有在具有特定的目的和充分的必要性，并采取严格保护措施的情形下，个人信息处理者方可处理敏感个人信息。

第二十九条 处理敏感个人信息应当取得个人的单独同意；法律、行政法规规定处理敏感个人信息应当取得书面同意的，从其规定。

第三十条 个人信息处理者处理敏感个人信息的，除本法第十七条第一款规定的事项外，还应当向个人告知处理敏感个人信息的必要性以及对个人权益的影响；依照本法规定可以不向个人告知的除外。

第三十一条 个人信息处理者处理不满十四周岁未成年人个人信息的，应当取得未成年人的父母或者其他监护人的同意。

个人信息处理者处理不满十四周岁未成年人个人信息的，应当制定专门的个人信息处理规则。

第三十二条 法律、行政法规对处理敏感个人信息规定应当取得相关行政许可或者作出其他限制的，从其规定。

第三节 国家机关处理个人信息的特别规定

第三十三条 国家机关处理个人信息的活动，适用本法；本节有特别规定的，适用本节规定。

第三十四条 国家机关为履行法定职责处理个人信息，应当依照法律、行政法规规定的权限、程序进行，不得超出履行法定职责所必需的范围和限度。

第三十五条 国家机关为履行法定职责处理个人信息，应当依照本法规定履行告知义务；有本法第十八条第一款规定的情形，或者告知将妨碍国家机关履行法定职责的除外。

第三十六条 国家机关处理的个人信息应当在中华人民共和国境内存储；确需向境外提供的，应当进行安全评估。安全评估可以要求有关部门提供支持与协助。

第三十七条 法律、法规授权的具有管理公共事务职能的组织为履行法定职责处理个人信息，适用本法关于国家机关处理个人信息的规定。

第三章 个人信息跨境提供的规则

第三十八条 个人信息处理者因业务等需要，确需向中华人民共和国境外提供个人信息的，应当具备下列条件之一：

（一）依照本法第四十条的规定通过国家网信部门组织的安全评估；

（二）按照国家网信部门的规定经专业机构进行个人信息保护认证；

（三）按照国家网信部门制定的标准合同与境外接收方订立合同，约定双方的权利和义务；

（四）法律、行政法规或者国家网信部门规定的其他条件。

中华人民共和国缔结或者参加的国际条约、协定对向中华人民共和国境外提供个人信息的条件等有规定的，可以按照其规定执行。

个人信息处理者应当采取必要措施，保障境外接收方处理个人信息的活动达到本法规定的个人信息保护标准。

第三十九条 个人信息处理者向中华人民共和国境外提供个人信息的，应当向个人告知境外接收方的名称或者姓名、联系方式、处理目的、处理方式、个人信息的种类以及个人向境外接收方行使本法规定权利的方式和程序等事项，并取得个人的单独同意。

第四十条 关键信息基础设施运营者和处理个人信息达到国家网信部门规定数量的个人信息处理者，应当将在中华人民共和国境内收集和产生的个人信息存储在境内。确需向境外提供的，应当通过国家网信部门组织的安全评估；法律、行政法规和国家网信部门规定可以不进行安全评估的，从其规定。

第四十一条 中华人民共和国主管机关根据有关法律和中华人民共和国缔结或者参加的国际条约、协定，或者按照平等互惠原则，处理外国司法或者执法机构关于提供存储于境内个人信息的请求。非经中华人民共和国主管机关批准，个人信息处理者不得向外国司法或者执法机构提供存储于中华人民共和国境内的个人信息。

第四十二条 境外的组织、个人从事侵害中华人民共和国公民的个人信息权益，或者危害中华人民共和国国家安全、公共利益的个人信息处理活动的，国家网信部门可以将其列入限制或者禁止个人信息提供清单，予以公告，并采取限制或者禁止向其提供个人信息等措施。

第四十三条 任何国家或者地区在个人信息保护方面对中华人民共和国采取歧视性的禁止、限制或者其他类似措施的，中华人民共和国可以根据实际情况对该国家或者地区对等采取措施。

第四章 个人在个人信息处理活动中的权利

第四十四条 个人对其个人信息的处理享有知情权、决定权，有权限制或者拒绝他人对其个人信息进行处理；法律、行政法规另有规定的除外。

第四十五条 个人有权向个人信息处理者查阅、复制其个人信息；有本法第十八条第一款、第三十五条规定情形的除外。

个人请求查阅、复制其个人信息的，个人信息处理者应当及时提供。

个人请求将个人信息转移至其指定的个人信息处理者，符合国家网信部门规定条件的，个人信息处理者应当提供转移的途径。

第四十六条 个人发现其个人信息不准确或者不完整的，有权请求个人信息处理者更正、补充。

个人请求更正、补充其个人信息的，个人信息处理者应当对其个人信息予以核实，并及时更正、补充。

第四十七条 有下列情形之一的，个人信息处理者应当主动删除个人信息；个人信息处理者未删除的，个人有权请求删除：

（一）处理目的已实现、无法实现或者为实现处理目的不再必要；

（二）个人信息处理者停止提供产品或者服务，或者保存期限已届满；

（三）个人撤回同意；

（四）个人信息处理者违反法律、行政法规或者违反约定处理个人信息；

（五）法律、行政法规规定的其他情形。

法律、行政法规规定的保存期限未届满，或者删除个人信息从技术上难以实现的，个人信息处理者应当停止除存储和采取必要的安全保护措施之外的处理。

第四十八条 个人有权要求个人信息处理者对其个人信息处理规则进行

解释说明。

第四十九条 自然人死亡的，其近亲属为了自身的合法、正当利益，可以对死者的相关个人信息行使本章规定的查阅、复制、更正、删除等权利；死者生前另有安排的除外。

第五十条 个人信息处理者应当建立便捷的个人行使权利的申请受理和处理机制。拒绝个人行使权利的请求的，应当说明理由。

个人信息处理者拒绝个人行使权利的请求的，个人可以依法向人民法院提起诉讼。

第五章 个人信息处理者的义务

第五十一条 个人信息处理者应当根据个人信息的处理目的、处理方式、个人信息的种类以及对个人权益的影响、可能存在的安全风险等，采取下列措施确保个人信息处理活动符合法律、行政法规的规定，并防止未经授权的访问以及个人信息泄露、篡改、丢失：

（一）制定内部管理制度和操作规程；

（二）对个人信息实行分类管理；

（三）采取相应的加密、去标识化等安全技术措施；

（四）合理确定个人信息处理的操作权限，并定期对从业人员进行安全教育和培训；

（五）制定并组织实施个人信息安全事件应急预案；

（六）法律、行政法规规定的其他措施。

第五十二条 处理个人信息达到国家网信部门规定数量的个人信息处理者应当指定个人信息保护负责人，负责对个人信息处理活动以及采取的保护措施等进行监督。

个人信息处理者应当公开个人信息保护负责人的联系方式，并将个人信息保护负责人的姓名、联系方式等报送履行个人信息保护职责的部门。

第五十三条 本法第三条第二款规定的中华人民共和国境外的个人信息处理者，应当在中华人民共和国境内设立专门机构或者指定代表，负责处理个人信息保护相关事务，并将有关机构的名称或者代表的姓名、联系方式等报送履行个人信息保护职责的部门。

第五十四条 个人信息处理者应当定期对其处理个人信息遵守法律、行政法规的情况进行合规审计。

第五十五条 有下列情形之一的，个人信息处理者应当事前进行个人信息保护影响评估，并对处理情况进行记录：

（一）处理敏感个人信息；

（二）利用个人信息进行自动化决策；

（三）委托处理个人信息、向其他个人信息处理者提供个人信息、公开个人信息；

（四）向境外提供个人信息；

（五）其他对个人权益有重大影响的个人信息处理活动。

第五十六条 个人信息保护影响评估应当包括下列内容：

（一）个人信息的处理目的、处理方式等是否合法、正当、必要；

（二）对个人权益的影响及安全风险；

（三）所采取的保护措施是否合法、有效并与风险程度相适应。

个人信息保护影响评估报告和处理情况记录应当至少保存三年。

第五十七条 发生或者可能发生个人信息泄露、篡改、丢失的，个人信息处理者应当立即采取补救措施，并通知履行个人信息保护职责的部门和个人。通知应当包括下列事项：

（一）发生或者可能发生个人信息泄露、篡改、丢失的信息种类、原因和可能造成的危害；

（二）个人信息处理者采取的补救措施和个人可以采取的减轻危害的措施；

（三）个人信息处理者的联系方式。

个人信息处理者采取措施能够有效避免信息泄露、篡改、丢失造成危害的，个人信息处理者可以不通知个人；履行个人信息保护职责的部门认为可能造成危害的，有权要求个人信息处理者通知个人。

第五十八条 提供重要互联网平台服务、用户数量巨大、业务类型复杂的个人信息处理者，应当履行下列义务：

（一）按照国家规定建立健全个人信息保护合规制度体系，成立主要由外部成员组成的独立机构对个人信息保护情况进行监督；

（二）遵循公开、公平、公正的原则，制定平台规则，明确平台内产品或者服务提供者处理个人信息的规范和保护个人信息的义务；

（三）对严重违反法律、行政法规处理个人信息的平台内的产品或者服务提供者，停止提供服务；

（四）定期发布个人信息保护社会责任报告，接受社会监督。

第五十九条 接受委托处理个人信息的受托人，应当依照本法和有关法律、行政法规的规定，采取必要措施保障所处理的个人信息的安全，并协助个人信息处理者履行本法规定的义务。

第六章 履行个人信息保护职责的部门

第六十条 国家网信部门负责统筹协调个人信息保护工作和相关监督管理工作。国务院有关部门依照本法和有关法律、行政法规的规定，在各自职责范围内负责个人信息保护和监督管理工作。

县级以上地方人民政府有关部门的个人信息保护和监督管理职责，按照国家有关规定确定。

前两款规定的部门统称为履行个人信息保护职责的部门。

第六十一条 履行个人信息保护职责的部门履行下列个人信息保护职责：

（一）开展个人信息保护宣传教育，指导、监督个人信息处理者开展个人信息保护工作；

（二）接受、处理与个人信息保护有关的投诉、举报；

（三）组织对应用程序等个人信息保护情况进行测评，并公布测评结果；

（四）调查、处理违法个人信息处理活动；

（五）法律、行政法规规定的其他职责。

第六十二条 国家网信部门统筹协调有关部门依据本法推进下列个人信息保护工作：

（一）制定个人信息保护具体规则、标准；

（二）针对小型个人信息处理者、处理敏感个人信息以及人脸识别、人工智能等新技术、新应用，制定专门的个人信息保护规则、标准；

（三）支持研究开发和推广应用安全、方便的电子身份认证技术，推进网络身份认证公共服务建设；

（四）推进个人信息保护社会化服务体系建设，支持有关机构开展个人信息保护评估、认证服务；

（五）完善个人信息保护投诉、举报工作机制。

第六十三条 履行个人信息保护职责的部门履行个人信息保护职责，可以采取下列措施：

（一）询问有关当事人，调查与个人信息处理活动有关的情况；

（二）查阅、复制当事人与个人信息处理活动有关的合同、记录、账簿以及其他有关资料；

（三）实施现场检查，对涉嫌违法的个人信息处理活动进行调查；

（四）检查与个人信息处理活动有关的设备、物品；对有证据证明是用于违法个人信息处理活动的设备、物品，向本部门主要负责人书面报告并经批准，可以查封或者扣押。

履行个人信息保护职责的部门依法履行职责，当事人应当予以协助、配合，不得拒绝、阻挠。

第六十四条 履行个人信息保护职责的部门在履行职责中，发现个人信息处理活动存在较大风险或者发生个人信息安全事件的，可以按照规定的权限和程序对该个人信息处理者的法定代表人或者主要负责人进行约谈，或者要求个人信息处理者委托专业机构对其个人信息处理活动进行合规审计。个人信息处理者应当按照要求采取措施，进行整改，消除隐患。

履行个人信息保护职责的部门在履行职责中，发现违法处理个人信息涉嫌犯罪的，应当及时移送公安机关依法处理。

第六十五条 任何组织、个人有权对违法个人信息处理活动向履行个人信息保护职责的部门进行投诉、举报。收到投诉、举报的部门应当依法及时处理，并将处理结果告知投诉、举报人。

履行个人信息保护职责的部门应当公布接受投诉、举报的联系方式。

第七章 法律责任

第六十六条 违反本法规定处理个人信息，或者处理个人信息未履行本法规定的个人信息保护义务的，由履行个人信息保护职责的部门责令改正，给予警告，没收违法所得，对违法处理个人信息的应用程序，责令暂停或者终止提供服务；拒不改正的，并处一百万元以下罚款；对直接负责的主管人员和其他直接责任人员处一万元以上十万元以下罚款。

有前款规定的违法行为，情节严重的，由省级以上履行个人信息保护职责的部门责令改正，没收违法所得，并处五千万元以下或者上一年度营业额百分之五以下罚款，并可以责令暂停相关业务或者停业整顿、通报有关主管部门吊销相关业务许可或者吊销营业执照；对直接负责的主管人员和其他直接责任人员处十万元以上一百万元以下罚款，并可以决定禁止其在一定期限内担任相关企业的董事、监事、高级管理人员和个人信息保护负责人。

第六十七条　有本法规定的违法行为的，依照有关法律、行政法规的规定记入信用档案，并予以公示。

第六十八条　国家机关不履行本法规定的个人信息保护义务的，由其上级机关或者履行个人信息保护职责的部门责令改正；对直接负责的主管人员和其他直接责任人员依法给予处分。

履行个人信息保护职责的部门的工作人员玩忽职守、滥用职权、徇私舞弊，尚不构成犯罪的，依法给予处分。

第六十九条　处理个人信息侵害个人信息权益造成损害，个人信息处理者不能证明自己没有过错的，应当承担损害赔偿等侵权责任。

前款规定的损害赔偿责任按照个人因此受到的损失或者个人信息处理者因此获得的利益确定；个人因此受到的损失和个人信息处理者因此获得的利益难以确定的，根据实际情况确定赔偿数额。

第七十条　个人信息处理者违反本法规定处理个人信息，侵害众多个人的权益的，人民检察院、法律规定的消费者组织和由国家网信部门确定的组织可以依法向人民法院提起诉讼。

第七十一条　违反本法规定，构成违反治安管理行为的，依法给予治安管理处罚；构成犯罪的，依法追究刑事责任。

第八章　附　　则

第七十二条　自然人因个人或者家庭事务处理个人信息的，不适用本法。

法律对各级人民政府及其有关部门组织实施的统计、档案管理活动中的个人信息处理有规定的，适用其规定。

第七十三条　本法下列用语的含义：

（一）个人信息处理者，是指在个人信息处理活动中自主决定处理目的、处理方式的组织、个人。

（二）自动化决策，是指通过计算机程序自动分析、评估个人的行为习惯、兴趣爱好或者经济、健康、信用状况等，并进行决策的活动。

（三）去标识化，是指个人信息经过处理，使其在不借助额外信息的情况下无法识别特定自然人的过程。

（四）匿名化，是指个人信息经过处理无法识别特定自然人且不能复原的过程。

第七十四条　本法自 2021 年 11 月 1 日起施行。

关于《中华人民共和国个人信息保护法（草案）》的说明

——2020 年 10 月 13 日在第十三届全国人民代表大会常务委员会第二十二次会议上

全国人大常委会法制工作委员会副主任　刘俊臣

全国人民代表大会常务委员会：

我受委员长会议的委托，作关于《中华人民共和国个人信息保护法（草案）》的说明。

一、关于制定本法的必要性

随着信息化与经济社会持续深度融合，网络已成为生产生活的新空间、经济发展的新引擎、交流合作的新纽带。截至 2020 年 3 月，我国互联网用户已达 9 亿，互联网网站超过 400 万个、应用程序数量超过 300 万个，个人信息的收集、使用更为广泛。虽然近年来我国个人信息保护力度不断加大，但在现实生活中，一些企业、机构甚至个人，从商业利益等出发，随意收集、违法获取、过度使用、非法买卖个人信息，利用个人信息侵扰人民群众生活安宁、危害人民群众生命健康和财产安全等问题仍十分突出。在信息化时代，个人信息保护已成为广大人民群众最关心最直接最现实的利益问题之一。社会各方面广泛呼吁出台专门的个人信息保护法，本届以来，全国人大代表共有 340 人次提出 39 件相关议案、建议，全国政协委员共提出相关提案 32 件。党中央高度重视网络空间法治建设，对个人信息保护立法工作作出部署。习近平总书记多次强调，要坚持网络安全为人民、网络安全靠人民，保障个人信息安全，维护公民在网络空间的合法权益，对加强个人信息保护工作提出明确要求。为及时回应广大人民群众的呼声和期待，落实党中央部署要求，制定一部个人信息保护方面的专门法律，将广大人民群众的个人信息权益实现好、维护好、发展好，具有重要意义。

第一，制定个人信息保护法是进一步加强个人信息保护法制保障的客观要求。党的十八大以来，全国人大及其常委会在制定关于加强网络信息保护的决定、网络安全法、电子商务法、修改消费者权益保护法等立法工作中，确立了个人信息保护的主要规则；在修改刑法中，完善了惩治侵害个人信息犯罪的法律制度；在编纂民法典中，将个人信息受法律保护作为一项重要民事权利作出规定。我国个人信息保护法律制度逐步建立，但仍难以适应信息化快速发展的现实情况和人民日益增长的美好生活需要。因此，应当在现行法律基础上制定出台专门法律，增强法律规范的系统性、针对性和可操作性，在个人信息保护方面形成更加完备的制度、提供更加有力的法律保障。

第二，制定个人信息保护法是维护网络空间良好生态的现实需要。网络空间是亿万民众共同的家园，必须在法治轨道上运行。违法收集、使用个人信息等行为不仅损害人民群众的切身利益，而且危害交易安全，扰乱市场竞争，破坏网络空间秩序。因此，应当制定出台专门法律，以严密的制度、严格的标准、严厉的责任，规范个人信息处理活动，落实企业、机构等个人信息处理者的法律义务和责任，维护网络空间良好生态。

第三，制定个人信息保护法是促进数字经济健康发展的重要举措。当前，以数据为新生产要素的数字经济蓬勃发展，数据的竞争已成为国际竞争的重要领域，而个人信息数据是大数据的核心和基础。党的十九大报告提出了建设网络强国、数字中国、智慧社会的任务要求。按照这一要求，应当统筹个人信息保护与利用，通过立法建立权责明确、保护有效、利用规范的制度规则，在保障个人信息权益的基础上，促进信息数据依法合理有效利用，推动数字经济持续健康发展。

二、关于起草工作和把握的几点

制定个人信息保护法列入了十三届全国人大常委会立法规划和年度立法工作计划。栗战书委员长和王晨副委员长等常委会领导同志高度重视这项立法工作，多次作出指示批示。2018 年全国人大常委会法制工作委员会会同中央网络安全和信息化委员会办公室，着手研究起草个人信息保护法草案。在起草过程中，认真梳理研究近年来全国人大代表、政协委员提出的建议，召开座谈会听取部分全国人大代表的意见；委托专家组开展专题研究，搜集整理国内外立法资料，形成研究报告；通过多种方式深入调研，广泛征求有关部门、企业和专家等各方面意见。在上述工作的基础上，经反复研究修改，形成了《中华人民共和国个人信息保护法（草案）》。

起草工作注意把握以下几点：**一是，**坚持立足国情与借鉴国际经验相结合。从我国实际出发，深入总结网络安全法等法律、法规、标准的实施经验，将行之有效的做法和措施上升为法律规范。从上世纪 70 年代开始，经济合作与发展组织、亚太经济合作组织和欧盟等先后出台了个人信息保护相关准则、指导原则和法规，有 140 多个国家和地区制定了个人信息保护方面的法律。草案充分借鉴有关国际组织和国家、地区的有益做法，建立健全适应我国个人信息保护和数字经济发展需要的法律制度。**二是，**坚持问题导向和立法前瞻性相结合。既立足于个人信息保护领域存在的突出问题和人民群众的重大关切，建立完善可行的制度规范。同时，对一些尚存争议的理论问题，在本法中留下必要空间，对新技术新应用带来的新问题，在充分研究论证的基础上作出必要规定，体现法律的包容性、前瞻性。**三是，**处理好与有关法律的关系。把握权益保护的立法定位，与民法典等有关法律规定相衔接，细化、充实个人信息保护制度规则。同时，与网络安全法和已提请全国人大常委会审议的数据安全法草案相衔接，对于网络安全法、数据安全法草案确立的网络和数据安全监管相关制度措施，本法不再作规定。

三、关于草案的主要内容

草案共八章七十条，主要内容包括：

（一）明确本法适用范围

一是，对本法相关用语作出界定，规定：个人信息是以电子或者其他方式记录的与已识别或者可识别的自然人有关的各种信息；个人信息的处理包括个人信息的收集、存储、使用、加工、传输、提供、公开等活动。

二是，明确在我国境内处理个人信息的活动适用本法的同时，借鉴有关国家和地区的做法，赋予本法必要的域外适用效力，以充分保护我国境内个人的权益，规定：以向境内自然人提供产品或者服务为目的，或者为分析、评估境内自然人的行为等发生在我国境外的个人信息处理活动，也适用本法；并要求境外的个人信息处理者在境内设立专门机构或者指定代表，负责个人信息保护相关事务。

（二）健全个人信息处理规则

一是，确立个人信息处理应遵循的原则，强调处理个人信息应当采用合法、正当的方式，具有明确、合理的目的，限于实现处理目的的最小范围，公开处理规则，保证信息准确，采取安全保护措施等，并将上述原则贯穿于个人信息处理的全过程、各环节。

二是，确立以“告知—同意”为核心的个人信息处理一系列规则，要求处理个人信息应当在事先充分告知的前提下取得个人同意，并且个人有权撤回同意；重要事项发生变更的应当重新取得个人同意；不得以个人不同意为由拒绝提供产品或者服务。考虑到经济社会生活的复杂性和个人信息处理的不同情况，草案还对基于个人同意以外合法处理个人信息的情形作了规定。

三是，根据个人信息处理的不同环节、不同个人信息种类，对个人信息的共同处理、委托处理、向第三方提供、公开、用于自动化决策、处理已公开的个人信息等提出有针对性的要求。

四是，设专节对处理敏感个人信息作出更严格的限制，只有在具有特定的目的和充分的必要性的情形下，方可处理敏感个人信息，并且应当取得个人的单独同意或者书面同意。

五是，设专节规定国家机关处理个人信息的规则，在保障国家机关依法履行职责的同时，要求国家机关处理个人信息应当依照法律、行政法规规定的权限和程序进行。

在应对新冠肺炎疫情中，大数据应用为联防联控和复工复产提供了有力支持。为此，草案将应对突发公共卫生事件，或者紧急情况下保护自然人的生命健康，作为处理个人信息的合法情形之一。需要强调的是，在上述情形下处理个人信息，也必须严格遵守本法规定的处理规则，履行个人信息保护义务。

（三）完善个人信息跨境提供规则

一是，明确关键信息基础设施运营者和处理个人信息达到国家网信部门规定数量的处理者，确需向境外提供个人信息的，应当通过国家网信部门组织的安全评估；对于其他需要跨境提供个人信息的，规定了经专业机构认证等途径。

二是，对跨境提供个人信息的“告知—同意”作出更严格的要求。

三是，对因国际司法协助或者行政执法协助，需要向境外提供个人信息的，要求依法申请有关主管部门批准。

四是，对从事损害我国公民个人信息权益等活动的境外组织、个人，以及在个人信息保护方面对我国采取不合理措施的国家和地区，规定了可以采取的相应措施。

（四）明确个人信息处理活动中个人的权利和处理者义务

一是，与民法典的有关规定相衔接，明确在个人信息处理活动中个人的各项权利，包括知情权、决定权、查询权、更正权、删除权等，并要求个人信息处理者建立个人行使权利的申请受理和处理机制。

二是，明确个人信息处理者的合规管理和保障个人信息安全等义务，要求其按照规定制定内部管理制度和操作规程，采取相应的安全技术措施，并指定负责人对其个人信息处理活动进行监督；定期对其个人信息活动进行合规审计；对处理敏感个人信息、向境外提供个人信息等高风险处理活动，事前进行风险评估；履行个人信息泄露通知和补救义务等。

（五）关于履行个人信息保护职责的部门

个人信息保护涉及各个领域和多个部门的职责。草案根据个人信息保护工作实际，明确国家网信部门负责个人信息保护工作的统筹协调，发挥其统筹协调作用；同时规定：国家网信部门和国务院有关部门在各自职责范围内负责个人信息保护和监督管理工作。

此外，草案还对违反本法规定行为的处罚及侵害个人信息权益的民事赔偿等作了规定。

个人信息保护法（草案）和以上说明是否妥当，请审议。

全国人民代表大会宪法和法律委员会关于《中华人民共和国个人信息保护法（草案）》修改情况的汇报

——2021 年 4 月 16 日在第十三届全国人民代表大会常务委员会第二十八次会议上

全国人大宪法和法律委员会副主任委员　江必新

全国人民代表大会常务委员会：

常委会第二十二次会议对个人信息保护法草案进行了初次审议。会后，法制工作委员会将草案印发各省（区、市）、中央有关部门和部分基层立法联系点、人大代表、企业、研究机构等征求意见，在中国人大网全文公布草案征求社会公众意见。宪法和法律委员会、法制工作委员会联合召开座谈会，听取中央有关部门和部分人大代表、专家、企业的意见，到北京、深圳、湖南调研，听取地方意见，并就草案的有关问题与有关方面交换意见，共同研究。宪法和法律委员会于 4 月 1 日召开会议，根据常委会组成人员的审议意见和各方面意见，对草案进行了逐条审议。中央网络安全和信息化委员会办公室有关负责同志列席了会议。4 月 20 日，宪法和法律委员会召开会议，再次进行了审议。现将个人信息保护法草案主要问题修改情况汇报如下：

一、草案第五条至第八条规定了个人信息处理应遵循的原则。一些常委会组成人员和地方、部门、专家、社会公众提出，当前，个人信息收集、使用规则不透明及过度收集、使用等问题仍很突出，建议有针对性地完善上述内容。宪法和法律委员会经研究，建议对上述规定予以修改完善，进一步明确：不得通过“胁迫”方式处理个人信息；处理个人信息应当限于实现处理目的所必要的最小范围、采取对个人权益影响最小的方式；处理个人信息应当公开个人信息处理规则，明示处理目的、方式和范围，并应当保证个人信息的质量，避免因个人信息不准确、不完整对个人权益造成不利影响。

二、根据一些常委会组成人员和地方、部门、专家、企业、社会公众的意见，宪法和法律委员会经研究，建议进一步完善个人信息处理规则，对草案作以下修改：一是增加规定：个人信息处理者应当为个人提供便捷的撤回同意的方式；个人撤回同意，不影响撤回同意前已进行的个人信息处理活动的效力。二是规定：通过自动化决策方式进行商业营销、信息推送，应当同时提供不针对其个人特征的选项，或者向个人提供拒绝的方式。三是明确：个人信息跨境提供的合同应“按照国家网信部门制定的标准合同”订立。

三、有的常委委员和专家、社会公众提出，民法典中规定，死者的姓名、肖像、名誉等受到侵害的，其近亲属有权依法请求行为人承担民事责任。建议参照上述内容对死者的个人信息保护问题作出规定。宪法和法律委员会经研究，建议增加一条规定：自然人死亡的，个人在个人信息处理活动中的权利由其近亲属行使。

四、有的部门、专家建议，强化超大型互联网平台的个人信息保护义务，并加强监督。宪法和法律委员会经研究，建议增加一条规定：提供基础性互联网平台服务、用户数量巨大、业务类型复杂的个人信息处理者，应当履行下列义务：（一）成立主要由外部成员组成的独立机构，对个人信息处理活动进行监督；（二）对严重违反法律、行政法规处理个人信息的平台内的产品或者服务提供者，停止提供服务；（三）定期发布个人信息保护社会责任报告，接受社会监督。

五、有的常委委员和部门、专家提出，接受委托处理个人信息的受托方，不属于本法规定的个人信息处理者，但仍应履行相应的个人信息安全保护义务，建议增加这方面的内容。宪法和法律委员会经研究，建议增加一条规定：接受委托处理个人信息的受托方，应当履行第五章规定的相关义务，采取必要措施保障所处理的个人信息的安全。

六、有的部门、专家提出，应当充分发挥国家网信部门的统筹协调作用，推进配套规定制定等工作，保证本法有效贯彻实施。宪法和法律委员会经研究，建议在有关条款中明确由国家网信部门统筹推进个人信息保护有关工作，包括：制定个人信息保护具体规则、标准；针对敏感个人信息以及人脸识别、人工智能等新技术、新应用制定专门的个人信息保护规则、标准；支持研究开发安全、方便的电子身份认证技术等。

七、草案第六十五条规定，因个人信息处理活动侵害个人信息权益，个人信息处理者能够证明自己没有过错的，可以减轻或者免除责任。一些常委委员和地方、部门、专家、企业建议，根据过错推定责任原则确定侵害个人信息权益的损害赔偿责任。宪法和法律委员会经研究，建议根据民法典有关规定，将上述规定修改为：个人信息权益因个人信息处理活动受到侵害，个人信息处理者不能证明自己没有过错的，应当承担损害赔偿等侵权责任。此外，还对草案作了一些文字修改。草案二次审议稿已按上述意见作了修改，宪法和法律委员会建议提请本次常委会会议继续审议。草案二次审议稿和以上汇报是否妥当，请审议。

全国人民代表大会宪法和法律委员会关于《中华人民共和国个人信息保护法（草案）》审议结果的报告

——2021 年 8 月 17 日在第十三届全国人民代表大会常务委员会第三十次会议上

全国人大宪法和法律委员会副主任委员 江必新

全国人民代表大会常务委员会：

常委会第二十八次会议对个人信息保护法草案进行了二次审议。会后，法制工作委员会在中国人大网全文公布草案征求社会公众意见。宪法和法律委员会、法制工作委员会召开座谈会，分别听取有关专家、企业和法院系统的意见；就草案的有关问题与有关方面交换意见，共同研究。宪法和法律委员会于 7 月 14 日召开会议，根据 7 月 9 日委员长会议精神、常委会组成人员审议意见和各方面的意见，对草案进行了逐条审议。中央网络安全和信息化委员会办公室有关负责同志列席了会议。7 月 28 日，宪法和法律委员会召开会议，再次进行了审议。宪法和法律委员会认为，为加强个人信息保护，维护人民群众在网络空间的合法权益，并促进信息合理利用，制定本法是必要的，草案经过两次审议修改，已经比较成熟。同时，提出以下主要修改意见：

一、有的常委委员和社会公众、专家提出，我国宪法规定，国家尊重和保障人权；公民的人格尊严不受侵犯；公民的通信自由和通信秘密受法律保护。制定实施本法对于保障公民的人格尊严和其他权益具有重要意义，建议在草案二次审议稿第一条中增加规定“根据宪法”制定本法。宪法和法律委员会经研究，赞同上述意见，建议予以采纳。

二、一些常委会组成人员和地方、部门、社会公众建议，进一步完善个人信息处理规则，特别是对应用程序（APP）过度收集个人信息、大数据杀熟以及非法买卖、泄露个人信息等作出有针对性规范。宪法和法律委员会经研究，建议对草案二次审议稿作以下修改：一是进一步明确处理个人信息应当遵循合法、正当、必要原则。二是将第六条修改为：处理个人信息应当具有明确、合理的目的，并应当与处理目的直接相关，采取对个人权益影响最小的方式。收集个人信息，应当限于实现处理目的的最小范围。三是增加规定，任何组织、个人不得非法收集、使用、加工、传输他人个人信息，不得非法买卖、提供或者公开他人个人信息。四是增加规定，利用个人信息进行自动化决策，不得对个人在交易价格等交易条件上实行不合理的差别待遇。五是增加规定，履行个人信息保护职责的部门应当组织对应用程序等个人信息保护情况进行测评、公布测评结果，对违法处理个人信息的应用程序，责令暂停或者终止提供服务。

三、有的常委委员和企业、专家提出，现实中有关企业、单位在人力资源管理工作中需要处理个人信息，建议在草案中将此类情况作为允许收集和处理个人信息的情形。宪法和法律委员会经研究，建议采纳上述意见，在草案二次审议稿第十三条中增加相应规定。

四、一些常委会组成人员和地方、部门、企业、专家建议，进一步做好草案有关条款与民法典有关规定的衔接。宪法和法律委员会经研究，建议对草案二次审议稿作以下修改：一是将第二十八条修改为，个人信息处理者可以在合理的范围内处理已合法公开的个人信息，个人明确拒绝的除外；对个人权益有重大影响的，应当取得个人同意。二是将第五十六条中的“个人信息泄露”修改为“个人信息泄露、篡改、丢失”。

五、有些常委会组成人员建议，将未成年人个人信息作为敏感个人信息予以严格保护。宪法和法律委员会经研究，建议明确将不满十四周岁未成年人的个人信息作为敏感个人信息，并要求个人信息处理者对此制定专门的个人信息处理规则。

六、有的常委委员和部门、专家提出，按照我国缔结或者参加的经贸合作等国际条约，可以向境外提供个人信息，草案中应当考虑规定这种情形，同时，也需要规定，对转移到境外的个人信息的保护，不应低于我国的保护标准。宪法和法律委员会经研究，建议增加规定：中华人民共和国缔结或者参加的国际条约、协定对向境外提供个人信息的条件等有规定的，可以按照其规定执行；个人信息处理者应当采取必要措施，保障境外接收方处理个人信息的活动达到本法规定的个人信息保护标准。

七、有的常委委员和社会公众、部门、专家提出，为方便个人获取并转移其个人信息，建议借鉴有关国家和地区的立法，增加个人信息可携带权的规定。宪法和法律委员会经研究，建议增加规定：个人请求将其个人信息转移至其指定的个人信息处理者，符合国家网信部门规定条件的，个人信息处理者应当提供转移的途径。

八、草案二次审议稿第四十九条对死者个人信息的保护作了规定。有的常委委员和专家提出，死者的近亲属行使相关权利应当有合理的理由，并尊重死者生前的安排，建议对上述规定再作研究。宪法和法律委员会经研究，建议将这一条修改为：自然人死亡的，其近亲属为了自身的合法、正当利益，可以对死者的个人信息行使本章规定的查阅、复制、更正、删除等权利；死者生前另有安排的除外。

九、有的部门、专家提出，大型互联网企业制定有关个人信息保护的平台规则时，应当公平合理地对待平台内经营者。有的常委委员和企业、专家提出，对处理信息数量少、处理活动简单的小型个人信息处理者，应适当减轻其合规成本。宪法和法律委员会经研究，建议对草案二次审议稿作以下修改：一是增加规定，大型互联网企业应当遵循公开、公平、公正的原则，制定有关个人信息保护的平台规则；二是授权国家网信部门针对小型个人信息处理者制定相关规则。

十、有的常委委员和部门、社会公众提出，有关部门应完善个人信息保护投诉、举报机制，并在案件查处方面加强协同配合。宪法和法律委员会经研究，建议在草案二次审议稿中增加以下规定：一是国家网信部门统筹协调有关部门完善个人信息保护投诉、举报工作机制。二是履行个人信息保护职责的部门发现违法处理个人信息涉嫌犯罪的，应当及时移送公安机关依法处理；对有关责任人员可以决定禁止其在一定期限内担任相关企业的董事、监事、高级管理人员和个人信息保护负责人等职务。

此外，还对草案二次审议稿作了一些文字修改。

7 月 28 日，法制工作委员会召开会议，邀请部分全国人大代表、专家学者以及基层立法联系点、地方有关部门、企业等方面的代表，就草案中主要制度规范的可行性、法律出台时机、法律实施的社会效果和可能出现的问题等进行评估。普遍认为，草案适应我国信息化发展需要，聚集人民群众重大关切，深入总结现行法律实施经验，健全完善个人信息保护制度规则，对于维护广大人民群众网络空间合法权益具有重要意义。草案内容全面、系统，针对性和可操作性较强，并具有一定的包容性、前瞻性，建议尽快通过实施。与会人员还对草案提出了一些具体修改意见，有的意见已经采纳。

草案三次审议稿已按上述意见作了修改，宪法和法律委员会建议提请本次常委会会议审议通过。

草案三次审议稿和以上报告是否妥当，请审议。

全国人民代表大会宪法和法律委员会关于《中华人民共和国个人信息保护法（草案三次审议稿）》修改意见的报告

——2021 年 8 月 19 日在第十三届全国人民代表大会常务委员会第三十次会议上

全国人民代表大会常务委员会：

本次常委会会议于 8 月 17 日下午对个人信息保护法草案三次审议稿进行了分组审议。普遍认为，草案已经比较成熟，建议进一步修改后，提请本次常委会会议表决通过。同时，有些常委会组成人员和列席人员还提出了一些修改意见和建议。宪法和法律委员会于 8 月 17 日晚召开会议，逐条研究了常委会组成人员的审议意见，对草案进行了审议。宪法和法律委员会认为，草案是可行的，同时，提出以下修改意见：

一、一些常委委员建议，根据最小必要原则，在草案已有规定的基础上，进一步强调不得过度收集个人信息。宪法和法律委员会经研究，建议采纳上述意见，在草案三次审议稿第六条中增加相应规定。

二、有的常委委员建议，对草案三次审议稿中关于为人力资源管理所必需处理个人信息的规定作出必要限制。宪法和法律委员会经研究，建议将草案有关规定修改为：按照依法制定的劳动规章制度和依法签订的集体合同实施人力资源管理所必需。

三、有的常委委员提出，应当要求个人信息处理者提供便捷的途径，并明确个人向人民法院起诉寻求救济的权利，以更好保障个人行使个人信息查询、复制等权利。宪法和法律委员会经研究，建议在草案三次审议稿第五十条中增加以下规定：一是个人信息处理者应当建立“便捷的”个人行使权利的申请受理和处理机制；二是个人信息处理者拒绝个人行使权利的请求的，个人可以依法向人民法院提起诉讼。

四、有的常委委员提出，应当要求大型互联网平台建立个人信息保护合规体系，加强内部合规管理。宪法和法律委员会经研究，建议在草案三次审议稿第五十八条中增加规定，大型互联网平台应当“按照国家规定建立健全个人信息保护合规制度体系”。

五、有关部门提出，为减少网络身份认证中对个人信息的过度采集，有关方面遵循自愿原则正在试点应用网络身份认证公共服务，建议在草案中增加相应规定。宪法和法律委员会经研究，建议在草案三次审议稿第六十二条中增加规定，国家网信部门统筹协调有关部门“推进网络身份认证公共服务建设”。

六、中国消费者协会建议，与消费者权益保护法有关规定相衔接，在本法中明确法律规定的消费者组织可以对违法处理个人信息侵害众多个人权益的行为提起诉讼。宪法和法律委员会经研究，建议采纳上述意见，在草案三次审议稿第七十条中增加相应规定。

经与有关部门研究，建议将本法的施行时间确定为2021年11月1日。

此外，根据常委会组成人员的审议意见，还对草案三次审议稿作了一些文字修改。

草案修改稿已按上述意见作了修改，宪法和法律委员会建议本次常委会会议审议通过。

草案修改稿和以上报告是否妥当，请审议。

图书在版编目（CIP）数据

中华人民共和国个人信息保护法条文解读与法律适用 / 江必新，李占国主编．—北京：中国法制出版社，2021.10

ISBN 978－7－5216－2215－7

Ⅰ.①中… Ⅱ.①江… ②李… Ⅲ.①个人信息－法律保护－法律解释－中国②个人信息－法律保护－法律适用－中国 Ⅳ.①D923.75

中国版本图书馆 CIP 数据核字（2021）第 205253 号

策划编辑　马　颖
责任编辑　王雯汀　侯　鹏
封面设计　李　宁

中华人民共和国个人信息保护法条文解读与法律适用

ZHONGHUA RENMIN GONGHEGUO GEREN XINXI BAOHUFA TIAOWEN JIEDU YU FALÜ SHIYONG

主编/江必新　李占国
经销/新华书店
印刷/三河市紫恒印装有限公司
开本/710 毫米×1000 毫米　16 开　　印张 / 18.75　字数 / 225 千
版次/2021 年 10 月第 1 版　　2021 年 10 月第 1 次印刷

中国法制出版社出版
书号 ISBN 978－7－5216－2215－7　　定价：79.00 元

北京市西城区西便门西里甲 16 号西便门办公区
邮政编码：100053　　传真：010－63141852
网址：http：//www.zgfzs.com　　**编辑部电话：010－63141825**
市场营销部电话：010－63141612　　**印务部电话：010－63141606**

（如有印装质量问题，请与本社印务部联系。）